Harald Petermann, Marcus Roth
Suchtprävention im Jugendalter

Harald Petermann, Marcus Roth

Suchtprävention im Jugendalter

Interventionstheoretische Grundlagen und entwicklungspsychologische Perspektiven

Juventa Verlag Weinheim und München 2006

Die Autoren:

Harald Petermann, Jg. 1941, Dr. phil. habil., ist Professor für Persönlichkeitspsychologie und psychologische Intervention am Institut für Psychologie II der Universität Leipzig. Seine Arbeitsschwerpunkte sind Suchtprävention im Jugendalter und typologische Persönlichkeitsforschung.

Marcus Roth, Jg. 1968, Dr. phil. habil., ist Privatdozent für Psychologie und wissenschaftlicher Oberassistent am Institut für Psychologie II der Universität Leipzig. Seine Arbeitschwerpunkte sind Persönlichkeitspsychologie und psychologische Diagnostik.

Bibliografische Information Der Deutschen Bibliothek

Die Deutsche Bibliothek verzeichnet diese Publikation in der Deutschen Nationalbibliografie; detaillierte bibliografische Daten sind im Internet über http://dnb.ddb.de abrufbar.

Umschlaggestaltung: Atelier Warminski, 63654 Büdingen
Umschlagfoto: Wolfgang Schmidt, Ammerbuch
Printed in Germany

ISBN-13: 978-3-7799-1727-4
ISBN-10: 3-7799-1727-0

Inhalt

1. Einleitung

In der Bundesrepublik Deutschland verstarben im letzten Jahr ca. 1.500 Personen an den Folgen des Konsums illegaler psychotroper Substanzen (Stempel, 2005). Wenngleich diese Zahl besorgniserregend ist und entsprechend der Gebrauch illegaler Drogen in der öffentlichen Diskussion einen breiten Raum einnimmt, so darf nicht übersehen werden, dass die legalen Drogen, Tabak und Alkohol, aufgrund ihrer stärkeren Nutzung in der Bevölkerung ein sehr viel ernsthafteres gesellschaftliches Problem darstellen (vgl. Meyer & John, 2005; Thamm & Lampert, 2005). Es überrascht daher nicht, dass seit geraumer Zeit präventive Bemühungen zur Verhinderung des Substanzkonsums, auch als „Suchtprävention" bezeichnet, verstärkt Beachtung finden. Ihr Ziel besteht darin, schädliche Gebrauchsformen von Alkohol, Tabak oder illegalen Drogen entweder zu verhindern oder aber den Konsumbeginn biographisch gesehen zeitlich hinauszuschieben, um schädigende Folgen des Konsums zu minimieren. Da der Einstieg in den Gebrauch von Tabak, Alkohol und illegalen Drogen gewöhnlich im Jugendalter stattfindet, ist es folglich die Altersgruppe der Jugendlichen, an die sich entsprechende Maßnahmen vorrangig richten.

Bislang sind vielfältige Maßnahmen der Suchtprävention bei Jugendlichen thematisiert worden. Die Bandbreite reicht dabei von sicherlich gut gemeinten, aber doch eher naiven und wenig elaborieren Vorstellungen bis hin zu systematisch ausgearbeiteten Programmen, die auch in wissenschaftliche Untersuchungen Eingang gefunden haben. Allen gemeinsam ist allerdings neben ihrem hehren Ziel, Heranwachsende vor gesundheitlichen Gefahren zu bewahren, ihre bislang nicht ausreichend belegte Wirksamkeit. Sehr eindrucksvoll wurde erst kürzlich das Fehlen empirischer Wirksamkeitsnachweise in einer Überblicksarbeit von Quensel (2004) gezeigt. Dennoch ebben Forderungen nach einem verstärkten Einsatz von präventiven Maßnahmen nicht ab. Sie werden im Gegenteil weiterhin unvermindert und nachdrücklich erhoben. Dies dürfte vor allem am *Glauben* an die Wirksamkeit liegen – vielleicht auch an diesbezüglichen Wünschen. Eine nicht unerhebliche Rolle dürfte dabei spielen, dass eine „Präventionsindustrie" entstanden ist, in der eine Vielzahl von Pädagogen, Psychologen und sonstigen Fachkräften tätig ist.

Im Zentrum dieses Buches steht deshalb die Frage, warum die gegenwärtigen Ansätze in der Prävention keine ausreichende Wirkung zeigen. Dabei wird eine genuin psychologische Perspektive eingenommen. Den Schwerpunkt bildet eine *interventionstheoretische Betrachtungsweise*. Es wird geprüft, inwieweit die aus der psychologischen Interventionstheorie bekannten Mechanismen und Determinanten der Wirksamkeit bei präventiven Maßnahmen berücksichtigt werden. Die Angemessenheit der gegenwärtigen Präventionspraxis wird ferner aus einer entwicklungs- und persönlicheitspsychologischen Perspektive hinterfragt.

Terminologisch verwenden wir in den folgenden Kapiteln den traditionellen Begriff der Prävention für das fundierende Interventionskonzept. Dies sei deshalb erwähnt, weil in der Literatur gegenwärtig zwischen Prävention und Gesundheitsförderung unterschieden wird. Dieser Differenzierung wird nicht gefolgt. Wir vertreten die Meinung, dass in einem einheitlichen Prozess der Vorbeugung Krankheiten verhinderbar sind. Integriert in diesen vorbeugenden Prozess sind Elemente der Gesundheitsförderung. Sie haben dabei einen bedeutsamen Stellenwert, stellen aber kein alternatives Konzept zur Interventionsfunktion der Prävention dar.

Die vorliegende Monographie gliedert sich in sieben Kapitel: Das Kapitel zwei ist den Grundbegriffen im Gegenstandbereich vorbehalten. Dabei werden die Begriffe des Gebrauchs, des Missbrauchs sowie der Abhängigkeit erläutert. Basis für diese Ausführungen sind die internationalen multiaxialen Klassifikationssysteme. Das Kapitel schließt mit der Darstellung der epidemiologischen Situation des Substanzkonsums Jugendlicher.

Im dritten Kapitel werden als Grundprinzipien jeglicher psychologischer Intervention das Konstrukt des Änderungswissens und das motivationale Konzept von Wirkfaktoren ausführlich dargestellt. Als theoretische Fundierungen psychologischer Einflussnahme bilden sie den heuristischen Bezugsrahmen zur Charakterisierung der Präventionsfunktion.

Die gegenwärtige Praxis der Prävention des Substanzmissbrauchs bei Jugendlichen in Deutschland bildet den Inhalt des vierten Kapitels. Es werden dazu die gesellschaftliche Ausgangssituation, Strukturen der Suchtvorbeugung, Ziele dieser präventiven Bemühungen sowie die Förderung von Lebenskompetenzen und substanzpolitische Maßnahmen hinsichtlich ihrer Wirksamkeit dargestellt. Das fünfte Kapitel stellt eine Art Resümee der vorangegangenen Ausführungen dar. Inhaltlich wird dazu das Konzept der Suchtprävention aus interventionstheoretischer Perspektive betrachtet. Dies geschieht in zwei Punkten. Zuerst wird der Frage nachgegangen, in welchem Maße die Wirkprinzipien psychologischer Intervention ebenfalls für suchtpräventive Fragestellungen gegeben sind. In einem zweiten Bewertungspunkt wird das Konzept der Suchtvorbeugung aus Sicht des psychologischen Änderungswissens betrachtet. Das Kapitel sechs ist entwicklungspsychologischen Spezifika des Jugendalters und ihres Bezugs zur Thematik der Suchtvorbeugung gewidmet. Zentrales Anliegen ist dabei, die obsolete undifferenzierte Betrachtung des adoleszenten Drogenkonsums zu Gunsten einer Betrachtung der Substanznutzung als passageres und adaptives Entwicklungsphänomens sowie spezifischer Formen maladaptiver Verläufe zu charakterisieren.

Zwei empirische Studien der Autoren des vorliegenden Bandes bilden den Inhalt des siebten Kapitels. Beide Studien sind persönlichkeitspsychologisch fundierten suchtpräventiven Zielstellungen gewidmet. Es wird der Frage nachgegangen, ob sich suchtprotektive Persönlichkeitstypen empirisch sichern lassen.

Die abschließende Diskussion (Kap. 8) greift lediglich einige kritische Punkte der Monographie noch einmal auf und versucht, Argumente für die Sicht der Autoren zu verdeutlichen. Vollständigkeit in Form einer Zusammenfassung wird dabei nicht angestrebt.

Die Kapitel 2 bis 5 wurden von H. P., die Kapitel 6 und 7 von M. R. federführend erstellt. Beide Autoren fühlen sich für den gesamten Text verantwortlich.

2. Grundbegriffe

In diesem Kapitel werden die Begriffe des medizinischen und juristischen Drogenbegriffs sowie von Missbrauch, Abhängigkeit und Sucht behandelt. Dies erfolgt anhand der gesetzlichen Bestimmungen in der Bundesrepublik Deutschland sowie bei den klinischen Kategorien auf der Grundlage der internationalen multiaxialen Klassifikationssysteme. Dabei werden begriffliche Schwierigkeiten der Beschreibung des Gebrauchs und Missbrauchs psychotroper Substanzen im Jugendalter deutlich. Das Kapitel schließt mit der Darstellung der epidemiologischen Situation des Substanzkonsums Jugendlicher in Deutschland.

2.1 Suchtbegriff

Bei der Benutzung des Wortes Sucht haben wir es mit einem Begriff zu tun, der in starkem Maße alltagspsychologisch gebraucht wird. So beschreibt man süchtiges Verhalten als ein absichtsvolles, oft unabweisbares Verlangen nach einem ungewöhnlich angenehmen Erlebenszustand (Tretter & Müller, 2001). Dies schließt ein, dass es sich auch um die Abschwächung eines unangenehmen Befindens im Sinne der negativen Verstärkung handeln kann. Dieser Erlebenszustand wird häufig als Rausch bezeichnet. Rauschhafte Erlebnisse kennt fast jeder Mensch, vielleicht ohne sie als solche zu bezeichnen. Jugendliche sprechen davon, dass sie sich „zudröhnen" oder „anturnen", Erwachsene schätzen die erleichternde Wirkung, die Beruhigung oder im Gegensatz dazu die Stimulation des Rauschs. Diese Erlebenszustände können durch die Nutzung von Stoffen, die sog. psychotropen oder psychoaktiven Substanzen, erzeugt werden. Sie werden im alltäglichen Sprachgebrauch oft auch als „Drogen" bezeichnet. Der Begriff „Droge" und die davon eingeschlossenen Substanzen zeichnen sich durch eine starke Kulturgebundenheit aus. So werden z. B. Haschisch, Heroin oder Kokain, deren Nutzung im mitteleuropäischen Kulturkreis nur eine kurze Entwicklungsgeschichte aufweist, als Drogen oder Rauschmittel bezeichnet. Spricht man dagegen über die jahrhundertelang bekannten Substanzen Alkohol, Tabak und Medikamente, so ist die Verwendung des Wortes Droge im deutschen Sprachraum ungebräuchlich. Bei der Vielfalt der verwendeten Begriffe erscheint es uns deshalb notwendig, den wissenschaftlichen Stand der Terminologie und Klassifikation von psychotropen Substanzen zu skizzieren, der den folgenden theoretischen und empirischen Kapiteln zugrunde liegt.

2.1.1 Medizinischer und juristischer Drogenbegriff

Der *medizinische Drogenbegriff* gründet sich auf die Funktion der psychotropen Wirkung. Psychotrop meint „auf das Psychische wirken", „die psychischen Prozesse beeinflussen". Bei den psychotropen Substanzen kann es sich um Mittel handeln, die sowohl pflanzlicher als auch chemisch-synthetischer Herkunft sind. Diese Stoffe werden inhaliert, oral zugeführt, injiziert oder auf andere Weise eingenommen. Durch Einwirkung auf das Zentralnervensystem stellen sich beim Konsumenten bestimmte Stimmungs-, Gefühls- und Wahrnehmungsveränderungen ein, die vom Normalzustand abweichen und den eingangs erwähnten „ungewöhnlich angenehmen" Erlebenszustand ausmachen. Die psychotropen Substanzen haben die Potenz, unter Berücksichtigung von Gebrauchsmenge, Häufigkeit der Einnahme, Substanzart und der davon abhängigen Pharmakodynamik (Dosis-Wirkungs-Verhältnis) und Pharmakokinetik (Resorption, Ausbreitung und Elimination des Mittels im Körper), sog. „Störungen" hervorzurufen. Der Begriff der Störung ist kein exakter Begriff. Er wird aber in den international verbindlichen nosologischen Konzeptionen wie der Internationalen Klassifikation psychischer Störungen, ICD-10, Kapitel V (F) (Dilling, Mombour, Schmidt, 2005) verwendet, um einen klinisch erkennbaren Komplex von Symptomen oder Verhaltensauffälligkeiten anzuzeigen, der auf der individuellen Ebene mit Belastungen und Beeinträchtigungen von psychischen Funktionen verbunden ist. Diese Regelung gilt ebenfalls für das Diagnostische und Statistische Manual Psychischer Störungen – Textrevision, DSM-IV-TR (Saß, Wittchen, Zaudig und Houben, 2003). Beide Klassifikationssysteme bezeichnen u. a. die folgenden Stoffe als psychotrope Substanzen: Alkohol, Opioide, Cannabinoide, Sedativa oder Hypnotika, Kokain, Stimulantien einschließlich Koffein, Halluzinogene, Tabak und flüchtige Lösungsmittel. Hinter diesen Hauptgruppen von Substanzen verbirgt sich eine Vielzahl psychotroper Stoffe. Bezüglich ihrer Wirkung lassen sie sich grob in drei Kategorien einteilen (vgl. Kasten 1: Allgemeine Drogenwirkungen).

Der *Juristische Drogenbegriff* basiert bundesrechtlich auf dem Gesetz über den Verkehr mit Betäubungsmitteln (BtMG) in der Fassung der Bekanntmachung vom 1. März 1994, zuletzt geändert durch Art. 2 G v. 26.6.2002 sowie der Verordnung über das Verschreiben, die Abgabe und den Nachweis des Verbleibs von Betäubungsmitteln vom 20.1.1998, Stand vom 1. Dezember 2003, soweit es sich um das Betäubungsmittelrecht als Teil des Arzneimittelrechts und als Teil des Strafrechts handelt. Die Betäubungsmittel sind definierte Untergruppen der durch den medizinischen Drogenbegriff beschriebenen psychotropen Substanzen. Sie werden u. a. durch die Begriffe Stoff (chemische Zusammensetzung) und Zubereitung (Stoffgemisch, Löslichkeit, Aggregatzustand) als verkehrsfähige und verschreibungspflichtige Betäubungsmittel definiert und in Positivlisten zusammengefasst. Die in diesen Listen aufgeführten Substanzen gestatten im

Einzelfall die Klassifikation als Betäubungsmittel. Zu den verkehrs- und verschreibungsfähigen Betäubungsmitteln zählen u. a. Alkohol, Äther, Schnüffelstoffe in Lösungsmitteln, Sedativa oder Hypnotika und eine Reihe von Schmerzmitteln. Die nicht verkehrs- und verschreibungsfähigen Betäubungsmittel wie z. B. Halluzinogene (LSD) und Cannabinoide (Haschisch und Marihuana) gelten als die sog. klassischen „illegalen" Drogen. Der juristische Drogenbegriff impliziert die Abstinenz von Besitz, Verkehr und Konsum illegaler Drogen, um strafrechtliche Folgen zu vermeiden.

Kasten 1: Allgemeine Drogenwirkungen (Comer, 2001)

1. *Zentral dämpfende Substanzen* verlangsamen die Tätigkeit des Zentralnervensystems. In ausreichender Dosierung wirken sie spannungslösend und enthemmend. Sie beeinträchtigen Urteilsfähigkeit, motorische Aktivität und Konzentration.
Beispiele: Alkohol, Sedativa oder Hypnotika, Opiate

2. *Stimulanzien* sind Mittel, die die Aktivität des Zentralnervensystems steigern. Sie erhöhen dadurch Blutdruck und Puls und rufen aktiveres Verhalten, schnelle Denkprozesse und gesteigerte Wachheit hervor.
Beispiele: Kokain, Amphetamine, Koffein, Nikotin

3. *Halluzinogene* verändern die Sinneswahrnehmung. Ihre Wirkung reicht von leichteren Wahrnehmungsveränderungen wie Steigerung der Intensität von Empfindungen bis hin zu Trugwahrnehmungen.
Beispiele sind die Gruppe der sog. psychedelischen Drogen: LSD (d-Lysergsäure-Diäthylamid-tartrat), Meskalin, Psilocibin, MDMA (Ecstasy), PCP (Phencyclidin, Angel dust) sowie die Cannabinoide, deren verschiedene Formen eine Mischung von halluzinogener, sedierender und stimulierender Wirkung in sich vereinen.

2.1.2 Gebrauch, Missbrauch, Abhängigkeit, Sucht

Mit den Begriffen *Gebrauch oder Konsum* psychotroper Substanzen wird deren Nähe zu den kurzlebigen Konsumgütern des Alltagslebens betont. Alkoholprodukte, Tabakwaren und für die Selbstmedikation freigegebene Medikamente werden wie die üblichen Lebensmittel gekauft, genutzt und bei Bedarf neu erworben. Will man über den alltäglichen Gebrauch hinaus einen besonders angenehmen und befriedigenden Konsum der Substanzen betonen, dann spricht man von Genuss. Über das „Genießen" der legalen Substanzen Alkohol und Tabak wird häufig in den Medien berichtet. Es gehört zum Ritual in unserer Gesellschaft, dass man z. B. nach errungenem Sieg oder einer Meisterschaft die „Champions" zeigt, wie sie „genussvoll" an einer dicken Havannazigarre ziehen, Champagner trinken oder im kleinen Kreis einen hervorragenden Brunello „genießen".

Diese, wie auch alltägliche, Konsummuster psychotroper Substanzen sind das Resultat spezifischer kulturgeschichtlicher Entwicklungen einer Population. So existieren z. B. in Europa und in Nordamerika bezüglich der Kulturdroge des Okzidents, dem Alkohol, wie auch bei Tabak oder Medikamenten gesellschaftlich tradierte Gebrauchsregeln. Beim Alkoholkonsum ist das im Kulturkreis Mitteleuropas vorherrschende Nutzungs-Modell das der Permissivkultur. Dieses toleriert den Alkoholkonsum, lehnt aber den exzessiven Gebrauch ab.

Die gesellschaftliche Wirklichkeit in Deutschland wirft aber die Frage auf, ob Trinkexzesse sich nicht einer zunehmenden allgemeinen Akzeptanz erfreuen. Kritiker sprechen deshalb z. B. mit einem Blick auf das Oktoberfest in München oder die Weinfeste in Ahrweiler von einer gestörten Permissivkultur. Gestört meint dabei, dass auch der Exzess geduldet und toleriert wird. Die Nutzung jeglicher psychotroper Substanzen birgt in sich die Potenz einer missbräuchlichen Nutzung oder der Entwicklung von Substanzabhängigkeit. Es ist plausibel, dass diese Gefahren besonders dann gegeben sind, wenn das Mittel in großen Mengen, häufig oder lang andauernd genutzt wird. Es gehört aber auch zur Alltagserfahrung, dass manche Menschen, die z. B. viel Alkohol trinken, nicht abhängig werden. Man geht deshalb davon aus, dass es offenbar Schutz- bzw. Risikofaktoren geben muss, um beim Konsum von psychotropen Substanzen abhängig zu werden oder nicht. Diese allgemeine Feststellung berührt ein höchst komplexes Gebiet: das der Ursachen und Bedingungen süchtiger Entwicklungen. Am Beispiel von empirischen Ergebnissen zum sog. suchtprotektiven Persönlichkeitstyp werden Teilaspekte dieser Fragestellung wieder aufgegriffen (vgl. 5.3).

Die bisherigen Ausführungen bezogen sich auf alltägliche Gebrauchsmuster, denen nur in seltenen Fällen Störungscharakter zukommt. Hiervon abzugrenzen sind die klinisch relevanten Gebrauchsformen des Missbrauchs und der Abhängigkeit. Das Hauptmerkmal des *Substanzmissbrauchs* ist nach dem Diagnostischen und Statistischen Manual Psychischer Störungen – Textrevision, DSM-IV-TR ein fehlangepasstes Muster des Konsums, das sich in wiederholten und deutlich nachteiligen Konsequenzen infolge des wiederholten Substanzgebrauchs manifestiert (Saß et al., 2003). Diese Konsequenzen können wiederholtes Versagen bei wichtigen Verpflichtungen, wiederholter Gebrauch in spezifischen Situationen, Gesetzesverletzungen sowie zwischenmenschliche Probleme sein (vgl. Kasten Substanzmissbrauch). Die Darstellung erwähnt dabei besonders diejenigen Beeinträchtigungen, die für Jugendliche bedeutsam sein können.

Analoge Operationalisierungen des Substanzmissbrauchs speziell für die Gruppe Jugendlicher fehlen in der 5. Ausgabe des ICD-10 (Dilling et al., 2005). Dies gilt auch für das Multiaxiale Klassifikationsschema für psychische Störungen des Kindes- und Jugendalters nach ICD-10 der WHO (Remschmidt, Schmidt & Poustka, 2001). Deshalb orientiert sich die vorliegende Publikation stärker an Kategorisierungen, die von den diagnostischen Kriterien des DSM-IV-TR abgeleitet wurden (vgl. 2.1.3).

Kasten 2: Kriterien für Substanzmissbrauch (DSM-IV-TR, Saß et al., 2003, vereinfacht)

Ein unangepasstes Muster von Substanzgebrauch führt in klinisch bedeutsamer Weise zu Beeinträchtigungen oder Leiden, wobei sich zumindest eines der folgenden Kriterien innerhalb des 12-Monats-Zeitraums manifestiert. Kennzeichen: • wiederholter Konsum, der zu Beeinträchtigung in Arbeit, Schule oder zu Hause führt (z. B. Schuleschwänzen, Einstellen des Schulbesuchs oder Ausschluss aus der Schule im Zusammenhang mit dem Substanzgebrauch) • wiederholter Substanzgebrauch in gefährlichen Situationen (z. B. Autofahren) • wiederkehrende Probleme mit dem Gesetz im Zusammenhang mit dem Substanzgebrauch (z. B. Registrierung, Verwarnung oder Verhaftung durch die Polizei). • Konsum trotz sozialer Probleme Die Symptome haben niemals die Kriterien der Substanzabhängigkeit erfüllt.

Für die Definition einer *Substanzabhängigkeit* ist eine Gruppe körperlicher, Verhaltens- oder kognitiver Phänomene maßgebend, bei der der Konsum einer Substanz für die betreffende Person Vorrang vor anderen Verhaltensweisen des täglichen Lebens hat (Dilling et al., 2005). Ein entscheidendes Charakteristikum der Abhängigkeit ist der starke, gelegentlich übermächtige Wunsch, die Substanz zu gebrauchen. Man spricht deshalb oft auch vereinfachend von einer psychischen Abhängigkeit mit den Merkmalen des Suchtdrucks (bei Alkoholabhängigkeit „craving") und der Anreizhervorhebung (incentive salience). Die Definition wird ergänzt durch eine körperliche Abhängigkeitskomponente, die sich in Toleranzsteigung (im Krankheitsverlauf auch Toleranzverminderung) und den Entzugssymptomen bei Absetzen der Substanz zeigt. Körperliche und seelische Abhängigkeit verhindern die Weiterentwicklung der Persönlichkeit und mindern die sozialen Chancen des Abhängigen. Die Prävalenzen von Abhängigkeit im Jugendalter sind gering, wenn man sie mit denen des Substanzmissbrauchs vergleicht.

Die Verwendung des Abhängigkeitsbegriffes ist erst seit rund drei Jahrzehnten üblich. Alkoholiker, Dauerkonsumenten von illegalen Drogen und Patienten anderer Diagnosegruppen der Kategorie „Psychische Verhaltensstörungen durch psychotrope Substanzen" des ICD wurden bis zum Jahre 1968 als süchtig bezeichnet. Dann empfahl die Weltgesundheitsorganisation (WHO), den Begriff *Sucht* aufzugeben und ihn durch das Wort Abhängigkeit zu ersetzen. Der Grund dafür war, dass die Weltgesundheitsorganisation die Bezeichnung Sucht als wenig aussagekräftig bzw. sogar irreführend ansah. Seitdem wird im professionellen Kontext von Abhängigkeit gesprochen, wenn Patienten, einem psychischen und körperlichen Drang folgend, psychotrope Substanzen konsumieren. In der Definition der WHO ist Drogenabhängigkeit ein psychischer und manchmal auch physischer Zustand, der aus der Wechselwirkung zwischen einem lebenden Organismus und einer Droge hervorgeht. Immer besteht ein unwiderstehlicher Zwang, die Droge ständig oder periodisch einzunehmen, um ihre psychotrope Wirkung zu erleben oder auch, um unerträgliche Abstinenzsymptome zu beseitigen (Schreiber, 2003).

Trotz dieser Empfehlung wird in Deutschland außerhalb des klinischen Bereichs weiterhin das Wort Sucht verwendet. So findet sich in deutschen Gesetzen neben Abhängigkeit auch weiterhin der Begriff der Sucht. Im pädagogisch-psychologischen Kontext wird kaum von Abhängigkeit, sondern fast regelhaft von Sucht gesprochen, wenn man Missbrauch und Abhängigkeit bezeichnen will. Dies trifft auch auf die in dieser Publikation vorgestellte Thematik der Vorbeugung des Missbrauchs psychotroper Substanzen im Jugendalter zu. Der fundierende Begriff, dem die Fachliteratur im Gegenstandsbereich der Prävention folgt, ist der der Suchtprävention. Es ist unüblich, von Vorbeugung bezüglich der Substanzabhängigkeit zu sprechen.

2.1.3 Gebrauch und Missbrauch psychotroper Substanzen im Jugendalter

Für die Altersgruppen von Kindern und Jugendlichen wurden von Newcomb und Bentler (1989) vier Kriterien genannt, um Gebrauch und Missbrauch psychoaktiver Substanzen zu unterscheiden. Sie orientieren sich implizit an der Missbrauchsdefinition früherer Versionen des DSM-IV-TR. Für den nosologisch orientierten Leser ist es dabei schwer nachzuvollziehen, wenn Merkmale der Abhängigkeit von psychotropen Substanzen als Missbrauchssymptome fungieren (vgl. Kasten 3: Kriterien des Missbrauchs psychotroper Substanzen bei Jugendlichen).

Die international verbindlichen nosologischen Konzeptionen wie die Internationale Klassifikation psychischer Störungen, ICD-10, Kapitel V (F) (Dilling et al., 2005) oder das Diagnostische und Statistische Manual Psychischer Störungen – Textrevision, DSM-IV-TR (Saß, et al. 2003) fassen Missbrauch und Abhängigkeit von psychotropen Substanzen als Störungen auf, die bei Personen jeglichen Alters auftreten können und, wenn nötig, auch für Kinder und Jugendliche zu verwenden sind. Es existieren in diesen Systemen allerdings auch Kategorien für psychische Störungen von Kindern und Jugendlichen. Sie bleiben aber spezifischen, nur im Kindes- und Jugendalter auftretenden, Störungen vorbehalten. Dies sind z. B. im ICD-10 Kapitel V (F) die Entwicklungsstörungen sowie Verhaltens- und emotionale Störungen und im DSM-IV-TR Störungen, die gewöhnlich zuerst im Kleinkindalter, in der Kindheit oder der Adoleszenz diagnostiziert werden. Auch das Multiaxiale Klassifikationsschema für psychische Störungen des Kindes- und Jugendalters nach ICD-10 der WHO (Remschmidt, Schmidt & Poustka, 2001) orientiert sich an dieser Struktur. Möglicherweise hat diese klassifikatorische Praxis auch Auswirkungen auf die Ergebnisse von Prävalenzstudien im Kindes- und Jugendalter. Das DSM-VI-TR verweist bei den Prävalenzangaben zum Substanzkonsum Jugendlicher darauf, dass alle dazu zitierten Studien ausschließlich Konsummuster und somit keine Störungen im Sinn von Missbrauch oder Abhängigkeit untersuchten. Dies gilt auch für die Daten der nachfolgend genannten Studie zur Drogenaffinität Jugendlicher in der Bundesrepublik Deutschland.

Kasten 3: Kriterien des Missbrauchs psychotroper Substanzen bei Jugendlichen (Newcomb & Bentler, 1989)

1. *Substanz und Konsumumstände*: Der Konsum großer Mengen oder mittlerer Mengen über längere Zeiträume sollte unabhängig von der Substanz als Missbrauch angesehen werden. Gleiches gilt für den Gebrauch kleiner Mengen in unangemessener Situation (in der Schule, am Ausbildungsplatz, in der Öffentlichkeit, allein).
2. *Person*: Die Einschätzung des Konsums von psychotropen Substanzen hängt vom Entwicklungsstand der Person oder den Lebensumständen ab. Von Missbrauch ist zu sprechen, wenn die physiologischen und persönlichen Voraussetzungen für den verantwortlichen Gebrauch nicht gegeben sind. Somit ist jeder regelmäßige Gebrauch psychotroper Substanzen durch Kinder vor dem Erreichen der Pubertät als Missbrauch definiert. Gleiches gilt für den Konsum von Substanzen mit bekanntem Risiko, wenn dem Jugendlichen die Wissens- und Entscheidungsgrundlagen fehlen.
3. *Reaktion:* Anzeichen physischer Abhängigkeit weisen auf Missbrauch hin, z. B. Entzugserscheinungen wie Unruhe, Schlafstörungen u. a.
4. *Konsequenzen*: Jenseits unmittelbarer Folgen für die Befindlichkeit kann der Drogengebrauch negative Konsequenzen haben. So wird dann von Missbrauch gesprochen, wenn die Gesundheit beeinträchtigt ist, soziale Beziehungen Schaden nehmen, Gewalttätigkeit auftritt, Rechtsbrüche (Beschaffungskriminalität) erfolgen.

2.2 Verbreitung des Substanzkonsums im Jugendalter

Die „*Drogenaffinitätsstudie*" wird seit 1973 von der Bundeszentrale für gesundheitliche Aufklärung in Auftrag gegeben und verfolgt das Ziel der Erfassung des Konsums, der Konsummotive und der situativen Bedingungen des Gebrauchs von Alkohol, Zigaretten und illegalen Rauschmitteln (BZgA, 2005). Sie stellt eine repräsentative Befragung der Altersgruppe zwischen zwölf und 25 Jahren zum Konsum psychotroper Substanzen dar. Die letzte dieser insgesamt zehn Wiederholungsbefragungen wurde erst kürzlich vorgelegt (BzgA, 2005), so dass wir uns in der nachfolgenden Darstellung vornehmlich auf diese aktuellen Daten beziehen werden (Roth & Petermann, 2006).

2.2.1 *Prävalenz des Konsums von legalen Drogen: Tabak und Alkohol*

Der größte Teil der Jugendlichen sammelt irgendwann Erfahrungen mit dem Konsum von Tabak. Entsprechend hoch liegen in der Drogenaffinitätsstudie die *Lebenszeitprävalenzen* des Konsums von Tabak (BzgA, 2005). Gewöhnlich stellt jedoch ein solcher Erstkonsum lediglich ein Probierverhalten dar und der Gebrauch wird nach den ersten Erfahrungen eingestellt. Andere Jugendliche bilden jedoch nach den ersten Konsumerfahrungen ein habituelles Gebrauchsmuster regelmäßigen Tabakkonsums heraus, wobei dieser Lernprozess in der Regel zwei Jahre dauert: Das Durchschnittsalter des täglichen Tabakkonsums lag nach den BzgA-Befunden bei 15,6 Jahren, ebenfalls ohne nennenswerte Unterschiede zwischen den Geschlechtsgruppen (BzgA, 2005).

In der *Monatsprävalenz* ließen sich in der befragten Stichprobe 12- bis 25-Jähriger 22 % als tägliche Raucher (d. h. mindestens eine Zigarette pro Tag) klassifizieren (Jungen: 23 %; Mädchen: 20 %). Dabei waren in der jüngsten Altersgruppe der 12- bis 15-Jährigen mit 5 % noch wenige tägliche Raucher zu finden, während bei älteren Jugendlichen ein deutlich höherer Anteil angab, täglich zu rauchen (16 bis 19 Jahre: 26 %; 20 bis 25 Jahre: 30 %). Der Anteil starker Raucher, die als Konsumenten von mindestens 20 Zigaretten pro Tag definiert wurden, lag bei 12 % in der Gesamtgruppe (BzgA, 2005).

Während der Tabakkonsum gewöhnlich mit zunehmendem Alter entweder aufgegeben wird oder sich in einem gesundheitsschädlichen Gebrauchsmuster manifestiert, gilt für den Gebrauch von Alkohol, dass unbedenkliche Konsummuster eher die Regel sind. So ist aufgrund der kulturellen Verankerung des Alkoholkonsums in unserer Gesellschaft der gelegentliche Gebrauch bei den meisten Erwachsenen anzutreffen. So gab in der BzgA-Studie (2005) die Hälfte der befragten 12- bis 25-Jährigen an, mindestens einmal im Monat Alkohol zu trinken. Völlige Alkoholabstinenz ist hingegen ein eher seltenes Ereignis, sowohl bei Jugendlichen als auch bei Erwachsenen (Kraus, Augustin & Orth, 2005).

Bedeutsamer vor dem Hintergrund eines psychologisch relevanten Problemkonsums sind die Angaben zum starken Gebrauch von Alkohol. In der Drogenaffinitätsstudie der BzgA (2005) wird zur Abschätzung der konsumierten Alkoholmenge pro Monat ein sog. „Q-F Index" gebildet, der die Häufigkeit und die getrunkene Menge alkoholischer Getränke erhebt und so miteinander verbindet, dass sich daraus für die Befragten die wöchentliche Menge reinen Alkohols berechnen lässt. Dabei wird als Schwellenwert zur Abgrenzung eines (besonders für Jugendliche) intensiven resp. problematischen Alkoholkonsums eine Menge reinen Alkohols von 120 Gramm pro Woche festgelegt. In der letzten Erhebung konsumierten in der Gesamtgruppe der 12- bis 25-Jährigen insgesamt 17 % (bezogen auf den Zeitraum eines Monats) eine Menge von 120g reinen Alkohols (oder mehr) pro Woche. Vergleicht man die einzelnen Altersgruppen, so nahmen die jüngeren Jugendlichen (12 bis 15 Jahre) noch vergleichsweise wenig Alkohol zu sich: 64 % dieser Jugendlichen tranken im Laufe einer Woche so gut wie keinen Alkohol und lediglich 5 % überschritten die kritische Menge von 120g. In der nächsten Altersgruppe (16 bis 19 Jahre) verfünffacht sich dieser Anteil auf 24 % und nahm in der ältesten Gruppe wieder ab (22 %).

Im Vergleich zu den Vorjahren ließ sich dabei in der aktuellen Erhebung bei den Altersgruppen der 12- bis 15-Jährigen sowie der 16- bis 19-Jährigen ein Anstieg von jeweils 48 % (!) hinsichtlich der durchschnittlich konsumierten Alkoholmenge konstatieren. Es ist davon auszugehen, dass diese Zunahme mit der Erweiterung des Angebotes durch die Einführung der sog. Alkopops-Getränke (mit Limonade gemixte alkoholhaltige Getränke) in Zusammenhang steht. Diese vor allem von der Altersgruppe der 14- bis 17-Jährigen zunehmend häufig konsumiert (vgl. hierzu BzgA, 2003). Eine weitere problematische Konsumform der letzten Jahren wird als „binge drinking“ bezeichnet. Hierunter wird eine außergewöhnlich hohe Trinkmenge pro Trinkgelegenheit verstanden (in der Regel definiert als fünf und mehr Gläser Alkohol pro Trinkgelegenheit). In der aktuellen Drogenaffinitätsstudie (BzgA, 2005) berichtet fast die Hälfte der 16- bis 19-jährigen Jugendlichen (46 %) und ein nur geringfügig geringerer Anteil bei den Älteren (41 %), solche Konsumerfahrungen im letzten Monat mindestens einmal gemacht zu haben.

2.2.2 Prävalenz des Konsums von illegalen Drogen

Obwohl Jugendliche insgesamt weniger Erfahrungen mit illegalen Drogen aufweisen als mit Tabak und Alkohol, gilt der illegale Drogenkonsum dennoch als ein typisches Phänomen für das Jugendalter. Dies dürfte darin begründet liegen, dass der Konsumgipfel illegaler Drogen in der Adoleszenz liegt, was in erster Linie auf den Gebrauch von Cannabis zurückzuführen ist, der weltweit am weitest verbreiteten illegalen Droge (z. B. Johnston, O'Malley, & Bachman, 2001; Vega et al., 2002).

In der Erhebung zur Drogenaffinität der BZgA (2005) geben 32 % der 12- bis 25-Jährigen entsprechende Konsumerfahrungen an (Jungen: 36 %; Mädchen: 27 %). In erster Linie handelt es sich dabei um den (mindestens einmaligen) Konsum von Cannabisprodukten. Hierüber berichten 31 %, während andere illegale Substanzen nur von geringerer Bedeutung waren (psychoaktive Pflanzen oder Pilze: 4 %, Ecstasy: 4 %, Amphetamine: 4 %, Kokain: 2 %, LSD: 2 %, Schnüffelstoffe: 1 %, Heroin: 0,3 %). Jedoch muss dabei beachtet werden, dass unter den Jugendlichen Probieren und kurzfristiges Konsumieren weit verbreitet sind (44 % derjenigen mit Drogenerfahrung). Entsprechend fallen auch die in der Erhebung der BzgA (2005) erfassten 12-Monats-Prävalenzen deutlich niedriger aus: 13 % der befragten 12- bis 25-Jährigen gaben an, im letzten Jahr illegale Drogen (dabei fast ausschließlich Cannabis) konsumiert zu haben. Dabei liegt der Konsumgipfel in der mittleren Alterskohorte: Während bei den 12- bis 15-Jährigen ca. 5 % berichteten, im Laufe des vergangenen Jahres illegale Drogen konsumiert zu haben, waren es bei den 16- bis 19-Jährigen vier Mal soviel (20 %). Bei den 20- bis 25-Jährigen lag der Drogengebrauch wieder deutlich niedriger und betrug 15 %. Dabei ist auch der auf die letzten 12 Monate bezogene Konsum nicht zwangsläufig bei allen Konsumenten ein gewohnheitsmäßiger oder regelmäßiger. So war der Anteil derjenigen, die berichteten, mehr als zehn Mal illegale Drogen im vergangenen Jahr konsumiert zu haben, mit 3 % in der Gesamtgruppe vergleichsweise gering und variierte zwischen 1 % bei den 12- bis 15-Jährigen und je 4 % bei den beiden älteren Kohorten. Auch hierbei handelte es sich fast ausschließlich um den Konsum von Cannabisprodukten.

2.2.3 Missbrauch- und Abhängigkeitsstörungen bei Jugendlichen

Studien, die Merkmale des Missbrauchs und der Abhängigkeit bei Jugendlichen erfassen, sind vergleichsweise selten. Dies dürfte unter anderem darin liegen, dass in den meisten Studien vorwiegend Fragebogenverfahren eingesetzt werden, die zwar eine relativ differenzierte Erfassung der Gebrauchsmuster (in Form von Menge und Häufigkeit) der verschiedenen Substanzen gestatten, jedoch keine verlässliche Prävalenzabschätzungen klinischer Diagnosen – entsprechend der bereits genannten Diagnoseschemata IDC-10 und DSM-IV-TR – ermöglichen (vgl. 2.1.3).

Die wenigen, zumeist internationalen Untersuchungen, die diesbezüglich vorliegen, lassen jedoch den Schluss zu, dass Missbrauchs-, insbesondere aber Abhängigkeitsstörungen vergleichsweise selten anzutreffende Störungen des Jugendalters darstellen (z. B. Warner, Canino & Colón, 2001; Young et al., 2002). Für Deutschland ermittelten Essau, Karpinski, Petermann und Conradt (1998b) im Rahmen der *Bremer Jugendstudie (BJS)* bei 12- bis 17-jährigen Jugendlichen die Lebenszeitprävalenzen für verschiedene, nach dem ICD-10 klassifizierte psychische Störungen. Dabei wurden Missbrauchs- und Abhängigkeitserkrankungen in dieser Altersgruppe am häufigsten von Cannabis berichtet. Die Lebenszeitprävalenz betrug: 6.4 %. Dabei zählten Substanzmissbrauch und -abhängigkeit ihren Befunden zufolge insgesamt zu den weniger typischen Störungen des Kindes und Jugendalters. Deutlich höher lagen vielmehr die Lebenszeitprävalenzen für depressive Störungen (17.9 %) und Angststörungen (18.6 %). Ähnlich niedrige Prävalenzraten fanden Wittchen, Höfler, Perkonig, Sonntag und Lieb (1998) für den Münchener Raum im Rahmen der *Early Developmental Stages of Psychopathology (EDSP)*-Studie, auf die an späterer Stelle ausführlicher eingegangen wird (vgl. 6.2). In dieser Untersuchung lagen die Lebenszeitprävalenzen bei 17- bis 28-Jährigen insgesamt bei 5.5 % für Missbrauch resp. 2.2 % für Abhängigkeit. Dabei waren Cannabisabhängigkeit und -missbrauch mit 4.1 % am häufigsten, gefolgt von

Halluzinogenenmissbrauch und -abhängigkeit (0.7 %) sowie Missbrauch und Abhängigkeit von Stimulantien (0.5 %). Junge Frauen weisen dabei durchgängig niedrigere Prävalenzraten als junge Männer auf. Die Missbrauchs- und Abhängigkeitsdiagnosen wurden (im Vergleich zum Konsum) später, gewöhnlich erstmals mit 15 Jahren gestellt.

3. Interventionstheoretische Grundlagen

In diesem Kapitel werden die Funktionen psychologischer Intervention dargestellt. Sie basieren auf dem Konzept des Änderungswissens, einem Grundprinzip psychologischer Intervention. Das Konstrukt Änderungswissen benennt Persönlichkeitsmerkmale als Bereiche, die eine Veränderung erfahren, Prozesse, die eine Modifikation gewährleisten und die theoretische fundierte Passung von Merkmalen und Prozessen. Daran schließt sich die Darstellung allgemeiner Wirkfaktoren psychologischer Intervention an. Sie werden in Anlehnung an die klinisch-psychologische Interventionstheorie als motivationale Grundlage dafür genannt, dass ein Mensch überhaupt psychologische Hilfe in Anspruch nimmt. Sie definieren auch, welche Prozesse dafür verantwortlich sind, dass interventiven Bemühungen erfolgreich verlaufen. Diese Aussagen bilden das Referenzsystem für die das Kapitel abschließende Bewertung der Prävention als psychologisches Interventionskonzept.

3.1 Funktionen psychologischer Intervention

Psychologische Intervention beinhaltet den Einsatz psychologischer Mittel. Psychologische Mittel sind Möglichkeiten psychologischer Einflussnahme (oder Intervention) auf seelische Phänomene und körperliche Vorgänge. Sie haben ihren Ansatzpunkt im Erleben und Verhalten und vollziehen sich in der sozialen Interaktion zwischen Helfern und Hilfesuchenden (Perrez & Baumann, 1998). Der Begriff psychologische Intervention fasst dabei verschiedene Ansätze psychologischer Hilfe in Tätigkeitsfeldern zusammen. So hat z. B. die pädagogisch-psychologische Intervention ihren Wirkungsbereich im Bildungs- und Ausbildungssektor, die Arbeits- und Organisationspsychologie konzentriert sich auf den betrieblichen Bereich während die klinisch-psychologischen Intervention in den Anwendungsgebieten der Medizin ihren Schwerpunkt hat. Psychologische Intervention hat dabei die Funktionen des Vorbeugens (Prävention) vor Problemen, Belastungen oder Störungen, der Beseitigung von Störungen und Belastungen (Behandlung, Therapie) und der Verhinderung von Nachteilen für den Einzelnen durch Störungen (Rehabilitation). Das Klassifikationsmerkmal für die Einteilung von Interventionsmethoden bezüglich der genannten Funktionen ist die Zeitachse des Störungsverlaufs. Im Kasten Funktionen psychologischer Intervention ist dies für den Bereich der klinisch-psychologischen Interventionsmethoden dargestellt.

Jede der genannten Interventionsfunktionen bedient sich unterschiedlicher psychologischer Mittel. Welche das sind, bestimmt die Aufgabenstellung. Will man eine Störung verhindern, können Mittel zur Förderung der Gesundheit angewandt werden. Soll eine Symptomatik behandelt werden, kann man sich z. B. bei der Therapie von Suchtpatienten verhaltenstherapeutischer Methoden bedienen (Management von Reizen und Verstärkern, Aufbau von spezifischen Fähigkeiten um abzulehnen, wenn einem die Substanz angeboten wird). Durch psychologische Unterstützung bei der rehabilitativen Wiedereingliederung von chronisch Erkrankten in die Familie nach einem langen Krankenhausaufenthalt lassen sich möglicherweise negative Langzeitfolgen und Benachteiligungen mildern. Für die pädagogisch-psychologische und die arbeits- und organisationspsychologische Intervention gelten diese Zuordnung vom Interventionsmöglichkeiten zu bestimmten Funktionen der psychologischen Hilfe gleichermaßen, wenn man von fachspezifischen Besonderheiten einmal absieht. Allen Formen der psychologischen Intervention mittels psychologischer Mittel liegt eine differenzierte Interventionstheorie zugrunde.

Kasten 4: Funktionen psychologischer Interventionsmethoden im Klinischen Bereich (Kosarz & Broda, 2004)

Die *präventive Funktion* setzt vor dem Auftreten einer Störung an und senkt die Inzidenz (Häufigkeit des Neuauftretens einer Störung). *Therapeutische Funktion* meint Behandlung von Störungen: Sie senkt die Prävalenz (Gesamtzahl aller Erkrankten bei einer definierte Population zu einem bestimmten Zeitpunkt/-Periode). *Rehabilitative Einflussnahmen* dienen der Hilfeleistung bei der Bewältigung von Störungsfolgen. Sie streben eine Verringerung der Beeinträchtigungen durch die Störung und das Minimieren störungsspezifischer Benachteilungen an.

3.2 Theoretische Fundierung: Änderungswissen

Das Grundprinzip der Intervention mit psychologischen Mitteln ist das Konstrukt des Änderungswissens. Es wurde von Kaminski (1970) zur Veranschaulichung der Modifikation des menschlichen Erlebens und Verhaltens in die Klinische Psychologie eingeführt und in den folgenden Jahrzehnten zu einer umfassenden Interventionstheorie entwickelt (Grawe, 2000, 2005). Das Änderungswissen ist somit das Resultat einer langen interventiven psychologische Praxis und intensiver, grundlagenorientierter Forschung zu den Inhalten „wie sich Menschen ändern können". An drei Inhalte ist bei diesen Wissenssystemen zu denken: Persönlichkeitsmerkmale, Änderungsprozesse und die Passung von Änderungsbereich und Prozess.

3.2.1 Persönlichkeitsmerkmale

Bestimmte Entitäten, die als Dispositionen oder Persönlichkeitsmerkmale bezeichnet werden, können primär mit den Begriffen der Zeitstabilität oder

der Kontinuität beschrieben werden kann. Dennoch können sie einen Wandel, eine Entwicklung bzw. eine Änderung erfahren. Sie werden hier als *Änderungsbereiche* bezeichnet. Es kann sich dabei beispielsweise um selbstbezogene Merkmale wie das Selbstwertgefühl, um das Temperamentsmerkmal Angst, um relativ stabile Erklärungsmuster für Handlungsergebnisse oder um Fähigkeiten und Fertigkeiten handeln. (Kasten 5: Merkmalsbereiche der Persönlichkeit).

Die Merkmale aller genannten Persönlichkeitsbereiche differieren interindividuell deutlich. Die Notwendigkeit einer gezielten interventiven Einflussnahme mit psychologischen Mitteln ergibt sich besonders dann, wenn einzelne Persönlichkeitsmerkmale, eine spezifische Ausprägung aufweisen, die leidvoll erlebt wird. In der interventiven Praxis wird in einem derartigen Fall meist in Analogie zu psychopathologischen Phänomenen von „Symptomen" gesprochen. So kann z. B. ein extrem niedriges Selbstwertgefühl, wenn es definierten Kriterien genügt, auch als „Minderwertigkeitskomplex" bezeichnet und als Symptom in einem nosologischen Klassifkationssystem geführt werden. Als Änderungsbereich gehört dieses „Symptom", unabhängig von der psychiatrischen Klassifikation, zu den selbstbezogenen Merkmalen der Persönlichkeit und stellt einen bedeutsamen Änderungsbereich für den Einsatz psychologischer Mittel dar.

Kasten 5: Merkmalsbereiche der Persönlichkeit (Asendorpf, 2004)

1. *Gestalteigenschaften* sind von anderen Menschen unmittelbar wahrnehmbare, stabile körperliche Persönlichkeitsmerkmale wie Gesichtsform, Größe und Schlankheit. In der Alltagspsychologie finden sich vielfältige Zusammenhänge zwischen Gestalt und Verhaltensdisposition z. B. „Dicke sind gemütlich".
2. Unter dem *Temperament* einer Person werden ihre individuellen Besonderheiten in Parametern von Erregungs- und Hemmungsprozessen auf neurophysiologischer Ebene verstanden. Die Temperamentsmerkmale sieht man als wissensunabhängig an. Zum Temperament gehören u. a. Aktivität, Ängstlichkeit, Intraversion-Extraversion, Gehemmtheit und Neurotizismus.
3. *Fähigkeiten* sind Persönlichkeitsmerkmale die Leistungen ermöglichen. Leistungen sind Ergebnisse von Handlungen, die nach einem Gütemaßstab bewertbar sind. Als Fähigkeiten gelten Intelligenz (die von der Psychologie am besten untersuchte Persönlichkeitseigenschaft), Kreativität und soziale Kompetenz (Durchsetzungs- und Beziehungsfähigkeit).
4. *Handlungseigenschaften* stehen in direktem Zusammenhang mit zielgerichtetem Handeln. Motive und Bedürfnisse beziehen sich primär auf die Richtung des Verhaltens, also auf Verhaltensziele. Zu den Handlungsüberzeugungen zählen die Erwartungsstile, Handlungskontrollstile und Bewertungsstile (Attribution). Als eine weitere Gruppe von Handlungseigenschaften werden Bewältigungsstile von Belastungen gezählt (z. B. intrapsychische Bewältigung oder problemorientierte Bewältigung).
5. *Bewertungsdispositionen* drücken individuelle Besonderheiten des Bewertens aus. Nach Art der bewerteten Objekte sind in der psychologischen Literatur

zwei Formen von Bewertungsdispositionen zu unterscheiden: Werthaltungen und Einstellungen.

6. Zu den *selbstbezogenen Dispositionen* gehören das Wissen über sich selbst (Selbstkonzepte) sowie das Selbstwertgefühl. Wesentliche Selbstkonzeptbereiche sind das Körperkonzept und das Selbstkonzept eigener Fähigkeiten. Das Selbstwertgefühl ist die subjektive Bewertung der eigenen Persönlichkeit, die Zufriedenheit mit sich selbst.

3.2.2 Änderungsprozesse

Den zweiten Inhalt des Änderungswissens konstituieren spezifische Typen von Änderungsprozessen, die sich an den Dispositionen abspielen. Alle diese Änderungsprozesse weisen eine durch psychologische Theorien begründete, wissenschaftliche Fundierung auf. Paradigmatisch werden im Folgenden drei Typen von Änderungsprozessen skizziert:

- Die Bereitstellung oder die selbständige Generierung von Informationen sind ein Typus von Änderungsprozessen. Teilaspekte sind dabei Rückmeldung, Überzeugen oder Deuten. Die psychologische Grundlage für diese Änderungsprozesse ist das Informationsverarbeitungsparadigma der Persönlichkeit, das das Individuum als ein Informationen verarbeitendes System sieht (z. B. Strack & Deutsch, 2003). Es wird für die Interventionstheorie dadurch nutzbar, dass es nicht ausschließlich Prozesse betrachtet, sondern auch damit im Zusammenhang stehende stabile, prozessrelevante Eigenschaften einbezieht, z. B. das Selbstkonzept und das Selbstwertgefühl. Selbstkonzepte sind die jeweiligen Endprodukte der Verarbeitung selbstbezogener Informationen, die der Mensch aus definierten Quellen generiert. Das ist ein fortlaufender, psychologisch gut untersuchter Prozess. Die psychologische Intervention nützt das dazu existierende Grundlagenwissen. Als Beispiel dafür kann die Gesprächspsychotherapie gelten, deren wissenschaftliche Grundlage zu einem großen Teil die Theorie des Selbst als informationsverarbeitendes System bildet.
- Weitere Änderungsprozesse sind *Übung, Verhaltenswiederholungen und die Entwicklung von effektiven Verhaltensabläufen.* Die theoretische Fundierung für diese Zielstellungen liefern die Lerntheorien. Bekannte Formen der psychologischen Intervention durch Übung sind z. B. Selbstsicherherheits- und Stressbewältigungstraining.
- Mit übenden Anteilen konfundiert ist der Änderungsprozess der *Konfrontation* mit einer Angst auslösenden Situation und einer sich anschließenden Übereinkunft mit dem Betroffenen, diese Situation nicht zu verlassen. Grundlage für diesen interventiven Prozess sind die kognitiven Lerntheorien, die von einer Modifikation semantischer Netzwerke durch die Reaktionsverhinderung ausgehen. Dabei ablaufende Teilprozesse sind Extinktion, Habituation oder Gegenkonditionierung.

3.2.3 Passung von Änderungsbereich und Prozess

- Zu den genannten Änderungsbereichen und -prozessen kommt ein wesentlicher Aspekt, nämlich ihre Passung: Bestimmte Änderungsvorgänge sind auch für bestimmte Dispositionen zuständig. Damit ist gemeint, dass eine psychologisch-theoretische Begründung vorliegen muss, dass ein spezifischer Änderungsprozess auch zu einer empirisch gesicherten Veränderung in dem definierten Bereich (z. B. dem Persönlichkeitsmerkmal) führt. Dies war den bisherigen Darstellung immanent, sei aber wegen der Bedeutsamkeit dieses Passungsverhältnisses noch einmal anhand von drei Passungsbereiche dargestellt:
- Selbstkonzepte eines Menschen beinhalten individualtypisches und universelles Wissen über die eigene Person. Dieses Wissen überdauert die aktuelle Situation und schließt alle Erfahrungen ein, die das Individuum in den unterschiedlichsten Lebensbereichen gesammelt hat. Diese Erfahrungen werden als Konzept (oder Schema) bezeichnet, da sie durch gedächtnismäßige Organisationsformen in ihrem Inhalt auf das Wesentlichste reduziert wurden. Der dabei relevante Prozess, der für den Aufbau den Wandel oder die Stabilität des hochkomplexen Merkmalssystem Selbstkonzept verantwortlich zeichnet, ist der der Informationsaufnahme und -Verarbeitung. Er wurde bei der Darstellung der Änderungsprozesse in Anlehnung an die Interventionsliteratur als Informationsgabe bzw. Informationsgenerierung bezeichnet: *Informationsgenerierung „passt" zum Selbstkonzept.*
- Fähigkeiten sind Persönlichkeitseigenschaften, die Leistungen ermöglichen. Sie lassen sich in Form umfänglicher Fähigkeitshierarchien darstellen, die sportliche, musikalische, intellektuelle, soziale und viele andere Teilfähigkeiten beinhalten. Ein Großteil dieser Persönlichkeitseigenschaften lassen sich durch Übung oder Training verbessern. Dies betrifft allerdings weniger das Niveau der kognitiven Voraussetzungen für eine Leistung, als Fertigkeiten, z. B. die des Fertigkeitserwerbs zum Skilaufen, beim Erlernen des Gitarrenspiels oder die Anwendung doppelter Kodierungen zur Verbesserung der Gedächtnisleistung. Der Einsatz weiterer übender Verfahren, um Teilfähigkeiten, motorische und soziale Fertigkeiten zu entwickeln ist sprichwörtlich: *Übung „passt" zu Fähigkeiten.*
- Man spricht von pessimistischen Erklärungsmustern, wenn ein Mensch Misserfolge fast ausschließlich dem eigenen Versagen zuschreibt. Wenn er weiterhin meint, dies würde auch in der Zukunft so sein und sich als Gesamtperson (über den spezifischen Misserfolg hinaus) als Verlierer sieht. Dieses Attributionsmuster ist persönlichkeitpsychologisch den Handlungsüberzeugungen, d. h. den Erwartungs- und Kontrollstilen einer Person zuordenbar. Als besonders geeignete Veränderungsprozesse zur Modifikation von Handlungsüberzeugungen haben sich die kognitive Umstrukturierung mit der Methode der Disputation erwiesen. Disputation steht für eine psychologisch gelenkte Problemanalyse, die ihren Ursprung in den Lehr-

methoden der griechischen Philosophie hat („Sokratisieren"). So kann es durch den Einsatz dieses psychologischen Mittels gelingen, Eigenverantwortlichkeit für Misserfolge zu minimieren, deren zukünftiges Eintreten lediglich als eine von mehreren Möglichkeiten zu sehen und Generalisierungen negativer Einzelerlebnisse auf die Gesamtperson auszuschließen. *Disputation „passt" zu Erklärungsmustern.*

Die Ausführungen zum Interventionskonzept des Änderungswissens haben einen Allgemeinheitsgrad, der es gestattet, pädagogisch-psychologische Zielstellungen, Interventionen im arbeits- und organisationspsychologischen Bereich sowie dem klinisch-psychologischen Setting theoretisch zu fundieren. So kann eine psychologisch intendierte Erhöhung des Selbstwertgefühls im schulischen Bereich für einen Gymnasiasten ebenso bedeutsam sein wie für einen fiktiven Arbeitnehmer, der sich aufgrund ständiger Zweifel am beruflichen Selbstwert keine Bewerbung zutraut oder einem Klienten, der aufgrund seines niedrigen Selbstwertgefühls und des damit verbundene leidvollen Zustands eine Beratungsstelle aufsucht.

Die diesem Kapitel zugrunde liegende Zielstellung, die Prävention des Substanzmissbrauchs Jugendlicher unter interventionstheoretischer Perspektive zu bewerten, verlangt aber die Ergänzung des vorgestellten allgemeinen Konzepts um psychologisch Wirkprinzipien. Dies vor allem deshalb, da Suchtprävention die Vermeidung einer nosologisch definierten Störung mittels psychologischer Mittel als Zielstellung definiert. Eine derartige Aufgabenstellung erfordert aber die Berücksichtigung der Anforderungssituation, die sich für denjenigen stellt, der einer psychopathologischen Störung vorbeugen möchte. Es geht dabei um die Frage, wie die motivationale Ausgangssituation eines Menschen definiert werden kann, der sich diese spezifische Aufgabe stellt. Weiterhin muss Wissen darüber vorliegen, welche theoretisch fundierten und praktisch erprobten Wirkprinzipien der Betroffene nutzen kann, um den Prozess der psychologischen Intervention eigenaktiv und erfolgreich zu gestalten.

3.3 Theoretische Fundierung: Wirkfaktoren

Mit dem Konzept der Wirkprinzipien der psychologischen Intervention von Grawe (2000, 2004), liegt eine Konzeption vor, die für die erwähnte Aufgabenstellung, Suchtprävention hinsichtlich ihrer Potenzen und Probleme zu bewerten, ein elaborierten Referenzsystem darstellt. Im folgenden werden diejenigen Wirkprinzip skizziert, deren Vorhandensein optimale Präventionseffekte garantieren, deren Fehlen oder geringe Ausprägung aber die Wirksamkeit negativ beeinträchtigen. Es handelt sich dabei um das motivationale Prinzip der Erwartungsinduktion sowie um die Ressourcenaktivierung.

3.3.1 Erwartungsinduktion und Intentionsbildung

Erwartungsinduktion

Leidenszustände, Symptome oder soziale Probleme sind die wesentlichsten Gründe dafür, dass ein Mensch psychologische oder ärztliche Hilfe sucht. Verbunden ist dies mit der Erwartung, die interventive Einflussnahme möge die Beschwerden rasch, vollständig und dauerhaft beseitigen. Dies gilt für somatisch-medizische Behandlungsformen ebenso wie für die Interventionen mit psychologischen Mitteln. Leidensdruck und Erwartungsinduktion, d. h. die Hoffnung auf den Erfolg der Intervention, sind das grundlegende motivationale Prinzip jeglicher professionell orientierten Hilfeleistung in Medizin und Psychologie. Allerdings gibt es auch bedeutsame Spezifika, die Medizin und Psychologie bezüglich der Motivation zur Aufnahme der Intervention unterscheiden. Die somatisch-medizisch behandelten Krankheiten stellen in hohem Maße körperliche homöostatische Krisensituationen dar, bei denen es meist keiner zusätzlichen Bemühungen bedarf, den Patienten zur Behandlungsaufnahme zu bewegen. Die mögliche Bedrohung von „Leib und Leben" oder dauerhafter, gesundheitsbeeinträchtigender Folgen einer Erkrankung sind Motivation genug. Hinzu kommt eine ausgeprägte Hoffnung auf den Behandlungserfolg. Es gehört zu den menschlichen Sozialisationserfahrungen, dass medizinischen Behandlungsformen bei einer großen Anzahl von Körperkrankheiten die erwähnte rasche und dauerhafte Genesung bewirken. Im Gegensatz dazu haben psychologische Interventionsmethoden einen anderen Ansatzpunkt. Sie kommen erst dann zum Einsatz, wenn keine unmittelbare Bedrohung des Lebens oder der Gesundheit mehr vorliegt. Der Wegfall dieser existentiellen Bedrohung dürfte häufig mit einem geringeren Leidensdruck verbunden sein. Dies erfordert für alle Formen der psychologischen Intervention, die Erfolgserwartung beim Patienten differenziert zu analysieren und Möglichkeiten zu suchen, die geeignet sind, die Hoffnungen auf den Erfolg der psychologischen Hilfe zu wecken (vgl. Kasten 6: Definition von Erwartungen)

Kasten 6: Definition von Erwartungen

> Eine *Erwartung* ist die vom Individuum vermutete Wahrscheinlichkeit, mit einem bestimmten Verhalten in einer spezifischen Situation ein erwünschtes Ziel zu erreichen (oder ein unerwünschtes zu vermeiden). In diesem Fall spricht man von (subjektiver, internaler) Handlungskontrolle.
>
> Man spricht von *Handlungswirksamkeitserwartung*, wenn das Individuum vermutet, dass ein bestimmtes Ziel überhaupt durch Handeln erreichbar ist und von Selbstwirksamkeitserwartung, wenn man selbst auch in der Lage ist, die zur Zielerreichung notwendige Handlung auszuführen.

Die Prinzipien der Induktion von Erwartungen, einen Erfolg durch psychologische Intervention zu garantieren, sind am ausführlichsten für die Interventionsfunktion der psychologische Therapie dargestellt. Dies ist nicht zufällig so. Die psychologische Interventionstheorie und -praxis zeichnen sich durch eine unverkennbare Schwerpunktsetzung auf die Behandlung, in deutlich geringerem Maße auf die Rehabilitationsfunktion und die Prävention aus. Warum dies so ist, wird im nächsten Kapitel ausführlicher dargestellt. Die Erfolgserwartung einer psychologischen Interventionsbeziehung garantieren vor allem die folgenden Merkmale (Frank, 1961; Grawe, 2000):

1. Eine als Therapiebeziehung definierte Beziehung. Der sozial sanktionierte Hilfegeber hat eine spezielle Ausbildung, die ihn in den Augen das Klienten als kompetent erscheinen lässt. Dies betrifft den akademischen Grad, in der Regel den des Diploms in Psychologie, die postgradual erworbene Befähigung, als approbierter psychologischer Psychotherapeut tätig zu sein und die Genehmigung zur Niederlassung, um im Rahmen eines der Richtlinienverfahrens zu praktizieren.
2. Ein formalisiertes Behandlungsangebot im professionellen Setting, in einer Klinik, einer Ambulanz oder in der eigenen Praxis. Im ersten Fall garantieren die Reputation der Behandlungseinrichtung sowie die ihrer führenden Vertreter die Erwartung eines Behandlungserfolgs, bei der eigene Niederlassung fungieren z. B. die Praxisausstattung, das Schild am Haus sowie ein möglicher Titel erwartungsinduzierend.
3. Ein bestimmtes Behandlungsrationale. Darunter versteht man die Information über den Ablauf der Intervention, Stufen und Sequenzen. Dieses Ablaufschema vermittelt dem Patienten eine bestimmte Auffassung von seinem Zustand, aus der sich wiederum ein bestimmtes Behandlungsvorgehen ableitet.
4. Die Durchführung eines mit dem Behandlungsrationale konsistenten Behandlungsrituals oder Behandlungsvorgehens. Der Klient muss im therapeutische Vorgehen auch das wieder vorfinden, was man vorher besprochen und geplant hat.

Die Wirkung dieser erwartungsinduzierenden Maßnahmen der psychologischen Therapie ist in den letzten vierzig Jahren mehrfach empirisch belegt worden. Verwunderlich ist das nicht: Alle aufgezählten Maßnahmen sind bekannte, seit Jahrhunderten erfolgreich praktizierte Grundelemente der Heilkunde (Holm-Hadulla 2005).

Intentionsbildung

Erwartungsinduktion enthält die Überlegung, dass der Mensch bei Vorliegen eines starken Leidensdrucks einen Besserungswunsch entwickelt, der auf das seelische Geschehen Einfluss nimmt. Alles, was in der persönlichen Umwelt des Klienten geschieht, wird in Hinblick auf seinen Besserungswunsch bewertet. Die Erwartungen des Menschen vermitteln also zwischen der subjektiven Gegenwart und dem gewünschten Zustand einer erhofften Leidensminderung. Dieses motivationale Prinzip der Erwartung von Heilung oder Besserung erfordert aber mehr als nur Hoffnungen und Wünsche (vgl. Kasten 6: Erwartungen). Es wirf die Frage nach der Realisierbarkeit dieser Erwartungen auf. Den theoretischen Rahmen für die Elaboration dieser Überlegung bildet das Handlungsphasenmodell von Heckhausen (1987), das in der Psychologie auch als Rubikon-Modell bezeichnet wird.

Kasten 7: Die Rubikonmetapher

Der Rubikon ist ein kleiner Fluss in Italien nördlich von Rimini. In der Antike grenzte er Gallia Cisalpina vom römischen Kernreich ab. Im Jahre 50 v. Chr. lagerte der spätere römische Kaiser Julius Caesar „links des Rubikon" auf cisalpinem Gebiet. Er erwog, zauderte, verwarf Wünsche und fasste dann am 11. Januar des Jahres 49 v. Chr. den Entschluss zum Bürgerkrieg. Dieser folgenreiche Entschluss ist der Nachwelt durch die Worte *Alea iacta est* (Die Würfel sind gefallen) überliefert. Mit dem Überschreiten der Brücke über den Rubikon gab es kein Zurück mehr. Er setzte nun zielstrebig alles daran, den Krieg zu gewinnen. Mit dem Überschreiten der Brücke befand er sich „rechts des Rubikon" plante, handelte und bewertete die Ergebnisse seiner militärischen Operationen.

Heckhausen wählte diese Metapher, um den Prozess vom Wünschen, über das Wählen und Wollen bis zur Handlung zu beschreiben. Mit der „Überschreitung" des Rubikon ist die Zeit der Ambivalenz vorbei und es beginnt die Absichts- oder Intentionsbildung, der die Intentionsrealisierung und die Veränderung von Absichten folgen können. Das Handlungsphasenmodell von Heckhausen ist nach Grawe (2005) besonders geeignet, um die interventionstheoretisch bedeutsamen Wirkfaktoren Intentionsbildung, -realisierung und -veränderung zu beschreiben: Die psychologischen Welten links und rechts des Rubikon sehen verschieden aus. So sind die Prozesse links des Rubikon realitätsorientiert. Damit ist das Abwägen und Wählen zwischen verschiedenen Alternative gemeint, nicht die Wünsche und Befürchtung selbst, auf die sie sich richten. Wünsche sind der Gegenstand der realitätsorientierten Prozesse. Das Wählen ist davon zu unterscheiden. Es stellt einen Seelenzustand dar, der nach Heckhausen dadurch charakterisiert ist, dass ein hoch aktualisierter kognitiver Apparat seine Aufmerksamkeit auf alles richtet, was für den Wahlprozess von Bedeutung ist. Die psychologische Intervention in dieser präaktionalen Phase ist also auf die Herausbildung von Intentionen gerichtet. Zusammenfassen lässt sich sagen: Wenn es nicht zur Herausbildung klarer Absichten kommt, kann dies sowohl an einem ineffektiven Wahlprozess liegen, als auch in einer Unvereinbarkeit der Wünsche, zwischen denen gewählt wurde (bzw. an beiden Gründen).

Befindet sich ein Mensch aber im motivationalen Stadium rechts des Rubikon, liegen definitionsgemäß Zielintentionen bereits vor und unterstützen den Prozess der Realisierung dieser Absichten. Alles ist darauf ausgerichtet, die Intention mit der höchsten Volitionsstärke zu realisieren. Wahrnehmung, Denken und Handeln stehen im Dienste der jeweiligen Intention: Sie sind realisierungsorientiert. Die Stärke und Zeitstabilität von Intentionen ergibt sich somit aus der Interaktion von Wünschbarkeit und Realisierbarkeit des angestrebten Ziels. Erst wenn die Wünschbarkeit hoch und die Motivationslage eindeutig ist, erlangen Handlungs- und Selbstwirksamkeitserwartungen ein hohes Maß an Verhaltensrelevanz (vgl. Kasten 6: Erwartungen). Die Klärung der Motive für intendiertes, zielgerichtetes Handeln im Rahmen der psychologischen Intervention ist deshalb ein bedeutsamer Wirkfaktor (Grawe 2005). Wenn es durch psychologische Einflussnahme gelingt, eine unklare Motivationslage in eine eindeutige zu überführen, dann ist der Weg frei für die Realisierung von Intentionen. Dies kann entweder durch selbstbestimmtes Handeln des Betreffenden oder durch die therapeutische Unterstützung erfolgen. Die psychologische Therapie befindet sich im Gegenstandsbereich der Klärungen von Motivlagen in einer komfortablen Situation, da mit der psychologischen Gesprächspsychotherapie und mit den tiefenpsychologisch orientierten Verfahren hochwirksame klärungsorienrtierte Interventionsansätze zur Verfügung stehen.

3.3.2 Wirkfaktor Ressourcenaktivierung

Ressourcen

Um die Spezifik des psychologischen Wirkfaktors darzustellen, sei mit einem fiktiven Beispiel begonnen: Ein Patient stellt sich in der ärztlichen Sprechstunde mit einem Leiden vor, das durch medikamentöse Behandlung rasch und dauerhaft zu behandeln ist. Der Arzt verschreibt dieses Medikament. In allen Phasen der Untersuchung des Patienten und bei der sich anschließenden Ordination des Mittels meidet er den Blickkontakt mit dem Patienten, informiert nur bruchstückhaft über die Erkrankung und verlässt ohne sich zu verabschieden grußlos das Zimmer. Durch die Einnahme des verschriebenen Medikaments tritt innerhalb kurzer Zeit die vollständige Heilung ein.

Diese Darstellung ist didaktischen Gründen geschuldet. Natürlich ist das beschriebene unempathische, den Patienten zu einem Objekt degradierende, Verhalten des fiktiven Arztes mit dem ärztlichen Ethos unvereinbar und ein höchst selten auftretendes Phänomen. Der Aufbau einer vertrauensvollen Arzt-Patienten-Beziehung ist ein unverzichtbares Element der ärztlichen Behandlung, das den Patienten zu Mitarbeit motiviert und eine optimale Compliance garantiert.

Das Beispiel sollte aber einen bedeutsamen Unterschied der Wirkfaktoren in Medizin und Psychologie thematisieren: Ärzte verfügen bezüglich ihrer Behandlungsaufgaben über „externe“ Mittel, die sie „in den Patienten hin eingeben“ können: Medikamente, Operationen, Bestrahlung usw. Für die im Beispiel postulierte Wirkung ist die Arzt-Patient Beziehung unbedeutend. Den Behandlungserfolg hat die ordinierte Substanz bewirkt. Sie hat maßgeblich zur schnellen Heilung geführt. Im Gegensatz zur ärztlichen Behandlung haben die Vertreter einer psychologischen Intervention keine Möglichkeit, auf die Wirkung von extern gegebenen Mitteln zu setzen. Sie nutzen stattdessen das im Klienten verfügbare positive Potential, das er in den Veränderungsprozess einbringt. Diese, im Menschen selbst verfügbaren

„Selbstheilungskräfte", werden als „Ressourcen" bezeichnet, da der Begriff der Selbstheilungskräfte offenbar zu starke alltagspsychologische und esoterische Assoziationen weckt. Ressourcen sind universelle, allen Menschen verfügbare Quellen, aus denen der Einzelne sein Selbstwertgefühl bezieht (Grawe, 2000). Als Ressource kann jeder Aspekt des seelischen Geschehens und darüber hinaus der gesamten Lebenssituation eines Menschen aufgefasst werden. So können alle Persönlichkeitsmerkmale und Prozesse des Konstrukts Änderungswissen als Ressourcen aufgefasst werden, wenn sie einen bedeutsamen Beitrag zur Regulation des Selbstwertgefühls leisten. Gleichermaßen sind finanzielle Möglichkeiten und das Potential der sozialen Beziehungen einer Person als Ressourcen definierbar.

Aktivierung von Ressourcen

Als Ressourcenaktivierung bezeichnet die Interventionstheorie den Prozess, der zur Mobilisierung solcher Ressourcen führt, die bei einem Klienten besonders stark emotional besetzt und deshalb für sein Selbstwertgefühl besonders wichtig sind. Es handelt sich dabei um universelle Regulationsmechanismen, die ein Mensch nutzen kann, um Einschränkungen des Wohlbefindens und der Zufriedenheit mit sich selbst und dem eigenen Leben auszugleichen. Dies kann durch Einflussnahme auf veränderbare Lebensumstände, aber auch durch Akzeptanz bestehender Gegebenheiten erfolgen. Die gegenwärtig umfassendste Theorie in diesem Themenfeld ist die emotionale Kontrolltheorie von Heckhausen und Schulz (1995). Sie definiert zwei Formen kognizierter Kontrolle. *Primäre Kontrolle* wird durch aktives Verhalten ausgeübt. Es zielt auf die Veränderung der Umgebung und von zwischenmenschlichen Beziehungen. Durch primäre Kontrolle kann man Konflikte lösen, Situation meiden oder aufsuchen. *Sekundäre Kontrolle* wird durch Prozesse ausgelöst, welche im Individuum selbst lokalisiert sind. Diese umfassen alle Möglichkeiten der kognitiven Umstrukturierung von Ereignissen, Modifikationen ihrer Bewertung, Formen der Ablenkung von belastenden Erlebnissen oder subjektive Veränderungen von Ursache-Wirkungs-Zusammenhängen.

Beide Zugänge sind unter der Perspektive der Ressourcenaktivierung gleichermaßen bedeutsam. Eine therapeutische Zielstellung kann die Stärken eines Patienten zur Konfliktlösung zu aktivieren versuchen, eine andere nutzt die Fähigkeiten eines Klienten zur Modifikation von Bewertungen der Lebensumstände als Ressource. Referenzgrundlage dafür sind gut untersuchte, jedem Menschen verfügbare Vergleichs- und Bewertungsprozesse (Kasten 8: Selbstregulation).

Das wichtigste Mittel zur Anregung der Vergleichs- und Bewertungsprozesse im Sinn der Selbstregulation ist die Beziehung eines Klienten zu einem professionellen Helfer (Holm-Hadulla 2005). Ein Mensch, der von einer Störung oder einer Krankheit betroffen ist oder den Lebensprobleme ängstigen, fühlt sich hilfsbedürftig. Sein Wunsch nach einer Person, die ihm

Geborgenheit und Hilfe geben kann ist akut aktiviert. Wenn nun ein Klient auf einen psychologischen Berater trifft der Kompetenz ausstrahlt, seine volle Aufmerksamkeit dem Anliegen des Klienten zuwendet, Kleinigkeiten bei ihm in Hinblick auf Gestik, Mimik, Körperhaltung und sprachliches Verhalten registriert und Ängste, Befürchtungen Wünsche, Forderungen einfühlend erkennt und dies dem Hilfesuchenden rückmeldet, dann macht dieser positive Wahrnehmungen im Hinblick auf sein akut aktualisiertes Bindungsbedürfnis. Berichtet er über ein Hobby oder über einen Lebensbereich, in dem er sich besser auskennt, als der Therapeut, dann gewinnt er selbstwerterhöhende Erfahrungen. Er erkennt, dass diese Inhalte es wert sind, angehört zu werden. Wird eine helfende Beziehung so gestaltet, dass mit verständlichen Ausführungen das weitere interventive Vorgehen erläutert und der eigene Beitrag des Klienten dazu thematisiert wird, dann regt das seine Aktivität an. Er erkennt, dass er ein aktiver Teil der Beziehung ist, der durch sein Verhalten Wirkungen im Sinn seiner Intentionen und Ziele herbeiführen kann. Dieses Erleben mobilisiert die als Ressourcen nutzbaren Vergleichs- und Bewertungsprozesse. Ähnlich „einem Motor, der angesprungen ist, wird die Ressourcenaktivierung zu einem sich selbst aufrechterhaltenden Prozess“ (Grawe 2000, S. 542). Je mehr es im Rahmen der psychologischen Intervention gelingt, Ressourcen zu aktivieren, umso mehr wird sich der Klient durch die Intervention in seinen positiven Möglichkeiten, seinen eigenen Zielen, Intentionen, Erwartungen, Werten und seinem Selbstkonzept aufgewertet fühlen.

Kasten 8: Mechanismen der Selbstregulation (Staudinger, 2000)

Soziale Vergleichsprozesse: Vergleich des eigenen Befindens und anderer individueller Persönlichkeits- und Situationscharakteristika mit einer Referenzperson oder einer Gruppe von Individuen.

Temporäre Vergleichsprozesse: Vergleich der eigenen Person in selbstrelevanten Merkmalen (Gesundheit, Einkommen, Freundeskreis) im Lebenslauf.

Beide Kategorien des Vergleichs können aufwärts und abwärts gerichtet sein. *Aufwärtsvergleiche* dienen bevorzugt der Motivationshilfe zur Verbesserung der eigenen Leistung oder sozialer Situationen. Der Abwärtsvergleich kann besonders zur Aufrechterhaltung des Wohlbefindens nützlich sein: Es findet sich immer jemand oder auch eine Personengruppe, denen es noch schlechter geht als einem selbst.

Auch eine flexible *Veränderung des Anspruchsniveaus* kann dem Ziel der Regulation des Wohlbefindens dienen. Beispielsweise passt man sich an den veränderten Gesundheitszustand oder die veränderte geistige Leistungsfähigkeit nach und nach an, indem man kontinuierlich das Anspruchsniveau verändert.

3.4 Prävention als psychologische Interventionsmethode

3.4.1 Grundbegriffe psychologischer Prävention

Das Präventionskonzept ist in der Psychologie nicht neu. Leitvorstellungen und Regeln einer glücklichen und gesunden Lebensführung, die seelisches und körperliches Leid verhindern oder minimieren, dürften so alt sein wie die Begriffe Glück und Gesundheit selbst. So ist das Problem einer gesunden Lebensführung nicht nur für die Psychologie relevant, sondern auch ein zentrales Thema philosophischer und religiöser Schriften von der Antike bis zur Gegenwart. Bei den bisherigen Ausführungen zur Definition der Prävention als psychologische Interventionsmethode wurden die Ziele der Vorbeugung relativ allgemein als Störung, Krankheit oder Problem benannt (vgl. 3.1). In jedem Fall wurde damit eine Ist-Soll-Diskrepanz thematisiert, die hinsichtlich ihrer Inhalte und Bezüge undefiniert blieb. Dies soll im folgenden geschehen. Wendet man sich dieser Aufgabenstellung zu, dann erweist es sich als vorteilhaft, dass in den letzten Jahrzehnten eine verstärkte Konzentration auf Fragen der Prävention von psychischen Störungen und Entwicklungsproblemen zu verzeichnen ist. Die in der Literatur definierten Aufgaben und Zielbereiche psychologischer Prävention beinhalten allgemein akzeptierte Konzepte darüber, wie eine hohe Lebensqualität, psychische Gesundheit und eine optimale ontogenetische Entwicklung durch Vorbeugungsmaßnahmen gewährleistet werden kann. Tragende Konstrukte dieser elaborierten theoretischen Konzeptionen einer psychologischen Prävention sind die Begriffe Krise und kritische Lebensereignisse, Stress und Stressbewältigung sowie Entwicklungsaufgaben und optimale Entwicklung (Brandstädter 1984). Sie sind in den vergangenen zwei Jahrzehnten in ihrer konzeptionellen Bedeutsamkeit durch aktuelle Forschungsergebnisse belegt, umfänglich operationalisiert und differenziert beschrieben worden (Montada, 2002).

Krise und kritische Lebensereignisse

Krise bezeichnet im etymologischen Sinn Situationen, in denen es sich entscheidet, ob ein Prozess oder eine Entwicklung einen günstigen oder ungünstigen Verlauf nimmt. Das Konzept der Krise wurde in der griechischen Medizin von Hippokrates aus dem Verlauf fieberhafter Erkrankungen abgeleitet. Im Stadium der Krise eines Krankheitsprozesses entschied sich, ob mit Genesung oder Tod zu rechnen ist. In der medizinischen Praxis ist der Krisenbegriff weiterhin konstitutiv, auch wenn die Bezeichnung des Phänomens als medizinischer Notfall geläufiger sind. Bedeutsam ist bei Notfällen, dass Leib und Leben des Betroffenen bedroht sind und nur sofortige ärztlich Hilfe lebensrettend ist.

Im alltäglichen Gebrauch wird der Begriff Krise sowohl auf äußere Situationen oder Ereignisse, als auch auf die durch solche äußeren Einflüsse bedingten individuellen oder sozialen Problemfälle angewendet. Auf situativer Ebene werden z. B. Veränderungen in den sozialen Beziehungen, Arbeitslosigkeit, Verschlechterungen des Gesundheitszustandes sowie materielle Verluste und Katastrophen als typische Krisenursachen genannt (Dilling, Mombour & Schmidt, 2005). Die Analyse von Krisenauslösern und ihre psychologischen Konsequenzen ist Thema der Forschungen zum Bereich der kritischen Lebensereignisse.

Kasten 9: Kritische Lebensereignisse (Filipp, 1990)

1. Sie stellen die raumzeitliche, punktuelle Verdichtung eines Geschehensablaufes innerhalb und außerhalb der Person dar und sind somit im Strom der Erfahrungen einer Person raumzeitlich zu lokalisieren. Auch wenn Lebensereignisse eine ihnen eigene Geschichte haben, sollten langandauernde Prozesse nicht als Lebensereignisse bezeichnet werden.
2. Kritische Lebensereignisse stellen Stadien eines relativen Ungleichgewichtes im bisherigen Passungsgefüge zwischen Person und Umwelt dar. Sie unterbrechen habitualisierte Handlungsabläufe, verändern die soziale Situation, so dass Anpassungsleistungen der betreffenden Person nötig werden. Die Quelle des Ungleichgewichtes kann sowohl in der Person als auch in der Umgebung liegen (Verlust von Grundüberzeugungen versus Verlust eines nahen Angehörigen).
3. Krisen und kritischen Lebensereignissen sind ausgeprägte affektive Reaktionen inhärent. Lebensereignisse sind dem Betroffenen nicht gleichgültig und heben sich damit prägnant aus dem Strom von Einzelereignissen heraus.

Die in Kasten 9 skizzierten Inhalte lassen nur andeutungsweise erkennen, dass mit der Konzeption kritischer Lebensereignisse eine ausgereifte Theorie des prozessualen Ablaufs einer aktiven Auseinandersetzung des Individuums mit seiner persönlichen Umwelt vorliegt.

Die Konfrontation mit kritischen Lebensereignissen ist als transaktionales Geschehen konzipiert, das verschiedene Ebenen miteinander verbindet: situative Auslösebedingungen, Persönlichkeitseigenschaften und soziale Beziehungen, nutzbare materielle Ressourcen der mit dem Ereignis konfrontierten Person sowie Merkmale der Auseinandersetzung mit dem Ereignis und deren Folgen für das Individuum und ihren Lebenskontext. Sowohl Person als auch das Ereignis sind aktive Kräfte in einem Austausch- und Passungsgefüge. Dies zeigt sich u. a. darin, dass die Person mitbestimmen kann, mit welchem Ereignis sie konfrontiert wird. Eine gewisse Anzahl der Lebensereignisse unterliegt der Entscheidungskontrolle der Person. So zeigen ältere Menschen aktives präventives Handeln, indem sie seltener als Jüngere abends ausgehen. Sie werden damit auch seltener das Opfer von abendlicher Straßengewalt (Ältere stellen nur 5 % des Opferanteils).

Die Analyse des Geschehensablaufs der Auseinandersetzung mit dem Ereignis wird auf die Zeitachse bezogen. Dies ermöglicht die Betrachtung von Einzelmerkmalen des prozessualen Geschehens, auf die sich präventive Zielstellungen beziehen können.

Stress und Stressbewältigung

Der transaktionale Ansatz des Konzepts der kritischen Lebensereignisse ist eine Sichtweise, die uns auch in der Stressforschung begegnet (Lazarus, 1984). Es gibt kaum einen Begriff, der in Verbindung mit dem Interventionsansatz der psychologischen Prävention so oft angeführt wird wie der *Stressbegriff*. Die Wortmarke „Stress" beschreibt einen individuellen Zustand, der für eine Person dann vorliegt, wenn Lebensanforderungen mit den gewohnheitsmäßigen Verhaltensweisen und Reaktionsautomatismen nicht mehr ausgleichbar sind. Stress ist somit ein zweckmäßiges Handlungsmuster, um in Belastungssituationen bedürfnis- und realitätsgerechte Lösungen zu generieren (Schröder, 1981).

Die Stressreaktion ergibt sich aus dem individuumspezifischen Wechselverhältnis von vier Bedingungsgruppen der vom Stress betroffenen Person (Reschke & Schröder, 2000): (1) Auf der Seite der Person handelt es sich dabei um Persönlichkeitsmerkmale: Fähigkeiten, Handlungs- und Bewältigungsstile, sowie selbstbezogene Merkmale. (2) Sie werden ergänzt durch die richtungsgebenden Persönlichkeitseigenschaften der Werthaltungen und Motive des Individuums. (3) Als externale Bestimmungsstücke sind Anforderungscharakteristika der Stresssituation wie Intensität, Dauer und Kontrollierbarkeit definiert. (4) Ressourcen sozialer, physischer und materieller Art (Gesundheit, sozialer Rückhalt, finanzielle Verhältnisse) komplettieren das Bedingungsfeld psychobiotischer Stressreaktionen.

Die besondere Relevanz, die individuelle Stressreaktion als Grundlage präventiver Intervention zu wählen, ergibt sich aus der Prozessgestalt des Bewältigungsvorgangs. Nur auf einer ersten Stufe gelingt es dem Individuum noch, die stresserzeugende erhöhte Anforderung durch aktives Handeln im Sinn sekundäre Kontrolle zu erfüllen (Heckhausen & Schulz, 1995). Dies hat aber seinen Preis. Er besteht in starker Handlungsaktivierung und der Befürchtung, die Anspannung nicht über längere Zeiträume durchhalten zu können. Dieser akute Stresszustand hat die gefährliche Potenz, durch eine prolongierte Belastung und Beeinträchtigung die geistigen und körperlichen Ressource des Einzelnen zu erschöpfen und die Entwicklung einer psychovegativen Reaktionsbildung mit Krankheitswert zu begünstigen. Für die präventive Intervention ergeben sich daraus zwei prinzipielle und plausibel erscheinende Ansatzstellen (Reschke & Schröder, 2000): (1) Die Veränderung der auf Menschen wirkenden Anforderungen sowie die Gestaltung günstiger Bewältigungsbedingungen. Dies wäre der Ansatzpunkt, der an den Verhältnissen und externen Umständen angreift. (2) Die Befähigung und Förderung der Betroffenen, damit sie erhöhte Anforderungen besser erfüllen zu können.

Entwicklungsaufgaben und optimale Entwicklung

Kritische Lebensereignisse und Stressbelastungen betreffen meist nur eine begrenzte Anzahl von Menschen einer Population. Im Gegensatz dazu werden Entwicklungsaufgaben in Anlehnung an Havighurst (1973) als mehr oder weniger altersnormiert angesehen. Ihnen ist charakteristisch, dass eine Mehrheit in der Population mit derselben Klasse von Aufgaben einer spezifischen Periode des Lebens konfrontiert ist (Montada, 2002).

Kasten 10: Quellen von Entwicklungsaufgaben nach Havighurst (1973)

Entwicklungsaufgaben gliedern den Lebenslauf. Sie sind definiert als eine Folge von Herausforderungen in der Ontogenese, die vom Individuum als persönliche Entwicklungsziele wahrgenommen werden. Havighurst konzipierte drei allgemeine Quellen, aus denen sich die Entwicklungsaufgaben im Lebenslauf speisen.

- Biologische Veränderungen des Organismus
- Anforderungen, die von der Gesellschaft in Beruf, Familie und Sozialbereich gestellt werden
- Werthaltungen, Lebensziele und Wünsche des Individuums selbst

In der Entwicklungspsychologie der Lebensspanne (Baltes, 1990) werden die Entwicklungsaufgaben nach Altersbereichen und Zielsetzungen klassifiziert. Sprechen und Gehenlernen sowie der Aufbau und die Gestaltung emotionale Beziehungen zu den Eltern kennzeichnen die frühe Kindheit. Das mittleren Kindesalter ist durch das Erlernen der Kulturtechniken des Lesens, Schreibens und Rechnens charakterisiert, in der Adoleszenz geht es um die Entwicklung von Autonomie im Bereich der Bindung, die Ablösung von der Elternfamilie und die Vorbereitung auf den Beruf. Im mittleren Erwachsenenalter überwiegt das „Hineinwählen“ in verschiedene Bereiche des Lebens, in Partnerschaft, Beruf und Elternrolle, während im höheren Alter zunehmend das „Abwählen“ von Bereichen und die Gestaltung noch verbleibender Lebensaufgaben an Bedeutung gewinnt (Lindenberger 2002). Dies ist verbunden mit der entscheidenden Frage, ob und wie es einem alten Menschen gelingt, die zahlreichen altersbedingten Verluste, Einbußen und Beschränkungen produktiv zu bewältigen (Petermann & Roth, 2005). Für die psychologische Prävention ist die Beschäftigung mit den vorfindbaren Lebenszielen und Entwicklungsaufgaben aus mehreren Gründen bedeutsam. In Anlehnung an Brandtstädter (1984) ist zu beachten, dass die Entwicklungsaufgaben Kriterien vorgeben, an denen sich die normale und wünschenswerte Entwicklung orientieren kann. Diese Kriterien gestatten auch zu definieren, was als Störung oder als Problem zu gelten hat. Es besteht auch die potentielle Möglichkeit, dass Entwicklungsziele selbst zu Stressoren werden, die kritische Lebensereignisse und Krisen auslösen können. Dies dürfte immer dann der Fall sein, wenn die Erfüllung der phasenspezifischen Lebensaufgaben den Erfordernissen der Entwicklungsangemessenheit nicht Rechnung trägt.

Ansatzpunkte der Prävention

Aus der Interdependenz von normativen Anforderungen, individuellen Ressourcen der Person und den pathogenen Stressoren, ergeben sich eine Reihe von Zielrichtungen für die psychologische Prävention. Die tradierte Sicht unterscheidet drei Einteilungsgesichtspunkte für präventive Interventionen und Sozialisationsmaßnahmen (vgl. Kasten 11). Sie wurden im Rahmen des Konzepts der Auseinandersetzung mit kritischen Lebensereignissen erarbeitet, sind aber für die Erfüllung von Entwicklungsaufgaben oder die Stressprävention gleichermaßen gültig.

Kasten 11: Präventionsformen im Umfeld kritischer Lebensereignisse (Filipp & Gräßer, 1984)

1. Im Zentrum der *ereignisbezogenen Prävention* stehen alle Lebensereignisse, die regelhaft oder mit hoher Wahrscheinlichkeit eintreten und deren Bewältigung generell oder für ein spezifisches Individuum als schwierig gilt. Derartige Vorbeugungsmaßnahmen werden primär an den Charakteristika des Ereignisses ansetzten. Die Berücksichtigung personaler Merkmale oder kontextueller Bedingungen werden erst in zweiter Linie berücksichtigt.
   Beispiel: Vorbereitung auf den Ruhestand
2. *Personzentrierte Prävention* bedeutet die Vorbereitung auf spezifische Ereignisse, deren Eintritt erwartet oder befürchtet wird, aber nicht zwingender erfolgen muss. Das vorbeugende Bemühen richtet sich auf die Ausstattung einer Person mit psychischen Ressourcen, deren Vorhandensein eine erfolgreiche Bewältigung von Lebensereignissen unterschiedlicher Qualität und Thematik erhöhen.
   Beispiel: Entwicklung von Lebenskompetenzen zur Vermeidung des Substanzmissbrauchs von Jugendlichen
3. *Die kontextzentrierte Prävention* stellt weder spezifische Ereignisse noch ausgewählte personale Kompetenzen in den Mittelpunkt der Betrachtungen. Sie zielt den Aufbau einer dinglichen und sozialen Umwelt an, die geeignete kontextuelle Ressourcen für die Bewältigung plötzlich eintretender oder antizipierter Lebensereignisse bereitstellen soll. Kontextuelle Prävention entscheidet auch darüber, ob Belastungen einer bestimmten Art eintreten werden oder nicht.
   Beispiel: Veränderung schulischer Anforderungen an die Schüler zur Vermeidung von Schulstress

Die Unterteilung mag plausibel anmuten. Sie enthält aber keinesfalls disjunkte Kategorien. Es geht lediglich um Schwerpunktsetzungen des interventiven Zugangs. Dem wird gegenwärtig mit einem integrativen Klassifikationsansatz Rechnung getragen. Dabei werden vorbeugende Maßnahmen, die am Individuum ansetzten von solchen unterschieden, die ihren Schwerpunkt im Bereich der Gestaltung von Bedingungen der Lebensumwelt des Einzelnen haben (Schröder, 2004). So sind z. B. im Bereich der Gesundheitsförderungen die folgende personbezogenen Merkmale zu nennen, deren Stärkung, Entfaltung und Optimierung als Zielgrößen fungieren können: personalen Ressourcen wie Fähigkeiten, Handlungs- und Bewältigungsstile, selbstbezogene

Merkmale sowie gesundheitsrelevante Werthaltungen und damit kongruente Verhaltensweisen. Die dazu komplementäre Bedingungsgestaltung der externalen Anforderungs- und Belastungsstruktur umfasst die Einflussnahme auf Anforderungen in den Lebensbereichen des Berufs, um Über- bzw. Unterforderung oder sonstige Belastungen zu minimieren. Zur Gestaltung der Lebensumwelt zählt auch die bereits genannte Bedingungsgestaltung schulischer Anforderungen, um Schulstress zu minimieren. Sowohl bei der personbezogenen als auch der bedingungsorientierten Gesundheitsförderung bedarf es der Unterstützung des Individuums durch gesellschaftliche Institutionen und Organisationen im Sinn einer gesundheitsförderlichen Bereitstellung von materiellen Ressourcen.

3.4.2 Wirkfaktor Erwartungsinduktion und Intentionsbildung bei präventiven Zielstellungen

Krisen, Kritische Lebensereignisse, Stress und Entwicklungsaufgaben thematisieren eine Ist-Soll-Diskrepanz im menschlichen Erleben. Dieses Ungleichgewicht stört das grundlegendes Prinzip des Seelenlebens: die Konsistenz psychischer Prozesse. Konsistenz im seelischen Geschehen besteht dann, wenn Motive, Ziele und Wahrnehmungen eines Menschen miteinander kongruent sind und seine Grundbedürfnisse, etwa die der Selbstachtung, der Bindung oder der personalen Wirksamkeit, möglichst gut befriedigen (Grawe, 2004). Zum Ausgleich des inkonsistenten seelischen Erlebens setzt der Mensch im Regelfall alle verfügbaren Ressourcen ein. Dies kann durch aktives Handeln, Aktivitäten oder Einflussnahme auf die persönliche Umwelt geschehen. Liegen subjektiv unbeeinflussbare Bedingungen vor, dann schafft möglicherweise ein Akzeptieren der Situation, die resignative Abkehr von der Umwelt oder das sich „Schönreden" der Konflikte eine Atempause. All das Gesagte gilt für bereits eingetretene Störungen. Ein Individuum erwartet im Idealfall, dass die interventive Einflussnahme die Krise lösen, Stresssituationen mindern oder Beschwerden rasch, und dauerhaft beseitigen kann. Dieses spezifische motivationale Prinzip der Hoffnung auf den Erfolg der Intervention gilt theoriegemäß nicht für die Vorbeugungsfunktion: Prävention entfaltet ihre Wirkung vor dem Eintreten von Erkrankung, sie will die Inzidenz minimieren. Der vorbeugend Handelnde ist meist nicht in einer Krise, nicht im Stress oder krank. Er leidet aktuell nicht und weist auch keine Störungen auf, deren Beseitigung er erwartet. Warum soll er im Zustand des Wohlbefindens seine Ressourcen aktivieren, um lediglich potentiell mögliche Krisen, Ereignisse oder Belastungen zu vermeiden? Es bedarf also eines spezifischen seelischen Erlebens, damit ein Mensch präventiven Aktivitäten als Handlungsziel wählt. Diese psychische Gestimmtheit, die den motivationalen Prozess zum Vorbeugen im Regelfall einleitet, ist die Gefühlsqualität der Angst.

Kasten 12: Definition von Angst

Angst ist ein negativ getönter Gefühlszustand, der subjektiv als starke Beunruhigung erlebt wird und bei der man sich bedrückt, beengt, gespannt oder nervös fühlt. Angst manifestiert sich neben dem geschilderten Erlebensweisen auch in anderen sog. Angstindikatoren, die die folgenden Ebenen des Erlebens und Verhaltens betreffen:

- mimisch in angehoben Augenbrauen und oberen Augenlidern, leicht geöffneten Mund und gespannten, zurückgezogene Lippen
- in Flucht- und Vermeidungsreaktionen wie Hinausschieben einer Prüfung, Vermeiden von Theaterbesuchen oder öffentlichen Veranstaltungen
- in Bedrohungskognitionen wie verbalen Angstäußerungen, in ängstigenden Gedanken und Befürchtungen sowie
- in einem unspezifisches physiologisches Erregungsmuster, dessen autonome Begleiterscheinungen allerdings auch für andere Gefühle gelten können: Tremor, Palpitationen, Tachykardie, Nausea, Hyperhidrosis u. a.

Für die Anregung vorbeugender Verhaltensweisen kommt den Bedrohungskognition des Menschen eine besondere Bedeutung zu, da das Ziel der Vorbeugung überwiegend in der Zukunft liegt. Die Angst vor der Altersarmut, die bei vielen älteren Menschen zur Altersvorsorge anregt, kann dafür als Beispiel gelten. Die damit verbundenen Befürchtungen und Sorgen sind überwiegend in Kognitionen, den Gedanken, Reflexionen und damit verbundenen Inferenzen des Einzelnen präsent. Ihren Ausdruck können sie aber auch in den verbal mitgeteilten Befürchtungen hinsichtlich dieser Bedrohungskognitionen finden, möglicherweise weniger in der Mimik oder kaum in den habitualisierten Verhaltensvollzügen des Alltags.

Es ist ein Verdienst der Gesundheitspsychologie, die motivationalen Prozesse, die auf Bedrohungskognitionen aufbauen und zur Generierung präventiver Intentionen führen, umfassend analysiert zu haben. Diese Bemühungen haben die Entwicklung von Modellvorstellungen gefördert, die inzwischen in der Psychologie allgemein akzeptiert werden. Das gilt vor allem für das sozialkognitive Prozessmodell gesundheitliche Handelns von Schwarzer (2004) sowie die darauf aufbauenden Spezifizierungen (Martin & Kliegel, 2005). Die im internationalen Schrifttum meist als HAPA-Modell (Health Action Process Approach) bezeichnete Konzeption spezifiziert das Modell der Handlungsphasen von Heckhausen (vgl. 3.3.1) für die Fragestellungen des Vorbeugeverhaltens. In Modifikation des Handlungsphasenmodell enthält der HAPA-Ansatz zwei Prozessphasen. Der motivationale Teilaspekt beschreibt die Bildung der Intention zu präventivem, gesundheitsförderlichem Verhalten. Ausgangspunkt sind dabei eine elaborierte Sicht der Bedrohungskognitionen sowie spezifische Erwartungen. Nach Überschreiten des psychologischen Rubikons durch die Intentionsbildung wird in einer volitionalen Phase die Realisierung des gesundheitsbezogenen Verhaltens thematisiert. Für die weitere Darstellung in diesem Gliederungspunkt wird nur auf die Inhalte der motivationalen Phase Bezug genommen.

Im HAPA-Modell resultiert eine Bedrohung aus zwei subjektiven Einschätzungen: dem Schweregrad der Bedrohung sowie der Verwundbarkeit. Als wahrgenommenen Schweregrad einer Krankheit bezeichnet Schwarzer die Einschätzung, in welchem Ausmaß Gefahrenelemente einer Situation erkannt und interpretiert werden. Je schwerwiegender z. B. die Folgen einer Infektion, einer spezifischen Krankheit oder eines Unfalls eingeschätzt werden, desto stärkere bzw. differenziertere Bedrohungskognitionen sollten entstehen. Der erlebte Grad der Bedrohung hängt aber auch von den Möglichkeiten ab, die ein Mensch der Bedrohung entgegenzusetzen hat. Dieses Einschätzung wird in ihrer negativen Ausprägung als Grad der Anfälligkeit oder Verwundbarkeit bezeichnet. Die Bedrohungskognition ist somit eine subjektive Stresseinschätzung, die aus Schweregrad und Verwundbarkeit resultiert. Es ist plausibel, dass Bedrohungskognitionen ein bestimmtes Ausmaß haben müssen, um vorbeugenden Intentionen Raum zu geben. Ist dies der Fall, gewinnen gesundheitsrelevante Erwartungen an Gewicht. Es handelt sich dabei um Handlungswirksamkeits- und Selbstwirksamkeitserwartungen (vgl. Kasten 6, S. 29).

Erwartungen der Handlungswirksamkeit beinhalten das Wissen eines Menschen, dass mit einer bestimmten Wahrscheinlichkeit durch Handeln bzw. durch systematische Anstrengung ein erwünschtes Ergebnis zu erreichen ist. Das Ergebnis dieser spezifischen Wissensaktualisierung ist im einfachsten Fall die subjektive Reflexion, dass ein Handlungsergebnis potentiell handlungsabhängig ist oder nicht. Ist es handlungsabhängig, stellt sich die Frage der Selbstwirksamkeit: ob jemand sich auch zutraut, die fragliche Handlung selbst auszuführen (Schwarzer, 2004). Kommt es in diesem motivationalen Prozess, der von der Bedrohungswahrnehmung ausgeht, zu einer stabilen vorbeugenden Intention, dann ist der psychologische Rubikon überschritten. Es dominieren die Prozesse der Intentionsrealisierung, die der Ressourcenaktivierung unter Einschluß störungspezifischer Wirkfaktoren. Nun sind Wahrnehmungen, Denken und Handeln darauf ausgerichtet, diese präventive Intention zu realisieren.

3.4.3 Bedrohung und Intentionsbildung: das Beispiel AIDS

In der Mitte der 80er Jahren erlangte ein vorher kaum bekanntes Thema eine hohe Medienrelevanz: Die Bedrohung durch die Infektionskrankeit AIDS.

Kasten 13: Definition von AIDS (Wormer & Bauer, 2004)

AIDS ist die Bezeichnung für die erworbene Immunschwäche (Acquiered Immune Deficiency Syndrome) bei HIV Infektion. Es handelt sich um eine Viruserkrankung, durch die das körpereigene Abwehrsystem lebensbedrohlich geschwächt wird. AIDS ist das letzte Krankheitsstadium nach einer Ansteckung mit HIV (Human Immunodefiency Virus). Durch die krankheitsbedingte Immunschwäche ist ein AIDS-Patient für eine Vielzahl von Krankheiten anfällig,

die bei einem Menschen mit funtionierendem Immunsystem problemlos abgewehrt werden können.

Die Ansteckung mit dem HI-Virus erfolgt durch Blutkontakt, Sperma oder Vaginalflüssigkeit. Das Virus muss direkt in die Blutbahn gelangen, um eine Infektion hervorzurufen.

In der öffentlichen Diskussion kam es zu Assoziationen von AIDS mit der Apokalypse. Als bildhafter Vergleich wurde der beeindruckende Holzschnitt der apokalyptischer Reiter von Albrecht Dürer gewählt. Aus der Phalanx der unaufhaltsam dahinstürmenden und die Menschheit vernichtenden Reiter schien mit Ausnahme des Todes wohl jede drei anderen Bedrohungen, sowohl Hunger, als auch Pest oder der Krieg durch die Geißel AIDS ersetzbar (wenn man die Sicht der Industriestaaten teilt). Deutsche Fachorganisation rechneten im Jahre 1988 mit 3.276.800 Erkrankungen im Jahre 1998 (Quensel, 2004). Für Deutschland und den Großteil der Industriestaaten in Europa und Nordamerika haben sich diese Hochrechnungen nicht bestätigt. Die Zahl der AIDS-Neuerkrankungen fiel von N=1949 im Jahre 1990 auf N=158 im Jahre 2003 (Robert Koch-Institut, 2004). Bezüglich der Prävalenz ging man im Jahre 2004 von 5.000 Erkrankten aus. Vom körperlichen Befall mit dem HI-Virus wissen 44.000 Deutsche (UNAIDS/ WHO, 2004). Diese Zahlen geben sicherlich Anlass zu Sorge. Vergleicht man aber die Ergebnisse der früheren Hochrechnungen mit den heutigen Inzidenz- und Prävalenzzahlen, so kann sicherlich von einer Erfolgsgeschichte der AIDS-Prävention in Deutschland gesprochen werden. Die vorbeugenden Aktivitäten des Bundes, der Länder und vieler anderer Organisationen nutzten für diese Erfolge vor allem die Möglichkeiten der Aufklärung. Eine wesentliche Voraussetzung dafür war, dass die moderne Medizin über differenzierte Kenntnisse der Ätiopathogenese von Infektionskrankheiten verfügt. Bezüglich AIDS konnten dem Großteil der Bevölkerung die folgenden krankheitsrelevanten Erkenntnisse offenbar überzeugend verdeutlicht werden:

- Der medizinisch eindeutig definierte Kausalbezug: Ansteckung und tödliche Folgekrankheit
- Eine überschaubare Inkubationszeit, die meistens zwischen acht und 10 Jahren beträgt
- Die klar definierte Infektionsgefahr: Blut, Sperma und Vaginalflüssigkeit

Es ergibt sich ein stringenter Bezug der ätiopathogenetischen Daten der Infektionskrankheit AIDS zum gesundheitspsychologischen Modell des Vorbeugeverhaltens von Schwarzer. Mit dem zu erwartenden Tod im Gefolge der Ansteckung mit dem HI-Virus liegt der höchste Schweregrad einer antizipierbaren gesundheitlichen Bedrohung vor. Die Reflexion dieses ängstigenden, seelischen Erlebens wird noch dadurch verstärkt, dass das befürchtete Ereignis nicht in ferner Zukunft liegt. Die Inkubationsperiode umfasst einen, für jeden Menschen überschaubaren Zeitraum von einigen Jahren.

Von Bedeutung ist dabei, dass die Inkubationsperiode zunehmend durch Symptome wie z. B. extreme Müdigkeit, Kopfscherzen, Schwindelgefühle, Fieber und Lymphknotenschwellungen im Hals- und Leistenbereich gekennzeichnet ist. Der Infizierte kann damit in seinem Wohlbefindens schon nach kurzer Zeit deutlich beeinträchtigt sein. Gleichermaßen ist AIDS eine Erkrankung, der der Einzelne relativ wenig Ressourcen entgegenzusetzen hat. Jeder Mensch kann sich infizieren, unabhängig von sozialen und personalen Faktoren wie Zugehörigkeit zu sozialen Schichten, Berufsstatus, Alter oder Intelligenz. Dies gilt mutatis mutandis auch für den Krankheitsverlauf, da eine erfolgreiche kausale Therapie gegenwärtig nicht möglich ist. Es stehen lediglich Medikamente zur Immunstabilisierung und damit zur Verzögerung des Leidens zur Verfügung. Zusammenfassend kann gesagt werden: Der ausgeprägte Schweregrad, die hohe Verwundbarkeit und die daraus resultierende Bedrohung stellen bei AIDS einen wichtigen stressrelevanten Variablenkomplex dar, der für die vorbeugende Intentionsbildung unersetzlich ist. Hinzu kommen optimale Möglichkeiten für die Ausbildung gesundheitsrelevanter Erwartungen. Aufgrund der Spezifik von Infektionskrankheiten bestehen klare, medizinisch gestützte Informationen zur Vermeidung der Infektion. Da die Übertragung des HI-Virus durch Blut, Sperma und die Vaginalflüssigkeit erfolgt, besteht alle Möglichkeit des Einsatzes von Gegenmaßnahmen und Sicherheitsvorkehrungen zur Infektionsvermeidung. Diese stellt für den Einzelnen die Grundlage für die Kalkulation von Handlungswirksamkeitserwartungen dar: Wenn ich die Infektionsquellen meide, kann ich mich auch nicht anstecken. Nützliche Vorschläge zur Realisierung dieser Vorbeugemaßnahme sind inzwischen weltweit bekannt. So kann jeder Erwachsene für sich selbst entscheiden, ob er diesen Sicherheitsvorkehrungen zur Infektionsvermeidung folgen will. Dies ist dann die Frage der Selbstwirksamkeitserwartung, die Reflexion des Einzelnen, ob er es sich selbst auch zutraut, die entsprechenden Handlungen und Sicherheitsvorkehrungen zur Infektionsvermeidung auszuführen und ob er dies auch will. Alle skizzierten Informationen zum Schweregrad der Erkrankung, der Ansteckungsgefahr sowie die Möglichkeiten der Vermeidung von Infektionen sind in letzten 15 Jahren der Öffentlichkeit in den Industriestaaten durch eine intensiven Aufklärung vermittelt worden. Offenbar wurden die Aufklärungsinhalte auch vom überwiegenden Teil der Bevölkerung in Deutschland als handlungsrelevant angesehen. Als Beleg dafür können die mitgeteilten geringen Prävalenzen gelten. Vielleicht ist es nicht vermessen wenn man sagt: Die Infektionskrankheit AIDS verkörpert den Prototyp der Herausbildung von vorbeugenden Intentionen auf der Grundlage einer hohen Bedrohung und darauf aufbauender Erwartungen der Handlung- und Selbstwirksamkeit.

Eine hohe Ausprägung von Bedrohungskognitionen führt aber nicht zwangsläufig zu der geschilderten Intentionsbildung bezüglich eines gesundheitsbewussten, vorbeugenden Verhaltens. Dies belegen gesundheitspsychologische

Untersuchungen, die sich mit dem Thema der Verarbeitung von Risikoinformationen beschäftigen. Renner und Schwarzer (2003) untersuchten dies in Hinblick auf AIDS. Sie gingen der Frage nach, inwieweit das Risiko einer HIV-Infektion unter- bzw. überschätzt wird. Die Studie ist dem Kreis der Untersuchungen zum optimistischen Fehlschluss zuzuordnen. Als „unrealistischen Optimismus" bzw. „optimistischen Fehlschluss" bezeichnet man in Anlehnung an Weinstein (1980) das Phänomen, dass Personen ihr persönliches Krankheitsrisiko im Vergleich zu anderen Personen ihres Alters und Geschlechts häufig und systematisch geringer einschätzen (sog. komparative Risikoeinschätzung). Bezüglich einer HIV-Infektion werden in der Literatur zwei Gründe für einen hohen unrealistischen Optimismus genannt. Eine Ursache wird darin gesehen, dass das Risiko einer Infektion in starken Maße als durch das eigene Handeln kontrollierbar gilt. Dies ist sehr plausibel, da die Infektionsquellen mit dem HI-Virus klar definiert sind und eine ideale Grundlage für die subjektive Widerspiegelung dieses Umstandes in Form von Handlungswirksamkeitserwartungen bilden. Als eine weitere Ursache für den unrealistischen Optimismus gilt, dass Menschen dazu tendieren, sich mit Personen zu vergleichen, die ein höheres Risiko tragen als sie selbst. Dabei wird angenommen, dass jeder Mensch über erfahrungsbedingte, stereotype Vorstellungen über Persönlichkeitsmerkmale, Verhaltensweisen und soziale Beziehungen von Personen verfügt, die bezüglich einer Erkrankung besonders gefährdet sind. Dieser „Hochrisikostereotyp" ist durch ein Muster von ungünstige Verhaltens- und Persönlichkeitsmerkmalen gekennzeichnet, die das obere Ende einer definierten Risikoskala bilden. Ein „Niedrigrisikostereotyp müsste dann das untere Ende der Risikoskala abbilden. In der Literatur gibt es Evidenz dafür, dass die Vergleiche eines Menschen mit dem „Hochrisikostereotyp" regelhaft zugunsten der eigen Person ausfallen. Die Ergebnisse der Studie von Renner und Schwarzer (2003) konnten diese Annahmen zu einem großen Teil bestätigen. Die befragten 72 studentischen Versuchspersonen bewerteten ihr HIV-Risiko im Durchschnitt unrealistisch optimistisch. So schätzten sie ihr persönliches Risiko einer HIV-Infizierung signifikant niedriger im Vergleich zu den Peers ein. Die Untersuchung lieferte aber zusätzliche bedeutsame Erkenntnisse, die für die späteren Darstellungen zur Risikowahrnehmung im Bereich der Suchtprävention eine hohe Bedeutung haben werden. Es handelt sich dabei um den empirischen Beleg eines relevanten Zusammenhangs zwischen der Risikowahrnehmung bezüglich einer HIV-Infektion und dem Niedrigrisikostereotyp. Er erwies sich im Vergleich zum Hochrisikostereotyp von größerer Bedeutung für die eigene Vulnerabilitätsschätzung der Probanden. Je geringer die Ähnlichkeit mit dem HIV-Niedrigstereotyp war, desto verletzlicher fühlten sich die Befragten. Die Autoren leiten aus diesem Befund die Überlegung ab, dass bei präventiven Bemühungen es nicht ausreicht zu untersuchen, was Menschen als gefährlich ansehen. Es bedarf auch der Betrachtung dessen, was sie als normgerecht und ungefährlich definierten. In präventiven Kontexten wird häufig das Hauptaugenmerk auf die Darstellung von besonders riskanten Verhalten gelegt. Dies könnte die Entwicklung eines Hochrisikostereotyps fördern, der dann von den Empfängern der präventiven Botschaft als völlig unähnlich bezogen auf sich selbst und damit als nicht mehr handlungsleitend angesehen wird. Zur Gewährleistung eines höheren Selbstbezugs ist es notwendig, ausdrücklich auch gering Gefährdete darzustellen, um einen zusätzlichen Referenzpunkt für eine realistische Risikoprognose zu ermöglichen. Damit thematisieren die Autoren einen wesentlichen Aspekt, den jede Angstinduktion in sich birgt. Wird starke Angst induziert und als relevante Bedrohung erlebt, dann aktualisiert der Mensch alle verfügbaren Selbstregulationspotenzen zur Herstellung eines individuellen Standards des Wohlbefindens. Sie sind ein wesentlicher Mechanismus der Ressourcenaktivierung des Einzelnen, um Bedrohungen und Ängste zu regulieren und unter Umständen aber auch einen optimistischen Fehlschluss bezüglich der Verwundbarkeit durch Krankheiten fördern.

3.5 Fazit

1. Die psychologische Interventionstheorie definiert psychologische Mittel als Möglichkeiten der Einflussnahme auf seelisches Erleben und körperliche Vorgänge. Durch den wissenschaftlich begründeten Einsatz psychologischer Mittel können vorbeugende Zielsetzungen verfolgt, Störungen und Krankheiten behandelt oder rehabilitativ die Benachteiligung eines Menschen durch eine Störung minimiert werden.
2. Das Konzept des Änderungswissens stellt die theoretische Grundlage für die Modellierung des Persönlichkeitswandels dar, der durch den Einsatz psychologischer Mittel bei einem Individuum angestrebt wird. Das Änderungswissen umfasst drei Inhaltsgruppen:
   - Dispositionen und Persönlichkeitsmerkmale, die einen interventionsbedingten Wandel erfahren,
   - Typen von Veränderungsprozessen, die sich an den Dispositionen abspielen und
   - die wissenschaftliche begründete „Passung“ von Änderungsprozess und Änderungsbereich.
3. Um diese Prozesse einzuleiten, aufrechtzuerhalten und zu einem erfolgreichen Abschluss zu führen bedarf es spezifischer Wirkfaktoren:
   - einer motivationalen Ausgangssituation, die durch Hoffnung auf Erfolg der psychologischen Intervention gekennzeichnet ist
   - einer stabilen Absichts- und Intentionsbildung die darauf ausgerichtet ist, Wahrnehmungen, Denken und Handeln vollständig in den Dienst der Realisierung der gewünschten Intention zu stellen
   - der Nutzung aller dem Individuum verfügbaren Selbstregulationsmöglichkeiten im Sinn der Ressourcenaktivierung
4. Prävention als psychologische Interventionsfunktion zielt auf die Vermeidung von Krisen, kritischen Lebensereignissen, die Minimierung von Stresserleben und eine normgerechte Bewältigung von Entwicklungsauf-

gaben. Dabei besteht die Schwierigkeit, dass das motivationale Prinzip der Hoffnung auf den Erfolg der psychologischen Intervention theoriegemäß nicht für die Vorbeugungsfunktion gilt: Der vorbeugend Handelnde ist meist nicht in einer Krise, nicht im Stress oder krankt. Er weist auch keine Störungen auf, deren Beseitigung er erwartet. Dies konfligiert mit den Befunden, dass Vorbeugung besonders dann wirksam ist, wenn ein Individuum starke Bedrohungskognitionen, wie im Fall der Infektionskrankheit AIDS, aufweist.

4. Suchtprävention bei Jugendlichen: Die gegenwärtige Praxis

In den folgenden Ausführungen wird die gegenwärtige Praxis der Suchtprävention in Deutschland geschildert. Dabei werden konzeptionelle Rahmenvorstellungen der Suchtprävention, deren Umsetzungen sowie ihre praktische Realisierung in Deutschland dargestellt. Dies geschieht durch die Charakterisierung der gesellschaftlichen Ausgangssituation, von Strukturen und Zielen der Vorbeugung sowie der Formen suchtpräventiver Aktivitäten. Als wesentliche Vorbeugungskonzepte werden die Förderung allgemeiner Lebenskompetenzen, die Fähigkeit zum Widerstand gegenüber sozialer Beeinflussung sowie substanzpolitische Maßnahmen beschrieben und in ihrer Wirkung bezüglich der Präventionsziele bewertet.

4.1 Gesellschaftliche Ausgangssituation

4.1.1 Wirtschaftsfaktor psychotrope Substanzen

Deutschland gehört zu den Ländern in Europa, die einen hohen Gebrauch psychotroper Substanzen aufweisen.

Kasten 14: Wirtschaftsfaktor psychotrope Substanzen: Steuereinnahmen, Todesfälle und Kosten in Deutschland 2003 (Meyer & John, 2005; Thamm & Lampert, 2005)

Einnahmen aus alkoholbezogenen Steuern: 3,45 Mrd. Euro
Veränderung gegenüber dem Vorjahr: +1,1 %
Jährliche Todesfälle: 74.000, davon 74 % durch Konsum von Alkohol und Tabak
Gesamtkosten: 20,2 Mrd. Euro

Tabaksteuereinnahmen: 14,095 Mrd. Euro
Veränderung gegenüber dem Vorjahr: +2,7 %
Jährliche Todesfälle: 1993–1997: 110.000 bis 140.000
Gesamtkosten: 17,0 Mrd. Euro

Mit rund 17,6 Mrd. Euro stellen die Steuereinnahmen aus dem Verkauf der beiden legalen psychotropen Substanzen Alkohol und Tabak einen bedeutsamen Wirtschaftsfaktor für den Haushalt der Bundesrepublik Deutschland dar. Hinzu kommt noch, dass die Einnahmen aus der Mehrwertsteuer einen fast gleich großen Betrag noch zusätzlich erbracht haben dürften. Diese monetären Aspekte stellen zweifelsfrei einen wesentlichen Einflussfaktor bei den staatlichen Entscheidungs- und Handlungsprozessen dar. Als Beleg dafür kann das Übereinkommen der Bundesregierung mit der Zigarettenindustrie im Jahre 2002 gelten (Bundesministerium für Gesundheit, 2002). Die Drogenbeauftragte der Bundesrepublik Deutschland, Frau Caspers-Merk, betont in diesem Dokument, dass mit der Übereinkunft auch die Tabakindustrie mit in die Verantwortung für den Jugendschutz genommen wurde. Dies drücke sich darin aus, dass die Hersteller von Tabakwaren der Bundeszentrale für die gesundheitliche Aufklärung (BZgA) fünf Jahre lang jährlich 2,36 Mill. Euro (insgesamt 11,8 Mill. Euro) für die Tabakprävention zur Verfügung stellen. Damit brachte rein rechnerisch jeder Euro, der als Steuer aus dem Zigarettenhandel im Jahre 2002 in die Staatskasse floss, gleichzeitig auch 0,08 Cent aus Mitteln der Tabakwirtschaft für die Präventionsprojekte der BZgA (Markert, 2003). Der Autor sieht diesen geringen Betrag als einen deutlichen Beleg für die Vernetztheit von ökonomischen Interessen der Industrie mit denen des Staates. Dies wird auch deutlich, wenn man die Ausgaben für die Tabak- und Alkoholwerbung in der Bundesrepublik Deutschland betrachtet. Die Tabakindustrie und die Produzenten alkoholischer Getränke geben jährlich fast eine Mrd. Euro dafür aus, dass durch Werbung ein Sinken des Konsums verhindert wird. So erreichten die Ausgaben für die Bewerbung alkoholischer Getränke in den klassischen Mediengattungen (z. B. Zeitungen, Zeitschriften und Fernsehen) im Jahre 2003 die Summe 525 Mill. Euro (Meyer & John, 2005). Nicht enthalten sind in diesen Zahlen die Aufwendungen für Werbung in den neuen Medien. Augenscheinlich investiert besonders die Alkoholindustrie in diesem Sektor durch aufwändig gestaltete Internetauftritte, um vor allem jüngere Zielgruppen zu erreichen. Für Tabakwaren darf bekanntlich in Hörfunk und Fernsehen nicht geworben werden. So entfallen nur ein Viertel der 315 Mill. Euro, die die Tabakkonzerne im Jahre 1999 für Werbung ausgegeben haben, auf Zeitungen und Zeitschriften. Der größte Teil der Mittel floss in Außenwerbung (Plakatwerbung) und Sponsoring (Thamm & Lampert, 2005). Gegen eine Verringerung der Werbeausgaben für Tabakprodukte und die damit zumindest potentiell einher gehende Gebrauchsreduzierung hat die Bundesrepublik in den letzten Jahren mehrfach politisch interveniert. Nach einer Klage Deutschlands wurde eine Richtlinie des Ministerrats der Europäischen Union von 1998 zum schrittweisen Verbot der Tabakwerbung vom Europäischen Gerichtshof für nichtig erklärt. Der EU-Ministerrat hat daraufhin einen neuen Versuch unternommen, eine europäische Regelung zur Eindämmung der Tabakwerbung zu finden. Im September 2003 hat die Bundesregierung auch dagegen Klage beim Europäischen Gerichtshof eingereicht, dessen Urteil allerdings noch aussteht (Thamm & Lampert, 2005).

Die Betrachtung der gesellschaftlichen Situation in Deutschland unter dem Blickwinkel des Gebrauchs psychotroper Substanzen, der Mittel, die von der Industrie zur Steigerung des Konsums aufgewendet werden und der für den Staatshaushalt unverzichtbaren Steuereinnahmen wäre ohne den Hinweis auf die Folgekosten unvollständig. Den 17,6 Mrd. Euro Steuereinnahmen aus dem Verkauf der beiden legalen psychotropen Substanzen Alkohol und Tabak stehen die Folgekosten des Missbrauchs und der Abhängigkeit von den legalen psychotropen Stoffen gegenüber, die die Steuereinnahmen um ein Vielfaches übersteigen. Von den 37,2 Mrd. Euro substanzbedingter Folgekosten entfallen 20,2 Mrd. Euro auf tabakassoziierte Krankheiten. Die alkoholattribuierten Kosten betragen 17,0 Mrd. Euro. Durch den Gebrauch psychotroper Substanzen kommt es zu einer geschätzten Zahl von 150.000–200.000 jährlicher Todesfällen. Diese Folgekosten tragen die Steuerzahler in Deutschland zum großen Teil noch zusätzlich zur Tabak- und Alkoholsteuer. Denn: Für die Folgen des Konsums haftet ja nicht der Produzent oder Lieferant, die Alkohol- und Tabakindustrie, sondern hierfür muss jeder Bürger selbst mit seinen Beiträgen zu Kranken-, Renten- oder anderen Sozialversicherungen eintreten.

Die betriebswirtschaftliche Perspektive in Form der Kosten-Nutzen-Vergleiche sollte den Blick aber nicht für einen anderen bedeutsamen Problemkreis verstellen. Der sich in den genannten Zahlen ausdrückende hohe Substanzgebrauch bedingt Krankheit, Leid, beruflichen Abstieg und zerstört Bindungen in Familie und Freundeskreis. Für Kinder und Jugendliche, die in dieser gesellschaftlichen Umwelt leben, besteht eine hohe Gefährdung. Durch das Zusammenleben mit Familienmitgliedern, die Alkohol trinken, rauchen oder psychotrope Medikamente einnehmen, erfahren Kinder bereits im frühen Schulalter, wie diese Substanzen wirken. Hinzu kommt im Multimediazeitalter eine Vielzahl von professionell gestalteten, an basale Motive appellierende Botschaften durch die Werbung für Alkohol, Tabak und Medikamente, die zunehmend auch moderne Medien nutzen. So sind z. B. die vielfältigen Internetauftritte der Alkoholindustrie so gestaltet, dass Assoziationen von Alkoholprodukten mit positivem jugendlichen Lifestyle gezielt vermittelt werden. Bei der hohen Prävalenz der Nutzung des Internets durch Kinder und Jugendliche ist dies für die Industrie eine ideale und leicht zu nutzende Möglichkeit, breite Schichten Heranwachsender zu erreichen. Dabei stellen die Eingangsseiten, die den Zugriff von Minderjährigen auf diese Angebote unterbinden sollen, lediglich ein Feigenblatt dar. Ein einfaches Bejahen der Frage der Volljährigkeit genügt, um Zugang zu erhalten (Meyer & John, 2005).

4.1.2 Strukturen der Suchtprävention in Deutschland

Den vielfältigen Gefährdungen von Jugendlichen hinsichtlich des Missbrauchs psychotroper Substanzen stehen in der Bundesrepublik Deutschland suchtpräventiv engagiert tätige Einzelpersonen, gesellschaftliche Gruppierungen sowie staatliche Einrichtungen gegenüber. Sie betrachten die suchtpräventiven Aktivitäten zur Minimierung der Gefahren des Missbrauchs und der daraus resultierenden Suchtentwicklungen als ein wichtiges Thema, das in die Diskussion über gesundheitsgerechte Lebensweisen und gesundheitsförderliche Lebenslagen eingebettet ist. Zentrale Akteure vorbeugender Maßnahmen sind die in Kasten 15 dargestellten Institutionen.

Kasten 15: Strukturen der Suchtprävention in Deutschland (Drogen- und Suchtkommission beim Bundesministerium für Gesundheit, 2002; Schmidt, 2004)

Bundesebene:
- Bundesministerium für Gesundheit und Soziale Sicherung (BMGS)
- Bundeszentrale für die gesundheitliche Aufklärung (BZgA)
- Deutsche Hauptstelle gegen die Suchtgefahren (DHS)

Länderebene:
- Bund-Länder-Koordinierungskreis Suchtprävention
- Fachstellen für Suchtvorbeugung.
- Landeskriminalämter, Polizeibehörden und kommunale Polizeidienststellen

Kommunale Ebene:
- Träger der Jugendhilfe (Jugendschutzorganisationen)
- Fachstellen für Suchtprävention der Kommune

Suchtvorbeugung im Gesundheitswesen:
- Krankenkassen
- Gesundheitsberufe: Ärzte, Psychologen, Gesundheitswissenschaftler

Bildungs-, Arbeits- und Freizeitsektor:
- Kindergärten, Schulen, Betriebe und Vereine
- Einsatz suchtvorbeugender schulischer und außerschulischer Curricula (z. B. ALF, Lions Quest, Be smart – don't start)

Orientiert man sich an den konzeptionellen Festlegungen der Drogen- und Suchtkommission beim Bundesministerium für Gesundheit 2002, so ergeben sich die folgenden präzisierenden Aufgabenstellungen der einzelnen Strukturbereiche. Sie werden in enger Anlehnung an den Wortlaut der Stellungnahme der Drogen- und Suchtkommission (2002) sowie an Schmidt (2004) dargestellt:

1. Das Bundesministerium für Gesundheit und Soziale Sicherung (BGMS) ist für die politische und gesetzgeberische Steuerung in den Bereichen der Suchtprävention zuständig. Zum BGMS gehört auch das Amt der Bundesdrogenbeauftragten samt Geschäftsstelle. Die Bundeszentrale für die gesundheitliche Aufklärung als nachgeordnete Dienststelle des BGMS entwickelt auf Bundesebene die Strategien zur gesundheitlichen Aufklärung und Vorbeugung und setzt sie in bundesweiten Präventionskampagnen um. Sie verfügt über ein jährliches Budget von 6 Mill. Euro. Die Aktivitäten der BZgA werden im Verbund mit Partnern in Verbänden und Institutionen auf Landes- und Gemeindeebene durchgeführt. Auch die Deutsche Hauptstelle gegen die Suchtgefahren ist bundesweit tätig. Sie stellt einen Zusammenschluss der in der Suchtprävention und Suchtkrankenhilfe tätigen Verbände der freien Wohlfahrtspflege, Selbsthilfe und Suchtkrankenhilfe sowie der öffentlich-rechtlichen Träger der in der Suchtkrankenhilfe tätigen Verbände dar. Zwischen DHS und BZgA besteht ein arbeitsteiliges Vorgehen. Die Deutsche Hauptstelle gegen die Suchtgefahren nimmt vorrangig Aufgaben aus dem Bereich

von Krankenbehandlung und der Rehabilitation wahr, während die Bundeszentrale für die gesundheitliche Aufklärung vorrangig für die Vorbeugung tätig ist. Letztere gewährt der Deutschen Hauptstelle gegen die Suchtgefahren für einzelne Projekte Zuschüsse in Form von Projektförderungen in Höhe von ca. 300.000 Euro jährlich.

2. Die suchtpräventiven Maßnahmen der Länderebene werden entsprechend der föderalen Struktur des Gesundheitswesens in Deutschland durch jedes Bundesland selbständig gestaltet. Die BZgA nimmt dabei durch den Bund-Länder-Koordinierungskreis Suchtprävention eine fachlich begleitende und steuernde Funktion wahr. Nahezu alle Bundesländer verfügen über Fachstellen für Suchtvorbeugung. Sie sind meist bei freien Trägern angesiedelt und werden aus Landesmitteln gefördert. Die jährlichen Aufwendungen der Länder für die Maßnahmen der Suchtprävention liegen etwa zwischen 15 und 20 Mill. Euro. Auch zahlreiche Landeskriminalämter, Polizeibehörden und kommunale Polizeidienststellen führen im Rahmen ihrer vorbeugenden Maßnahmen spezielle Projekte zur Drogenprävention durch.
3. Auf kommunaler Ebene gehört die Prävention des Substanzmissbrauchs zu den Aufgaben der Kinder- und Jugendhilfe nach dem Sozialgesetzbuch VIII. Die Form der Vorbeugung, ihre Ausgestaltung, Art und Umfang sind gesetzlich nicht geregelt. Bei den suchtvorbeugenden Maßnahmen handelt es sich meist um freiwillige Leistungen. Seit zwei Jahrzehnten sind in vielen Kommunen Fachstellen für Suchtprävention entstanden. Diese Fachstellen sind häufig an Suchtberatungs- und Behandlungsstellen angeschlossen und verfolgen neben der Haupttätigkeit in der Behandlung Süchtiger auch vorbeugende Zielsetzungen. Mit welchen finanziellen Ressourcen die Suchtprävention auf kommunaler Ebene insgesamt ausgestattet ist, lässt sich nicht ermitteln (Schmidt, 2004).
4. Träger der Suchtvorbeugung im Gesundheitswesen sind die Krankenkassen und die Gesundheitsberufe. Gemäß § 20 des Sozialgesetzbuches V ist die gesetzliche Krankenversicherung zu vorbeugenden Leistungen verpflichtet. Die Ausgaben für die Wahrnehmung dieser präventiven Maßnahmen sollen 2,56 Euro pro Versicherten und Kalenderjahr betragen. Diese Summe umfasst aber alle präventiven Leistungen. Die hohe Kontaktdichte der Bevölkerung mit dem medizinischen Versorgungssektor wird von Ärzten aller Fachrichtungen auch für die Suchtvorbeugung genutzt. Bei rund drei Viertel der Bevölkerung, die im Durchschnitt einmal pro Jahr eine Arztpraxis aufsuchen, ergibt sich hier eine beträchtliche Ressource für die Suchtprävention.
5. Im Bildungs-, Arbeits- und Freizeitsektor sind Kindergärten, Schulen, Betriebe und Vereine die wesentlichsten Orte der Suchprävention. Beispielhaft wird in der Stellungnahme der Drogen- und Suchtkommission (2002) der schulische Bereich genannt. Angebote der Suchtvorbeugung sind heute vielfach Bestandteil der schulischen Curricula. Exemplarisch

dafür sind die Programme ALF – Allgemeine Lebenskompetenzen und Fertigkeiten (Walden, Kutza, Kröger & Kirmes, 1998) sowie das Programm „Erwachsen werden" von Lions-Quest International (Wilms & Wilms, 2000) zu nennen. Beide Programme können flächendeckend angewandt werden, wobei das Hilfswerk der Deutschen Lions zusätzlich eine Ausbildung der Lehrer zur Einarbeitung in das Programm finanziert (Steinbach, 2005).

Mit diesen Strukturen, die von Bundesbehörden bis zur Ebene der Freizeitgestaltung in der außerschulischen Jugendarbeit oder im einzelnen Sportverein reichen, versuchen alle mit der Suchtvorbeugung befassten Personen, einer Benachteiligung der Prävention gegenüber den Feldern der Therapie und Rehabilitation zu begegnen. Diese strukturelle Benachteiligung ist offenkundig. Belege dafür liegen in Katalogform vor (Schmidt, 2004). Sie verkörpern aber fast ausschließlich die Sicht der Präventionsexperten. Es sei deshalb zum Abschluss des Gliederungspunktes zur gesellschaftlichen Situation der Suchtprävention in Deutschland noch ein Hinweis auf die Situation derjenigen gestattet, die zur Vorbeugung angeregt werden sollen. Dies sind die Empfänger suchtpräventiver Botschaften in medialen Präventionskampagnen, Teilnehmer an schulischen Präventionsprogrammen oder Schulklassen, die gemeinsam von Schulen und Kommunen ausgerichtete Suchtpräventionstage besuchen. Wäre es nicht denkbar, dass sie die Großzahl dieser Aktivitäten auch als Beruhigungspille ansehen, mit der ihnen der Blick auf die Wirklichkeit getrübt werden soll? Sie sollen „eigenverantwortlich" ein Produkt ablehnen und Verzicht üben. Dieses Produkt wird ihnen aber bei der Heimfahrt von einer Präventionsveranstaltung an vielen Litfasssäulen durch überdimensionale farbige Bilder schöner Menschen, abenteuerlich anmutende Cowboys, reine und attraktive Landschaften immer mit der Assoziation des erstrebenswerten „Lifestyles" angeboten. Der skizzierte Ausschnitt aus der gesellschaftlichen Wirklichkeit macht dies den Jugendlich nicht leicht. Die gesellschaftspolitischen und ökonomischen Bedingungen setzen der Eigenverantwortlichkeit des Jugendlichen enge Grenzen. Ihm wird durch suchtpräventive Zielstellungen nahegelegt, in einer Gesellschaft, wo hedonistische Zielsetzungen den Alltag wesentlich mitbestimmen, Verzicht zu üben. Dies ist eine sehr hohe Anforderung, bei deren Realisierung ihnen die gesellschaftliche Situation der Bundesrepublik aber wenig Unterstützung bietet. Die seelische Situation des Jugendlichen in diesem gesellschaftlichen Spannungsfeld ist ein Punkt, der in den folgenden Darstellungen wieder aufgegriffen wird.

4.2 Ziele der Suchtvorbeugung

4.2.1 Zielsetzungen der Bundeszentrale für die gesundheitliche Aufklärung

Das allgemeine Ziel der Drogenpolitik in der Bundesrepublik Deutschland besteht darin, die Prävalenz des Drogenmissbrauchs zu verhindern. Entsprechend findet sich diese Aufgabenstellung auch in den programmatischen Zielsetzungen der Bundeszentrale für die gesundheitliche Aufklärung für das Aufgabenfeld der Suchtprävention (vgl. Kasten 16).

Kasten 16: BZgA: Ziele der Suchtprävention (Schmidt, 2004)

Zentrale Ziele suchtpräventiven Handels:

- Die mit dem schädlichen Gebrauch von legalen und illegalen Substanzen assoziierten Krankheiten und Todesfälle sollen so weit wie möglich verhindert werden
- Minimierung negativer Begleitfolgen des Missbrauchverhaltens, die nicht unmittelbar gesundheitsbezogen sind (u.a. Beschaffungskriminalität und Gewalt in der Familie)

Oberziel suchtpräventiver Maßnahmen:

→ Menschen zu einem eigenverantwortlichen, sozialverträglichen und situationsangemessenen Umgang mit psychoaktiven Stoffen (sowie nicht stoffgebundenen Angeboten) zu befähigen. Dies erfolgt durch Verminderung von Risikofaktoren und Förderung gesellschaftlicher und psychosozialer Schutzfaktoren

Teilziele:

- Änderung der Verhältnisse (Reduktion des Angebots und der Verfügbarkeit psychotroper Substanzen sowie Schutzbestimmungen) und des Verhaltens
- Zielgruppenbezug: Nicht- und mäßig konsumierende Menschen bedürfen anderer Zielsetzungen (z. B. Förderung der Gesundheit) als regelmäßig und riskant konsumierende Personen (z. B. riskante Verhaltensweisen zu reduzieren, Hilfsangebote frühzeitig wahrzunehmen)

Operationalisierungen dieser globalen Aufgabenstellungen für die Zielgruppe der Jugendlichen, die im Mittelpunkt dieser Publikation stehen, lassen sich in Anlehnung an Künzel-Böhmer, Bühringer und Janik-Konecny (1993) durch eine Reihe unterschiedlicher Ziele wie Abstinenz von illegalen psychotropen Substanzen, Abstinenz oder zumindest Aufschub des Konsumbeginns beim Zigarettenrauchen, eigenverantwortlichen und situationsangemessenen Gebrauch von Alkohol und Medikamenten vornehmen. Diese Ziele sollen durch Vermeidung der ersten Versuche, des Experimentierens, des gelegentlichen Konsums oder des Abhängigwerdens erreicht werden. Eine wissenschaftliche Begründung für die Priorität einzelner Ziele gibt es nicht, wohl aber wissenschaftlich fundierte Forderungen nach einer adressatengerichteten, lebensphasen- und entwicklungsphasenspezifischen Vorbeugung (Hurrelmann & Leppin, 2002). Die Autoren nennen vier Ansatzpunkte für die Suchtprävention, die sich an den Stufen der Entwicklung einer Drogenkarriere orientieren. Als erstes Ziel wird formuliert, alle Menschen in ihrem Verhalten zu unterstützen, die keine psychotropen Substanzen konsumieren. Zielgruppe dieser präventiven Aufgabenstellung sind Kinder und Jugendliche. Als zweite Zielstellung gilt, den Einstieg in die Nutzung psychotroper Substanzen in der Lebensspanne so weit wie möglich aufzuschieben. Zur Begründung dieses Präventionsziels führen die Autoren das neuropsychologische Argument einer möglichen substanzbedingten Sensibilisierung und Bahnung im Gehirn sowie die psychische Abhängigkeitsdynamik an. Die Ziele drei und vier beinhalten Forderungen nach einer optimalen Therapie und Rehabilitation von Menschen, die Tabak, Alkohol oder illegale Drogen missbräuchlich nutzen oder von diesen Substanzen abhängig sind. Nur die beiden erstgenannten Punkte sind definitionsgemäß präventive Ansätze. Sie zielen auf eine Verminderung der Inzidenz des Missbrauchsverhaltens von Angehörigen der Altersphase nach dem 11./12. Lebensjahr. Grundlage für diese Aufgabenstellung sind epidemiologische Befunde und spezifische Erlebenscharakteristika Jugendlicher. So weist das zentrale Präventionsziel der BZgA, das in einer Verhinderung substanzassoziierter Krankheiten und Todesfälle besteht (vgl. Kasten 16), für die Altersgruppe von Kindern und Jugendlichen wenig Erlebens- und Verhaltensrelevanz auf. Der Gebrauch psychotroper Substanzen ist für Jugendliche unter 12 Jahren ein seltenes Phänomen. Es gewinnt erst in den späteren Lebensjahren an Relevanz. Aber auch noch in der Zeit nach dem 12. Lebensjahr gibt es eine große Anzahl von abstinenten Jugendlichen. So äußern in der Repräsentativstudie der Bundeszentrale für die gesundheitliche Aufklärung zur Drogenaffinität Jugendlicher in Deutschland (2005) immerhin noch 28 % der 12- bis 15-Jährigen, im bisherigen Leben keinen Alkohol getrunken zu haben. 59 % der gleichen Altersgruppe verneinen das Rauchen und 92 % der befragten Jugendlichen geben an, noch keine illegalen psychotropen Substanzen genutzt zu haben (vgl. 2.2). Es liegt also nahe, die nicht unbeträchtliche Gruppe der abstinenten Jugendlichen in ihrem gesundheitsbewussten Verhalten zu unterstützen. Diesen Bemühungen steht aber der empirische Befund aller epidemiologischen Analysen zum Substanzkonsum Jugendlicher entgegen, dass mit zunehmendem Alter auch die Anzahl der konsumierenden Jugendlichen zunimmt. Betrachtet man in der zitierten Drogenaffinitätsstudie die Gruppe der 16- bis 19-Jährigen, dann finden sich deutlich größere Zahlen von Alkohol, Tabak und illegale Drogen nutzenden Personen als bei den 12- bis 15-Jährigen. Die Zahl derer, die noch nie im Leben Alkohol getrunken haben, fällt von 28 % auf 3 %. Nur noch 26 % geben an, nicht zu rauchen und die Abstinenz bezüglich illegaler Drogen sinkt von 92 % auf 64 %. Aus diesen Zahlen geht auch hervor, dass substanzspezifische Aspekte in der Suchtprävention eine große Rolle spielen müssen. Eine Abstinenz bezüglich alkoholischer Produkte ist bei einer fast einhundertprozentigen Nutzung durch Jugendliche nach dem 18. Lebensjahr ein untaugliches Präventionsziel. Mindergebrauch, ritueller Konsum oder der von der BZgA präferierte bestimmungsgemäße und eigenverantwortliche Gebrauch sind Worte für die im Bereich von Alkohol gesellschaftlich erwünschten Konsummuster. Diese Begrifflichkeit eines bestimmungsgemäßen und eigenverantwortlichen Gebrauchs sollte auch für die Nutzung psychotroper Medikamente als Präventionsziel gelten. Anders stellt sich die Situation im Bereich des Rauchens und der Nutzung illegaler Drogen dar. Dem Gebrauch illegaler Substanzen stehen die gesetzlichen Regelungen des Betäubungsmittelgesetzes entgegen. Das Präventionsziel für illegale Substanzen muss sich zwangsläufig an diesen Bestimmungen orientieren und Abstinenz von illegalen Drogen als Ziel der Vorbeugung definieren. Bei der legalen Substanz Tabak weisen die epidemiologischen Daten auf eine große Prozentzahl von Nichtrauchern über die Lebensspanne hin.

Einen Schritt auf dem Wege zum Nichtraucher stellen diejenigen präventiven Bemühungen dar, die anstreben, durch einen Aufschub des Konsumbeginns die Wahrscheinlichkeit späteren Nichtrauchens zu erhöhen.

4.2.2 Aufschub des Konsumbeginns

Das Durchschnittsalter, in dem deutsche Jugendliche zum ersten Mal rauchen, beträgt 13,6 Jahre. Geschlechtsunterschiede hinsichtlich des Einstiegsalters gibt es nicht. Nach den ersten Erfahrungen hören viele Jugendliche wieder auf, bei anderen bildet sich die Gewohnheit des regelmäßigen Rauchens heraus (Bundeszentrale für die gesundheitliche Aufklärung, 2005). Hanewinkel & Wiborg (2002) zitieren eine Reihe von Studien, die empirische Belege dafür liefern, dass ein frühes Einstiegsalter in das Rauchen den besten Einzelprädiktor für die Beibehaltung des Rauchens darstellt und darüber hinaus auch als Risikofaktor für den Konsum weiterer psychotroper Substanzen angesehen werden kann.

Hinter diesen Befunden steht das Postulat einer Phasenfolge des Einstiegs in den Substanzkonsum und eines sich daran anschließenden stadialen Verlaufs des Gebrauchs. Dieses Konzept ist mit dem Namen von Kandel (1978) verbunden und unter dem Namen Gateway-Theorie in die Literatur eingegangen (vgl. 6.2.2). Es beschreibt im Rahmen eines quantitativen Ansatzes Entwicklungsabfolgen der Nutzung einer psychotropen Substanz wie Alkohol, Tabak oder illegale Drogen. Sie reichen von der Abstinenz über einen seltenen Konsum (weniger als einmal im Monat) und regelmäßigen Konsum (ein- bis zweimal im Monat) bis hin zum starken Konsum (ein- bis zweimal pro Woche und mehr). Die Abfolge einer quantitativen Steigerung der Konsumhäufigkeit und damit auch der Konsummenge wird ergänzt durch das Postulat einer relativ stringenten Folge des Übergangs von der Nutzung der einen psychotropen Substanz zu einer anderen. Diese Beschreibung des Übergangs zwischen verschiedenen Suchtmitteln wird als Kernstück des Gateway-Konzepts angesehen. Die Phasenfolge sieht leichte Alkoholika (Bier und Wein) als Einstiegsdrogen an. Es folgt der Konsum von Nikotin und härteren Alkoholika (Spirituosen). Daran schließt sich der

Konsum „leichterer“ Drogen wie Haschisch und Marihuana an, bevor dann in der höchsten und gefährlichsten Stufe „harte“ Drogen genutzt werden. Dabei soll es sich um eine hierarchische Folge handeln: Der Konsum von hierarchisch höher eingeordneten Suchtmitteln impliziert in der Regel auch den Konsum der auf tieferen Stufen genannten Substanzen. Der Konsum eines spezifischen Suchtmittels ist aus der Sicht der Befürworter des Gateway-Postulats ein besserer Prädiktor für den gleichzeitigen Konsum eines anderen Suchtmittels als sozioökonomischer Status, Geschlecht oder Lebensalter. Diese hierarchische Abfolge ist nicht unumstritten. So ist schon das häufig zu beobachtende epidemiologische Phänomen des „Maturing Out“ bei Haschisch und Marihuana nicht mit dem Gateway-Ansatz vereinbar. Beim Maturing Out folgt den genannten leichteren Drogen nicht die „härtere“ Substanz, sondern der Ausstieg aus dem Drogenkonsum im Erwachsenenalter. Aber auch eine Reihe wissenschaftlicher Gegenbeweise stellen die grundsätzliche Überlegung, dass bei einem Aufschub des Einstiegs, d. h. das Nichtbetreten der ersten Stufe der „gate“ zum Konsum, auch die gesamte Phasenkette verschiebbar sei (Quensel, 2004).

Auf der Grundlage einer Reanalyse relevanter empirische Studien zum frühen Rauchbeginn und dem in der Literatur häufig konstatierten Zusammenhang eines frühen Beginns mit der Beibehaltung des Rauchens und der Entwicklung des schweren, gewohnheitsmäßigen Rauchens kommt Quensel (2004) zu den folgenden Schlussfolgerungen.

1. Aus dem Befund, dass ein relativ später Einstieg in den Drogenkonsum daraus folgende Drogenrisiken mindern könnte, darf nicht geschlossen werden, dass eine kurz- und frühzeitige Verschiebung (etwa vom 12. auf das 13. Lebensjahr) auch die Folgen einer Risikominderung nach sich zöge.
2. Die Zielsetzung des Aufschubs will das Gebrauchsverhalten beeinflussen, ohne dessen Ursachen bzw. Risiko- oder Protektivfaktoren zu erreichen. Damit wirken diese auch nach dem Aufschub weiter.
3. Völlig offen bleibt, wie die Vermittlungsfaktoren des frühen Rauchbeginns bzw. für dessen Hinausschieben zwischen dem epidemiologischen Befund und den risikohaften Folgen zu erklären wären.
4. Ungeklärt ist, inwieweit ein Aufschieben des Konsums auch die problematischen Konsumfälle reduzieren kann.

Im Denkmodell des Gateway und der darauf basierenden Aufschubkonzepte sieht Quensel (2004) den Versuch, einen entwicklungspsychologisch plausiblen Vorgang sehr einseitig zu interpretieren. Vereinzelte, als schädlich gewertete, Bruchstücke der Entwicklung Jugendlicher werden als Indikator für die gesamte Persönlichkeit und deren Zukunft betrachtet, indem der Beginn des Rauchens und Trinkens fälschlich als Auslöser einer Suchtkarriere definiert wird.

4.2.3 Risikokompetenz und Drogenmündigkeit

In den bisherigen Darstellungen zu Zielstellungen der Suchtvorbeugung wurden ausschließlich die abstinenz-orientierten Ansätze genannt: Abstinenz bei illegalen psychotropen Substanzen und Abstinenz oder zumindest Aufschub des Konsumbeginns beim Zigarettenrauchen. Definitionsgemäß würden diese vorbeugenden Maßnahmen aber diejenigen Jugendlichen nicht erreichen, die bereits Substanzen nutzen. Dies sind nach der Datenlage der Repräsentativstudie der BZgA zur Drogenaffinität Jugendlicher in Deutschland (2005) 72 % der Jugendlichen im Alter von 12–15 Jahren, die Alkohol trinken. In der gleichen Altersgruppe rauchen 41 % der Jugendlichen und 8 % der Jungen und Mädchen nutzen illegale Drogen. Für diese nicht unbedeutende Gruppe von Jugendlichen formuliert die Bundeszentrale für die gesundheitliche Aufklärung den eigenverantwortlichen, sozialverträglichen und situationsangemessenen Umgang mit psychoaktiven Stoffen als die allgemein verbindliche präventive Zielstellung. Dies bedeutet, dass Regeln formuliert werden müssen, die es einem Nutzer psychotroper Substanzen ermöglichen, die Mittel so zu konsumieren, dass deren gesundheitliche Gefahren auf ein Minimum reduziert werden. Weiterhin sollte er lernen, die mit dem Konsum verbundenen Risiken kompetent zu bewältigen. In diesem Zusammenhang ist die Diskussion um den Begriff der „Risikokompetenz" in der Suchtprävention als eine neue Leitlinie zu sehen. Sie soll die Phase der Suchtprävention mit Beginn des neuen Jahrhunderts zusammen mit der Kompetenzförderung in zunehmendem Maße bestimmen (Franzkowiak & Sabo, 1999). Auf der Grundlage der Jugendrisikoforschung und der epidemiologischen Befunde bzgl. einer dramatischen Zunahme des Missbrauchs sog. Partydrogen wird davon ausgegangen, dass drogenbezogene Risikolust im Jugendalter als eine Konstante angesehen werden muss, die dem Erwerb von Risikokompetenz das Gewicht einer Entwicklungsaufgabe beimisst. Hurrelmann (2002) spricht deshalb von einem Hineinwachsen in die Drogenkultur der Gesellschaft. Angesichts dieser Entwicklungen wurden in der Suchtprävention vermehrt Impulse aus dem suchttherapeutischen Bereich, der Drogenhilfe sowie der akzeptierenden Drogenarbeit aufgenommen. Jugendliche sollen in der Phase ihres Konsum begleitet werden, ohne Abstinenz als Absolutforderung an sie heranzutragen. Der Ergänzung von tradierten abstinenz-orientierten Präventionskriterien durch die allgemeine Zielstellung eines eigenverantwortlichen, sozialverträglichen und situationsangemessenen Substanzkonsums ist von Seiten der Präventionstheorie zunehmend Aufmerksamkeit zu schenken. Petermann und Schröder (2002) sehen sonst die Gefahr, dass suchtvorbeugend Tätige im schulischen oder gemeindenahen Setting diese tradierten Zielstellungen von Vorbeugung zunehmend in Zweifel ziehen. Als Beleg dafür wird der empirische Befund einer anonymen Befragung von praktisch arbeitenden Präventionsfachkräften im Regierungsbezirk Leipzig angeführt (Tuchscherer, 1999). Die 25 einbezogenen Pädagogen, Sozialpädagogen und Psychologen äußerten sich auch zu den Zielen Abstinenz versus Mindergebrauch im Rahmen der Primärprävention des Substanzmissbrauchs im Kindes- und Jugendalter.

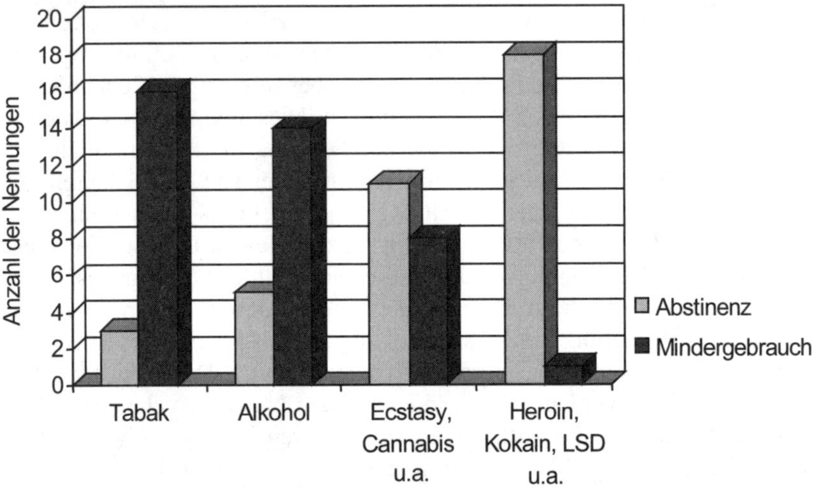

Abbildung 1: Meinung von Präventionsfachkräften zu Vorbeugungszielen

Lediglich bei Heroin, Kokain, LSD und anderen „harten" Drogen findet sich noch eine überzeugende Akzeptanz des durch das Betäubungsmittelgesetz geforderten Abstinenzgebots. Bei den illegalen Drogen Ecstasy und Cannabis werden dagegen bei fast der Hälfte der Befragten Zweifel an den gesetzlichen Vorgaben deutlich. Die Forderung nach Übernahme von gesellschaftlicher Verantwortung auch für diejenigen Jugendlichen, die bereits psychotrope Substanzen konsumieren, dürfte unwidersprochen bleiben. Als Konzepte für die Intervention sind aber populationsbezogene Strategien ungeeignet. Es sind im Gegensatz dazu selektiv, auf spezifische Substanzen und Nutzergruppen anwendbare, oder individuumorientierte Vorgehensweisen zu favorisieren (Reese & Kröger, 2001). Alle diese Vorgehensweisen stehen zwangsläufig den therapeutischen Ansätzen nahe.

Ein umfassendes Konzept zum eigenverantwortlichen Gebrauch psychotroper Substanzen im Jugendalter hat Quensel (2004) mit den Ansätzen zu einer Erziehung zur Drogenmündigkeit vorgelegt. An drei Inhaltsbereiche ist dabei gedacht.

1. Im Zentrum der Drogenerziehung steht die Frage, „ob und welche Droge man konsumieren kann und möchte; wie man auf der einen Seite ihre positiven Seiten – Genuss, Entspannung, neue Erfahrungen, Heilung u.a.m. wirksam erreichen kann" (Quensel, 2004, S. 272). Auf der anderen Seite sollen negative körperliche und seelische Begleiterscheinungen des Konsums nicht als Strafe erfahren werden. Diese Begleiterscheinungen und Gefühlsqualitäten werden von der Drogenerziehung als selbstregulative

Funktionen definiert, die den Konsumenten vor einem zu starken Konsum warnen. Daraus soll der Jugendliche lernen, auf welche Weise die aus dem Konsum resultierenden Gefahren wie z. B. Überdosierung, Gewöhnung oder die Gefährdung Dritter zu vermeiden sind. Modelle hierfür bieten der Alkoholkonsum oder der Gebrauch von Kopfschmerz- und Beruhigungsmitteln. Das Muster des individuellen Alkoholkonsums in seiner Spannweite vom rituellen Trinken des Silvestersekts über das Feierabendbier bis zur Trunkenheit sei dabei durch eigene Erfahrung, Vorbild und Alltagskultur erlernbar. Bei der Nutzung von Medikamenten muss fachliche Beratung helfen. Der Autor betont dabei, dass der selbstkontrollierte und verantwortungsbewusste Konsum mittels Drogenerziehung für jede psychotrope Substanz gelten kann. Dies belege der Umstand, dass Substanzen wie Cannabinoide, naturbelassene Opiate oder Kokablätter in ihren Herkunftsländern einen kulturell verankerten Platz haben und in Form der rituellen Nutzung oder des Mindergebrauchs nicht zur Abhängigkeit führen müssen.

2. Die Drogenerziehung sollte neben den skizzierten Inhalten der Drogenkunde auch den Aspekt der Genussfähigkeit einbeziehen. Mit dem Begriff Genuss wird ein sinnliches Verhalten erfasst, bei dem man sich auf ein lustvolles Erleben einlasse, dessen man sich auch bewusst ist (Nöcker, 1990). Zur Operationalisierung dieser unscharfen Bezeichnung werden genannt: Zeit haben und sich Zeit nehmen, Angstfreiheit bei genussvoller Nutzung der Substanz und die persönliche Erfahrungsbildung bezüglich der Begrenzung von Quantität des Substanzgebrauchs zugunsten der Qualität des Genusses. Das Genießen verlangt somit Wissen, eigene Erfahrungen und ein spezifisches Setting. Zur Realisierung dieser Aufgaben werden Diskussionen über Genuss, Spaß und Freude genannt, bei denen auf vorhandenem Wissen der Jugendlichen aufgebaut wird und Vergleiche zu anderen Lebensbereichen mit lustvoller Komponente, etwa die schönen Seiten der Liebe, gezogen werden. Die Drogenerziehung betont somit beim Inhaltsbereich der Genussfähigkeit das Grundbedürfnis des Menschen nach Wohlbefinden, Lust und Abwesenheit von Schmerzen (Grawe, 2004).
3. Der dritte Inhaltsbereich der Drogenerziehung soll nach Quensel (2004) den Weg zur Kritikfähigkeit der einzelnen Jugendlichen frei machen. Nachdem er erlernt hat, was, wann, wo und wie intensiv man genussvoll konsumieren kann und den Gebrauch in Relationen zu anderen Genüssen bewertet hat, sollten die Augen dafür geöffnet werden, wie dies alles in den Lebensstil passt. Die Heranwachsenden müssen sich mit der Frage auseinandersetzen, ob das Dauerrauchen, der Schmerzmittelkonsum oder das Probierverhalten illegaler Drogen in ihre Lebensplanung passen. Sie sind durch die Drogenerziehung befähigt, sich mit der gesellschaftlichen Situation bezüglich Drogen, vom Einfluss der Werbung bis hin zur Lebenssituation von Abhängigen, auseinander zu setzen.

Quensel ist sich bewusst, dass mit Konzeptionen, wie den von ihm vorgelegten Ansätzen einer Erziehung zur Drogenmündigkeit, immer ein Risiko eingegangen wird. Es besteht in dem Vorwurf, mit derartigen Vorstellungen den Gebrauch der Drogen zu verherrlichen und den Nutzern eine praktikable Anleitung zum Konsum zu liefern. Dieser Vorwurf mag bei einigen Ansätzen der Risikokompetenz wohl gelten. Vor allem dann, wenn ausschließlich Nutzungsregeln vermittelt werden und man meint, dies kann ohne theoretische Fundierung geschehen. Natürlich verzichtet auch das Konzept der Drogenmündigkeit nicht auf die Darstellung von Möglichkeiten einer drogenspezifischen Information und auf Regeln der Substanznutzung. Hervorzuheben ist aber vor allem, dass die vorgelegte theoretische Grundlage der Drogenerziehung von Quensel (2004) sich an wesentlichen Wirkprinzipien der psychologisch-pädagogische Intervention orientiert. Als Beispiel sei an dieser Stelle lediglich auf den Einbezug relevanter Bedürfnissen des Jugendlichen und die darauf aufbauende Aktivierung seiner Ressourcen genannt. Es steht bei der Komplexität und Widersprüchlichkeit des Themas einer Suchtprävention bei Jugendlichen natürlich immer die Frage, welchen Weg der Einzelne einschlägt: den zur dauerhaften und missbräuchlichen Nutzung oder den einer Abstinenz bzw. des eigenverantwortlichen Gebrauchs. Eine optimale Drogenerziehung dürfte aber der Weg in den Missbrauch wirksamer verhindern als ein Tabuieren der Thematik oder eine unrealistische Abstinenzforderung.

4.3 Zugänge zur Suchtvorbeugung und Wirksamkeit

4.3.1 Förderung von Lebenskompetenzen

Mit der Bezeichnung „Förderung von allgemeinen Lebens- und Bewältigungskompetenzen" werden Präventionsansätze bezeichnet, die in Deutschland gegenwärtig am häufigsten eingesetzt werden. Die mit diesem Begriff verbundenen Inhalte deuten schon an, dass eine präzise Definition kaum gelingen kann. Zu umfänglich sind die Kategorien des „Lebens", der „Bewältigung" und der „Kompetenzen". Eine verbindliche wissenschaftlich fundierte Klassifikation dieser Lebens- und Bewältigungskompetenzen liegt deshalb auch nicht vor. In den vielfältigen Beschreibungen der Lebenskompetenzen, die z. T. in Katalogform vorliegen, werden die folgenden Merkmalsbereiche besonders häufig erwähnt.

- Die Fördermaßnahmen zielen auf Persönlichkeitseigenschaften und Fertigkeiten ab, die auch in anderen Lebensbereichen (und damit nicht nur im Umfeld des Substanzkonsums) Bedeutung haben:
  - Fähigkeiten zur Stressbewältigung
  - Soziale Kompetenz und Kommunikationsfertigkeiten
  - Förderung der Entscheidungsfähigkeit und Konfliktregelung
  - Erhöhung des Selbstwertgefühls
  - Differenzierung persönlicher Ziele

- Sie werden ergänzt durch die sog. suchtspezifischen Kompetenzen, dem Gruppendruck und der sozialen Einflussnahme durch Gleichaltrige zu widerstehen.
- Eine Rolle spielt dabei auch die Wissensvermittlung zu Sucht und Drogen, z. B. die Bedeutsamkeit der Werbung.
- Auf Furchtappelle wird definitiv verzichtet.

Die Entwicklung und Förderung der Lebenskompetenzen erfolgt fast ausschließlich durch schulische Suchtpräventionsprogramme. Im Mittelpunkt stehen zwei interventive Zielstellungen: Widerstandsfähigkeiten gegenüber sozialem Einfluss aufzubauen und allgemeine Lebenskompetenzen zu fördern. Die beiden Konzeptionen werden in enger Anlehnung an Roth, Rudert & Petermann (2003) kurz skizziert:

Widerstand gegenüber sozialem Einfluss.

In der Adoleszenz gewinnt die Gruppe der Gleichaltrigen zunehmend an Bedeutung für das Verhalten der Jugendlichen. Dies spiegelt sich auch in der Relevanz wider, die der Peergruppe für das Auftreten gesundheitsgefährdender Verhaltenweisen zukommt. So ist der Zusammenhang des Rauchens Jugendlicher mit dem ihrer Freunde als sozialer Einflussfaktor recht gut belegt: Verschiedene Untersuchungen zeigen übereinstimmend, dass der Faktor „Anzahl der rauchenden Freunde“ am stärksten zur Vorhersage des Tabakkonsums Jugendlicher beiträgt (z. B. Lösel & Bliesener, 1998; Mittag & Jerusalem, 1999; Schwenkmezger et al., 1998). Davon ausgehend wurden Präventionsansätze entwickelt, die am zentralen Einfluss der Peergruppe für das eigene Verhalten ansetzen und den Jugendlichen befähigen sollen, dem sozialen Einfluss der Gleichaltrigen in Form der Verleitung zum Rauchen zu widerstehen. So wird beispielsweise den Jugendlichen nahegelegt, Begründungen für und gegen das Rauchen zu generieren, um potentiellen Beeinflussungsversuchen von Gleichaltrigen argumentativ widerstehen zu können (vgl. Evans, 1976, 1988; Evans, Raines & Hanselka, 1984). Der Ansatz zum Widerstand gegenüber dem sozialen Einfluss wurde in den 80er Jahren als bedeutsamer Inhalt in eine Vielzahl schulischer Präventionsprogramme einbezogen (Fischer, 2001). In Zusammenfassung der metaanalytischen Studien der letzten Jahre kommt der Autor zu dem Schluss, dass die Wirkung dieser Programmbausteine vor allem in einem Aufschub des Konsums bei nicht gewohnheitsmäßig rauchenden Jugendlichen liegt.

Förderung allgemeiner Lebenskompetenzen

Im Vergleich mit dem Ansatz zur Widerstandsfähigkeit gegenüber dem sozialen Einfluss lässt sich der Ansatz zur Förderung allgemeiner Lebenskompetenzen als substanz- und gesundheitsunspezifisch charakterisieren (Botvin, 1998; Dusenbury & Botvin, 1990). Er zielt auf die Förderung der bereits dargestellten allgemeinen, d. h. über den Substanzgebrauch hinausgehenden Fähigkeiten, Fertigkeiten und Handlungseigenschaften. Grundlage dieser Interventionsstrategie ist die sozial-kognitive Lerntheorie von Bandura (1986) und die Theorie des Problemverhaltens von Jessor & Jessor (1977). Rauchen, Alkohol- und Drogengebrauch werden bei diesem Ansatz als ein entwicklungsbedingtes Problemverhalten betrachtet. Es tritt auf, wenn dem Jugendlichen bei der Erfüllung seiner Entwicklungsaufgaben in der Adoleszenz keine alternativen, adäquateren Bewältigungsstrategien zur Lösung zur Verfügung stehen (vgl. 4.1). Problematisches Verhalten wird also nicht vorrangig als Störung definiert, sondern als ein für den Jugendlichen sinnvolles und funktionales Handeln. Um dem Missbrauch psychotroper Substanzen vorzubeugen, reicht es nach Botvin daher nicht aus, substanzspezifische Inhalte in ein Training aufzunehmen. Vielmehr werden in dem von ihm entwickelten „life skills training“ die bereits dargestellten allgemeinen Lebenskompetenzen und Bewältigungsfertigkeiten gefördert. Es wird postuliert, dass Jugendliche dann kein Problemverhalten wie beispielsweise Drogenkonsum zeigen, wenn sie über allgemeine Kompetenzen wie Angstbewältigung, Problemlösefertigkeiten oder soziale Kompetenz verfügen.

Die meisten der gegenwärtigen im deutschen Sprachraum verfügbaren Programme zur Primärprävention des Substanzkonsums im Jugendalter stellen eine Kombination der beschriebenen Ansätze dar, wobei die Förderung von Lebenskompetenzen eindeutig den Schwerpunkt bildet (Roth, Rudert & Petermann, 2003). Das zur Zeit in Deutschland am häufigsten eingesetzte Präventionsprogramm sind die Materialien des Jugendförderprogramms „Erwachsen werden“. Es handelt sich dabei um eine deutschsprachige Adaptation des Programms „Skills for Adolescence“ von Lions Quest International (Wilms & Wilms, 2000). Ähnlich wie das Soester Programm (Petermann, 1999) oder das ALF-Programm (Walden, Kutza, Kröger & Kirmes, 1998) ist „Erwachsen werden“ für den schulischen Kontext konzipiert und kann fächerübergreifend von den Klassenstufen 5 bis 10 eingesetzt werden. Die Lehrer werden zur Vorbereitung auf den Programmeinsatz in speziellen Fortbildungsveranstaltungen ausgebildet (Steinbach, 2005). Dem Lebenskompetenz-Ansatz entsprechend, wird eine allgemeine Förderung der Persönlichkeit des Jugendlichen sowie seiner sozialen und kommunikativen Kompetenzen intendiert. Daneben besteht eine spezifische Zielsetzung darin, protektive Persönlichkeitsmerkmale und Verhaltensweisen zu fördern. Das Programm umfasst sieben Themenbereichen, die der persönlichen Erfahrungswelt Jugendlicher entsprechen.

Zu jedem dieser Themenbereiche liegen acht bis 15 (insgesamt 73) verschiedene Vorschläge für Unterrichtsstunden vor, die methodisch von der Informationsvermittlung über Rollenspiele bis hin zu Projektarbeit reichen.

Neben Programmen, die auf der Förderung allgemeiner Lebenskompetenzen aufbauen, existieren noch weitere Interventionsformen zur Vorbeugung des Drogengebrauchs, die allerdings von geringerer Bedeutung sind. Es handelt sich dabei um den erlebnisorientierten Ansatz, den settingorientierten und netzwerkorientierten Multiplikatorenansatz sowie den informationsorientierten peer-education-Ansatz (für eine Übersicht vgl. Roth, Rudert & Petermann, 2003).

Kasten 17: Inhalte des Jugendförderprogramms „Erwachsen werden" von Lions Quest International (Steinbach, 2005)

Ich und meine neue Gruppe: Um eine Vertrauensgrundlage zu schaffen, sollen sich die Schüler mit ihrer eigenen Person und den Umgangsformen in ihrer Klassengemeinschaft auseinandersetzen.

Stärkung des Selbstvertrauens: Im Mittelpunkt stehen Aspekte des Selbstwertmanagements (vgl. 5.2.3).

Mit Gefühlen umgehen: In diesem Kapitel lernen die Schüler, ihre eigenen Gefühle und die der anderen wahrzunehmen und in angemessener Form damit umzugehen.

Die Beziehung zu meinen Freunden: Die Schüler beschäftigen sich mit der Bedeutung von Freundschaften und erlernen Konfliktlösetechniken sowie Strategien, dem Gruppendruck standzuhalten.

Mein Zuhause: Hier werden den Schülern Anregungen gegeben, die eigene Familiensituation zu reflektieren, ihre emotionalen Befindlichkeiten in diesem Bereich wahrzunehmen und Mittel zur konstruktiven Auseinandersetzung auszuprobieren.

Es gibt Versuchungen, entscheide dich: In diesem substanzspezifischen Teil werden sowohl Informationen zum Thema Sucht vermittelt als auch Vorschläge unterbreitet, sich mit deren Ursachen zu beschäftigen.

Ich weiß, was ich will: Im letzten Abschnitt reflektieren die Jugendlichen ihre aktuelle Lebenssituation und entwickeln Perspektiven für ihre Zukunft.

Formen der Evaluation

Suchtpräventive Maßnahmen in Form der skizzierten Lebenskompetenzprogramme wurden in den letzten Jahrzehnten umfassend evaluiert. Dabei ging es überwiegend um die Frage, ob sich diese Interventionsmaßnahmen hinsichtlich ihrer Ziele als wirksam erweisen. Grundlage dieser Analysen sind evaluationstheoretische Annahmen. Im Bereich präventiver Fragestellungen definieren sie sozialwissenschaftliche Forschungsmethoden, die zur Bewertung der Konzeption, Umsetzung der Intervention und der Nutzensbestimmung der Maßnahmen eingesetzt werden (Mittag & Hager, 2000). Die wesentlichsten Evaluationskriterien sind dabei die Wirksamkeit oder Effektivität, die Effizienz sowie die Akzeptanz der Einflussnahme und ihre ethische Angemessenheit.

Wirksamkeitsanalysen erfassen interventiv bedingte Veränderungen in definierten Kriterien zwischen Ausgangs- und Zielzustand. Im Bereich der Suchtprävention sind zwei Kriterien für den Nachweis einer Interventionswirkung gebräuchlich. Es handelt sich dabei um Wirkungen bezüglich des Substanzgebrauchs: die Abnahme, das Gleichbleiben oder im unerwünschten Fall den Anstieg des Substanzkonsums im Gefolge der Vorbeugemaßnahmen. Weiterhin wird ein Wirkungsnachweis für suchtpräventive Programme in einer Erhöhung des Ausprägungsgrads der suchtprotektiven Merkmale wie Selbstwertgefühl, soziale Kompetenz oder Selbstwirksamkeitserwartungen gesehen.

Die *Effizienzeinschätzung* betrifft die Frage, mit welchem Aufwand eine Veränderung durch die Intervention erreicht wurde. Maßstab für diesen Aufwand sind monetäre Einheiten (Geld). Effizienzanalysen können als Kosten-Effektivitäts-Überlegungen angelegt sein. Dies bedeutet, dass die monetären Kosten für eine Interventionsmaßnahme berechnet werden. Das Ergebnis lässt sich dann mit den Kosten anderer Maßnahmen vergleichen. So können z. B. in der klinischen Psychologie im Rahmen einer Kosten-Effektivitäts-Analyse die Kosten für die ambulante Behandlung von 20 Patienten mit Panikstörung mit der gleichen Anzahl stationär behandelter Patienten der gleichen Diagnosegruppe miteinander verglichen werden. Kosten-Nutzen-Analysen ermitteln neben den Kosten für die Intervention auch noch den monetären Nutzen, der im geschilderten Beispiel der Behandlung von Patienten mit Panikstörung darin bestehen kann, dass die ambulante Therapie einen höheren materiellen Nutzen durch Kosteneinsparung in der Pflegesatzbeanspruchung für Krankenhausbetten erbringt. Die Bestimmung der Effizienz suchtpräventiver Programme wird gegenwärtig aufgrund des unbestimmbaren Zeithorizonts der Maßnahme bis zu einem möglichen monetär bestimmbaren Erfolg als methodisch schwierig und empirisch nicht praktikabel angesehen (Schmidt, 2004).

Das Evaluationskriterium *Akzeptanz* thematisiert überwiegend die Zufriedenheit mit den Interventionsmaßnahmen und ihre ethische Angemessenheit. Im Bereich der schulischen Suchtprävention wird Akzeptanz überwiegend als intrinsische und Compliance-Evaluation definiert. Mit dem Begriff intrinsisch ist dabei die Integration in den Schulbetrieb gemeint, während die Compliance-Evaluation die Frage berührt, ob sich die Lehrer an die Programmvorgaben, z. B. die curiculumgemäße Abfolge der Unterrichtsstunden bei der Durchführung von Lebenskompetenzprogrammen, gehalten haben. Neben diesen formalen Kriterien ist es natürlich wichtig, ob Lehrer und Schüler die Unterrichtsthemen auch als sinnvolle Inhalte ansehen. Dieser Aspekt der Akzeptanz berührt die ethische Angemessenheit eines Programms.

Evaluationsmaßnahmen zur Bestimmung von Wirkung, Effizienz und Akzeptanz wurden von Mittag (2003) bestimmten Stadien und Phasen des Ablaufs der Intervention zugeordnet. Dabei wird zwischen einer Evaluation der Programmkonzeption, der Evaluation der Programmdurchführung und einer Evaluation der Programmwirksamkeit unterschieden. An dieser Stelle soll lediglich auf einige paradigmatische Ergebnisse der Wirksamkeit von Lebenskompetenzprogrammen eingegangen werden. Es geht dabei in der Klassifikation von Mittag (2003) um die sog. Erfolgs- und Ergebnisevaluation nach der Durchführung von suchtpräventiven Programmen.

Wirksamkeit

In den letzten zwei Jahrzehnten wurden die Ergebnisse einer Vielzahl von Metaanalysen zur Wirksamkeit suchtpräventiver Programme publiziert (Fischer, 2001). Aber erst in den 1990er Jahren finden sich Publikationen, die differenzierte Vergleiche zwischen verschiedenen Präventionsprogrammen auf der Grundlage von Effektstärken ermöglichen (Bruvold, 1993; Tobler & Stratton, 1997). Die Bestimmung von Effektstärken ermöglicht die Quantifizierung der Studienergebnisse durch Kennwerte, die vom Maßstab der einzelnen untersuchten Merkmale unabhängig sind. Dazu wird die Effektstärke ES berechnet, die auf Korrelationskoeffizienten oder dem d-Koeffizienten beruht. Die Effektstärken werden durch Mittelwertsvergleiche in definierten Erfolgsvariablen ermittelt. Diese Variablen können z. B. die Höhe bzw. die Häufigkeit des Substanzkonsums, Wissen über Drogenwirkung, der Ausprägungsgrad protektiver Persönlichkeitsmerkmale sowie das eingeschätzte Belastungserleben sein. Die Effektstärke wird im einfachsten Fall dadurch berechnet, dass vom Variablenmittelwert der Gruppe mit Präventionsprogramm am Interventionsende der Mittelwert einer Kontrollgruppe, die kein suchtpräventives Programm erhalten hatte, subtrahiert und das Ergebnis dann durch die Standardabweichung der Kontrollgruppe am Programmende dividiert wird. (Baumann & Reinecker-Hecht, C., 1998; Fischer, 2001). Von substantiellen Programmeffekten kann man dann sprechen, wenn die Effektstärke über .40 liegt.

In den bereits zitierten, bedeutsamsten Metaanalysen der 90er Jahre (Bruvold, 1993; Tobler & Stratton, 1997) wird dieser Ausprägungsgrad der Effektstärken von dem Großteil der Studien nicht erreicht. Dies gelingt auch nicht, wenn man die Studien betrachtet, die hohen methodologischen Standards genügen. Als Kriterien dafür definierten Tobler & Stratton (1997) u. a. die Randomisierung der Zuordnung der Probanden zur Versuchs- und Kontrollgruppe, die Verwendung eines längsschnittlichen Designs, die Kontrolle der Prätestunterschiede sowie ein Minimum an vermittelten vorbeugenden Programminhalten (Fischer, 2001). Diese Gruppe von qualitativ hochwertigen Studien umfasste 56 Untersuchungen. Aber auch bei diesen ausgewählten, qualitativ hochwertigen Studien wurden im Mittel nur Effektstärken zwischen .04 und .30 erreicht. Noch deutlicher als in den Studien der 90er Jahre unterscheiden Tobler et al. (2000) in ihrer Bewertung von 207 Studien zwischen den Inhalten der evaluierten Programme. Die nicht-interaktiven Präventionsmaßnahmen umfassen Programme, die überwiegend Wissen zu Formen, Wirkungsweise und Gefahren psychotroper Substanzen vermitteln und eine sog. „affektive" Erziehung zur Verbesserung des Selbstwertgefühls anstreben. Zu den interaktiven Präventionsansätzen gehören die bereits ausführlich dargestellten Programme zur Förderung von zwischenmenschlichen Fähigkeiten wie Widerstand gegen sozialen Einfluss und der Entwicklung allgemeiner Lebenskompetenzen. Die Ergebnisse dieser Programmformen in ihrer Auswirkung auf den Konsum von Tabak, Alkohol und Cannabis sind in Tabelle 1 dargestellt.

Tabelle 1: Effektstärken (ES) interaktiver Programme im Vergleich zu nicht-interaktiven Präventionsmaßnahmen (Tobler et al., 2000)

Programmtyp	Tabakkonsum	Alkoholkonsum	Cannabiskonsum	Konsum anderer Drogen
Nicht interaktiv (n = 59)	ES = 0.04	ES = 0.05	ES = 0.03	ES = 0.02
Interaktiv (n = 148)	ES = 0.15	ES = 0.13	ES = 0.13	ES = 0.26

Die interaktiven Programmvarianten weisen eine Überlegenheit gegenüber denjenigen Programmen auf, die sich der Wissensvermittlung zu psychotropen Substanzen und der affektiven Erziehung bedienen. Insgesamt gesehen liegen die Effektstärken aber auf einem Niveau, das für eine geringe Wirkung der einbezogenen Suchtpräventionsprogramme spricht. Zu ähnlichen Ergebnissen kommt Markert (2003), der sechs Längsschnitte der in Leipzig von 1993 bis 1999 durchgeführten suchtpräventiven Studien unter dem Aspekt der Wirksamkeit analysierte. Die Leipziger Präventionsstudien verwirklichten ein quasi-experimentelles Vortest-Nachtest Design mit unbehandelten Kontrollgruppen und wiederholtem Treatment. Die Zuordnung der Schülerinnen und Schüler zur Versuchs- und Kontrollgruppe erfolgte auf der Basis von Schulklassen. Die Versuchsklassen unterschieden sich von den Kontrollklassen dadurch, dass bei ihnen zwischen Prä- und Posttest suchtpräventive Lehrinhalte eines Lebenskompetenzprogramms verwirklicht wurden, während die Kontrollklassen nur den im Lehrplan vorgesehenen, quantitativ geringen, suchtpräventiven Unterricht erhielten. Bei dem Präventionsprogramm handelte es sich um die Materialien und Medien des Landesinstituts für Schule und Weiterbildung in Nordrhein-Westfalen zur Sucht- und Drogenvorbeugung in der Schule, das sog. „Soester Programm" (Priebe, Wichterich, Israel & Maybaum, 1993). Die empfohlenen Unterrichtsthemen umfassten sowohl unspezifische Maßnahmen im Sinn der Entwicklung allgemeiner Handlungskompetenzen und der Erhöhung des Selbstwertgefühls, als auch Inhalte spezifischer Kompetenzen (z. B. dem Gruppendruck zu widerstehen) unter Einschluss der Wissensvermittlung zu psychotropen Substanzen. In die Analyse zur Wirksamkeit des Programms wurden 48 Prä-/Post-Vergleiche für den Konsum von Tabak und Alkohol mit einer Differenzierung nach Schultyp (Mittelschule/Gymnasium), Jahrgang und Geschlecht einbezogen. Die Effektstärken (Eta Quadrat) lagen zwischen – 0.05 und + 0.05. Zur Veranschaulichung der Ergebnisse wurden von Markert (2003) die Effekte der Programmwirkung entsprechend der Wirkungsrichtung mit einem positiven oder negativen Vorzeichen versehen und in einer Häufigkeitsverteilung dargestellt.

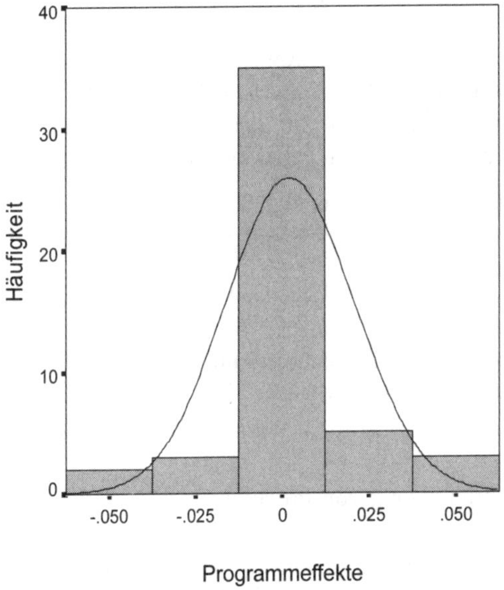

Abbildung 2: Programmeffektivität (Markert, 2003)

Aus der zusammenfassenden Darstellung wird ersichtlich, dass auf der gewählten Analyseebene von Schultyp, Jahrgang und Geschlecht insgesamt keine ausreichende Wirkung des Lebenskompetenzprogramms nachgewiesen werden konnte. Wie in der Abbildung deutlich wird, schließt dies freilich nicht aus, dass per Zufall durchaus positive Effekte bei einzelnen Subgruppen nachweisbar sind. Dies gilt übrigens ebenso für „negative Effekte", die sich ebenfalls per Zufall in einigen Subgruppen zeigen – allerdings zumeist in Publikationen nicht erwähnt werden.

4.3.2 Substanzpolitische Maßnahmen

Werden in Bevölkerungsgruppen einheitliche Maßnahmen wirksam, die Verhaltensregeln herausbilden sollen, dann spricht man von generalisierter Verhaltensbeeinflussung (John et al., 2002). Diese Verhaltensbeeinflussung kann z. B. im Bereich der Prävention des Substanzmissbrauchs Jugendlicher in Form des Einsatzes schulischer Förderprogramme zur Stärkung protektiver Persönlichkeitsmerkmale erfolgen. Zielgruppe wären dann die Stichproben der einbezogenen Schülerinnen und Schüler, bei flächendeckenden Programmen auch Teilpopulationen bestimmter Klassenstufen. Eine weitere Form generalisierter Verhaltensbeeinflussung stellen substanzpolitische Maßnahmen dar. Sie haben sich im Spiegel der internationalen Wissenschaft und Erfahrung als besonders wirksame Mittel für die Gesellschaft erwiesen, Probleme im Umgang mit psychotropen Substanzen auf einem möglichst niedrigen Niveau zu halten. (John, Rumpf & Hapke, 2000). Dazu zählen insbesondere moderate Begrenzungen des Zugangs zu psychotropen Substanzen wie Preiserhöhungen, Reduktion der Zahl der Geschäfte, die Tabak und Alkohol verkaufen, Veränderungen ihrer Öffnungszeiten sowie Beschränkungen von Konsumorten (Nichtraucher-Bahnhöfe, Schulen mit Rauchverbot, Verbot des Rauchens in öffentlichen Einrichtungen bzw. in der Öffentlichkeit allgemein). Beispielhaft zeigen dies die Formen der Tabakkontrolle (Kasten 18).

Kasten 18: Maßnahmen der Tabakkontrolle (John et al., 2002)

1. Steuererhöhungen
2. Finanzielle Ausstattung: Erhöhung der Mittel zur Gewährleistung von Kontrollmaßnahmen
3. Regeln des Konsums: Festlegung der Gebrauchsorte und des Altersbereichs (z. B. Verkauf nur an Personen im Alter ab 18 Jahre)
4. Produktmerkmale: Offenlegen von Schadstoffen, Warnhinweise auf den Zigarettenpackungen
5. Werbung und Sponsoring: Verhinderung von Produktwerbung und Sponsorenschaft
6. Einstellungen und Normen der Bevölkerung: Normentwicklung in Richtung des Nichtraucherschutzes, Stärkung des Images von Nichtrauchern
7. Motivierung von Abstinenz und Mäßigung durch finanzielle Anreize zum Beenden des Konsums
8. Ökonomische Alternativen: Den Tabakproduzenten sollten Anreize zum Beenden der Tabakproduktion gegeben und wirtschaftliche Alternativen aufgezeigt werden
9. Qualitätssicherung: Motivierung der Beteiligten zur vollständigen Durchführung der Maßnahmen zur Tabakkontrolle

Als grundlegende Elemente der Tabakkontrolle sind Gesetze, gesetzliche Regelungen sowie freiwillige Beschränkungen der Tabakindustrie anzusehen.

Die für das Rauchen aufgezeigten substanzpolitischen Maßnahmen können mutatis mutandis natürliche auch für alkoholische Getränke gelten. Als wissenschaftlich gesichert gilt, dass der substanzpolitische Ansatz dann besonders wirksam ist, wenn mehrere einzelne Maßnahmen gleichzeitig durchgeführt werden. Betrachtet man die gesellschaftliche Entwicklung in Deutschland in den letzten Jahren, so wurden einige der aufgeführten substanzpolitischen Forderungen auch realisiert. Dies gilt z. B. für die Offenlegung der Schadstoffanteile in den Tabakprodukten oder die Vergrößerung der Warnhinweise auf den Zigarettenpackungen. Auch die Zahl der Orte, an denen nicht geraucht werden darf, ist angewachsen. Als Mittel zur Verminderung der Prävalenz des Rauchens wurden in den letzten Jahren auch die Steuern erhöht. Zu den Auswirkungen der Tabaksteuererhöhung für Deutschland vom 1. Januar 2002 liegen inzwischen auch empirische Befunde vor. Hanewinkel und Isensee (2002) untersuchten repräsentative Stichproben der deutschen Bevölkerung vor und nach der Steuererhöhung. Dazu wurden im Dezember 2001 die Anzahl von N= 2008 Personen und im Januar/Februar 2002 (also zwei Monate nach der Steuererhöhung) N= 3108 Probanden durch das Meinungsforschungsinstitut „Ipsos Deutschland" zu ihrem Rauchverhalten interviewt. Zum Abgleich der Ergebnisse wurden die Daten des Statistischen Bundesamts zur Menge der versteuerten Zigaretten herangezogen. Nur einige Ergebnisse der umfänglichen Studie sollen herausgegriffen werden:

- Die Tabaksteuererhöhung wurde von der deutschen Zigarettenindustrie durch eine reduzierte Gewinnspanne nicht vollständig an die Verbraucher weitergeben.
- Die Preiserhöhungen führten bei Rauchern zu einer kognitiven Auseinandersetzung mit dem Rauchverhalten.
- Als behaviorale Modifikationen des Rauchens wurden ermittelt: Fast drei Viertel (72,1 %) der befragten Personen gaben an, ihr Rauchverhalten im Gefolge der Steuererhöhung nicht geändert zu haben, 11 % rauchten seit der Erhöhung weniger oder eine kostengünstigere Marke und ganz aufgehört zu haben, bekundeten 65 Befragte (4,7 %).
- Für die Subgruppe der Jugendlichen und jungen Erwachsenen ergab sich bezüglich der Anzahl pro gerauchter Zigaretten eine leichtes, statistisch aber nicht signifikantes Absinken.

Die Tabaksteuererhöhung bewirkte also stärkere kognitive Auseinandersetzungen mit dem Substanzkonsum, aber keine stabilen Verhaltensänderungen bezüglich des individuellen Rauchverhaltens. Hanewinkel und Isensee (2002) betonen deshalb auch, dass die Preiserhöhungen offenbar zu moderat ausgefallen sind, um umfassendere Wirkungen zu erzielen und die Einzelmaßnahme der Steuererhöhung in eine umfassendere Tabakkontrollpolitik eingebunden werden müsse, wie dies von John et al. (2002) oben dargestellt wurde. Diesen Schluss lassen auch die Ergebnisse des California Tobacco Control Programs zu (Pierce et al., 1998; Kröger, Heppekausen & Ebenhoch, 2002). Das Ziel der Studie war die Reduktion der Prävalenzen des Zigarettenrauchens im US-Bundesstaat Kalifornien. Das kalifornische Programm setzte sich aus vielen Einzelinterventionen zusammen, so dass es auch als „Schrotschuss-Ansatz" bezeichnet wurde. Dabei wurden personbezogene Suchtpräventionsansätze mit medialer Einflussnahme und substanzpolitischen Maßnahmen kombiniert. Die personbezogene Intervention umfasste Lebenskompetenzprogramme in Gemeinde und Schule. Hinzu kamen über das Fernsehen ausgestrahlte Angstappelle in Form von Spots, die

Furcht vor den Folgen des Rauchens induzieren sollten. Als substanzpolitische Maßnahmen wurden Antirauchergesetze, die strikte Kontrolle der Einhaltung dieser Vorschriften und Steuerhöhungen (um 25 Cent pro Zigarettenschachtel) gewählt. Als Ergebnis dieser umfassenden Kampagnen, die zwei Phasen von vier bzw. fünf Jahren umfassten, wurde eine Abnahme des Zigarettenkonsums in Kalifornien im Vergleich zu den anderen US-Bundestaaten registriert. Gegen Ende der Kampagne lag die Prävalenzrate in Kalifornien bei 18 % und in den anderen Staaten bei 22,4 % (Kröger, Heppekausen & Ebenhoch, 2002).

Die Zielgruppe aller bisher dargestellten substanzpolitischen Maßnahmen war die Erwachsenenbevölkerung. Ergebnisse zur Wirksamkeit dieser Formen generalisierter suchtvorbeugender Verhaltensbeeinflussung bei Jugendlichen liegen nur vereinzelt vor. Auf zwei Resultate sei zum Abschluss noch hingewiesen.

In der Studie zur Jugendgesundheit der World Health Organisation (2004) wurden auch Daten zum Alkoholkonsum und dem Zigarettenrauchen bei 13-jährigen Jugendlichen aus den Vereinigten Staaten von Amerika und Deutschland ermittelt.

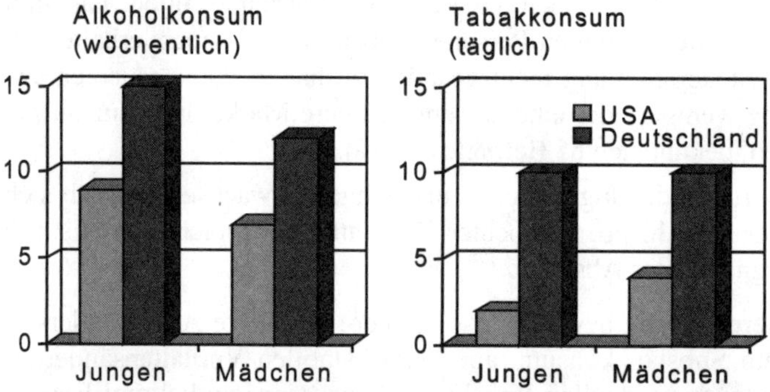

Abbildung 3: Tabak- und Alkoholkonsum 13-Jähriger (WHO, 2004)

Geht man davon aus, dass in den USA deutlich strengere und umfangreichere gesetzliche Bestimmungen bezüglich des Konsums der beiden genannten Substanzen vorliegen, dann kann die in der Abbildung dargestellte Konsummenge als Ausdruck dafür gelten, dass gesetzliche Verbote auch den Konsum Jugendlicher stark begrenzen.

Substanzpolitische Maßnahmen eines Rauchverbots im schulischen Raum sind seit einigen Jahren auch Gegenstand heftiger Diskussion in fast allen deutschen Ländern. Als erstes Bundesland hat Hessen per Gesetz ab dem 1. Januar 2005 das Rauchen in der Schule verboten. Das Verbot gilt für Schüler, Lehrer und das gesamte nichtpädagogische Personal. Es umfasst auch schulische Veranstaltungen außerhalb des Schulgeländes wie Exkursionen und Ausflüge. Verstöße gegen das Gesetz werden nach dem 31.7.2005 sanktioniert (Ärzte-Zeitung online, 2005a). Das Bayrische Kabinett hat im November 2004 beschlossen, ein generelles Rauchverbot an allen öffentlichen Schulen einzuführen. Der entsprechende Gesetzesvorschlag soll im Herbst 2005 in Kraft treten (Ärzte-Zeitung online, 2005b). An den Aktivitäten für eine präventive schulische Raucherregelung beteiligt sich auch die Bundeszentrale für die gesundheitliche Aufklärung mit ihrem Projekt „Auf dem Weg zu einer rauchfreien Schule“ (BZgA, 2003). Bei den Verantwortlichen anderer Bundesländer gibt es jedoch auch gegenteilige Meinungen. So setzen Baden-Württemberg, Sachsen-Anhalt, das Saarland oder Sachsen auf die Eigenverantwortung von Schulen und Schülern und lehnen ein gesetzlich festgeschriebenes Rauchverbot an Schulen ab. Wie diese eigenverantwortlichen Entscheidungen meist aussehen, zeigen die Ergebnisse einer lokalen Studie von Bienert (2005). Die Autorin interviewte die Schuldirektoren der Gymnasien in der Stadt Leipzig zu den Regelungen des Rauchverhaltens an ihrer Einrichtung. Von den 25 einbezogenen Gymnasien lehnten drei Gymnasien die Befragung ab. Bei den verbleibenden 22 Schulen gilt nur in zwei Einrichtungen ein generelles Rauchverbot. Es wurde vom Elternrat, der Lehrer- sowie der Schulkonferenz festgelegt. Allerdings wird die Stringenz der gesetzlichen Regelungen der Bundesländer Hessen und Bayern nicht erreicht. In den beiden Gymnasien mit Rauchverbot bezieht sich das Wort „generell“ nur auf die Schüler. Lehrern und dem nichtpädagogischen Personal ist es weiterhin erlaubt, im schulischen Bereich zu rauchen.

4.4 Fazit

1. Deutschland gehört zu den Ländern mit einem hohen Gebrauch psychotroper Substanzen. Die Summe von rund 17,6 Mrd. Euro an Steuereinnahmen aus dem Verkauf von Tabak- und Alkoholprodukten stellt einen bedeutsamen Wirtschaftsfaktor dar. Allerdings übersteigen die betriebswirtschaftlichen Folgekosten diesen Betrag um ein Vielfaches. Sie drücken sich auch in Krankheit, Leid und Tod aus. Für den einzelnen Jugendlichen stellt sich die skizzierte gesellschaftliche Situation widersprüchlich dar. Er erlebt eine Flut von medialen Botschaften, die zur Nutzung von Alkohol und Tabak anregen. Dem gegenüber stehen die Meinungen von Eltern, Lehrern und gesellschaftlichen Gruppierungen, die häufig Abstinenz oder Mindergebrauch als wünschenswertes Verhaltensziel postulieren.
2. Den vielfältigen Gefährdungen von Jugendlichen hinsichtlich des Missbrauchs psychotroper Substanzen begegnen in der Bundesrepublik Deutschland engagierte, suchtpräventiv tätige Einzelpersonen, gesellschaftliche Gruppierungen sowie staatliche Einrichtungen. Letztere sind hierarchisch organisiert und existieren von der Bundesebene (z. B. der Bundeszentrale für die gesundheitliche Aufklärung, BZgA) über die

Bundesländer, Kommunen, das Gesundheitswesen bis hin zum Freizeitsektor oder zu einzelnen Schulen.

3. Das allgemeine Ziel der Drogenpolitik in Deutschland besteht darin, die Prävalenz des Drogenmissbrauchs zu verhindern. Als Aufgabenstellung suchtvorbeugenden Handelns definiert die BZgA, den Menschen zu einem eigenverantwortlichen, sozialverträglichen und situationsangemessenen Umgang mit psychotropen Substanzen zu befähigen. Dieser Zielstellung wird am ehesten das Präventionsziel der Risikokompetenz oder Drogenmündigkeit gerecht. Weitere Präventionsziele sind der Aufschub des Konsumbeginns sowie die Abstinenz von psychotropen Substanzen (z. B. bezüglich der illegalen Drogen).
4. Die wesentlichsten Zugänge zur Suchtvorbeugung sind Programme zur Förderung allgemeiner Lebenskompetenzen sowie substanzpolitische Maßnahmen. Die Entwicklung und Förderung von Lebenskompetenzen erfolgt überwiegend durch schulische Präventionsprogramme. In diesen curriculären Maßnahmekatalogen wird neben einer allgemeinen Förderung der Persönlichkeit auch angestrebt, die Fähigkeiten der Jugendlichen zum Widerstand gegenüber sozialer Beeinflussung zu stärken. Substanzpolitische Maßnahmen sind eine Form generalisierter Verhaltensbeeinflussung. Dazu zählen insbesondere moderate Begrenzungen des Zugangs zu psychotropen Substanzen wie Preiserhöhungen, Reduktion der Zahl der Geschäfte, die Tabak und Alkohol verkaufen, Veränderungen ihrer Öffnungszeiten sowie Beschränkungen von Konsumorten (z. B. Nichtraucherbahnhöfe oder Rauchverbote in Schulen).
5. Die Wirksamkeit suchtvorbeugender Maßnahmen für die Altersgruppe der Jugendlichen ist differenziert zu beantworten. Als Formen generalisierter Verhaltensbeeinflussung von Populationen sind die Programme zur Förderung allgemeiner Lebenskompetenzen sowie die substanzpolitischen Maßnahmen nur in geringem Grade wirksam. Effekte finden sich dann, wenn Subgruppen betrachtet werden. Die Gründe der geringen Wirkung liegen bezüglich der Lebenskompetenzansätze im Fehlen von relevanten Wirkfaktoren psychologischer Intervention und der Unterschätzung der Stabilität von Persönlichkeitsmerkmalen (vgl. 5.). Substanzpolitische Maßnahmen scheitern meist an den Schwierigkeiten, sie politisch durchzusetzen.

5. Interventionstheoretische Grundlagen der Suchtprävention bei Jugendlichen

Dieses Kapitel betrachtet das Konzept der Suchtprävention aus der in Kapitel drei dargelegten interventionstheoretischen Perspektive. Dies erfolgt in zwei Punkten. Zuerst wird der Frage nachgegangen, in welchem Maße die Wirkprinzipien psychologischer Intervention für suchtpräventive Fragestellungen gegeben sind. Daran schließt sich ein zweiter Gliederungspunkt an, der das Konzept der Suchtvorbeugung aus der Sicht des psychologischen Änderungswissens betrachtet. Am Beispiel des Persönlichkeitsmerkmals Selbstwertgefühl werden suchtpräventive Programme zur Förderung von Lebenskompetenzen unter grundlagenpsychologischen Aspekten problematisiert.

5.1 Suchtprävention und Wirkprinzipien psychologischer Intervention

5.1.1 Erwartungsinduktion ohne Bedrohungserleben?

Suchtprävention ist eine spezifische psychologische Interventionsmethode. Von den Konzepten und Maßnahmen der Vorbeugung erwarten die mit dieser Aufgabe befassten gesellschaftlichen Fachorganisationen die Erfüllung einer Reihe von Zielstellungen. Für das Kindes- und Jugendalter bestehen diese Ziele in Forderungen wie Abstinenz bei illegalen psychotropen Substanzen bzw. Abstinenz oder zumindest den Aufschub des Konsumbeginns beim Zigarettenrauchen und Mindergebrauch bei alkoholischen Getränken. Wenn Jugendliche bereits Substanzen nutzen, ist der eigenverantwortliche und situationsangemessene Gebrauch anzustreben. Diese Ziele sollen durch Vermeidung der ersten Versuche, des Experimentierens, des gelegentlichen Konsums oder des Abhängigwerdens erreicht werden.

Damit sind wesentliche Schritte auf dem Weg zum allgemeinen Ziel der Drogenpolitik in der Bundesrepublik Deutschland beschrieben. Diese Zielstellungen verkörpern aber fast ausschließlich die in Fachgremien festgelegte Sicht der Präventionsexperten. Das ist zwar ein notwendiger Prozess, allerdings darf diese „Rechnung nicht ohne den Wirt“ gemacht werden. Das heißt, dass dem Erleben der Jugendlichen die Hauptaufmerksamkeit gewidmet werden muss. Der Beantwortung dieser Thematik wenden wir uns nun zu.

Alle Funktionen der psychologischen Intervention, Therapie, Rehabilitation oder Prävention basieren auf dem Wirkfaktor der Erwartungsinduktion, der Hoffnung auf einen Erfolg der Einflussnahme. Jeder Mensch, der psychologische Hilfe sucht, erwartet, dass vorhandene Leidenszustände, psychische und körperliche Beschwerden oder soziale Probleme im Idealfall rasch, vollständig und dauerhaft beseitigt werden. Im Vergleich zu den übrigen Interventionsfunktionen weist das präventive Vorgehen bei der Erwartungsbildung Besonderheiten auf. Sie wurden bei der Charakterisierung von Prävention bereits ausführlich dargestellt (vgl. 3.4.2): Definitionsgemäß setzt präventives Handeln vor dem Auftreten einer Störung an. Um vorbeugende Handlungsaktivitäten überhaupt einzuleiten, bedarf es zwingend spezifischer motivationaler Voraussetzungen. Sie bestehen in ängstigenden, sorgenvollen Gedanken und verbalen Angstäußerungen – den sog. Bedrohungskognitionen. Bedrohungskognitionen sind Ausdruck der individuellen Einschätzung, in welchem Ausmaß die Gefahrenelemente einer Situation erkannt werden. Haben diese Bedrohungskognitionen ein bestimmtes Ausmaß erreicht, gewinnen gesundheitsrelevante Erwartungen an Gewicht: Erwartungen der Handlungs- und Selbstwirksamkeit. Sie beinhalten das Wissen eines Menschen, ob ein bedrohendes Ereignis durch Handeln überhaupt verhinderbar ist und ob, im Fall des Vorhandenseins von Handlungsmöglichkeiten, diese auch vom einzelnen Individuum realisiert werden können. Unter handlungsregulatorischer Sicht müssen die skizzierten motivationalen Voraussetzungen gegeben sein, um einen Menschen zum vorbeugenden Handeln anzuregen (Schwarzer, 1996).

Kasten 19: Ein fiktives Beispiel

> Eine 13-jährige Jugendliche lebt zusammen mit ihrem kleineren Bruder im elterlichen Haushalt. Zu beiden Eltern sowie zum Bruder besteht eine gute Bindung und sie fühlt sich in ihrer Familie sehr wohl. Im Verlauf der letzten Monate registriert die Jugendliche deutliche Anzeichen dafür, dass sich eheliche Spannungen zwischen den Eltern häufen. Zunehmend wird ihr deutlich, dass von Seiten der Mutter Scheidungsabsichten bestehen. Diese Situation ängstigt das Mädchen sehr, sie schläft schlechter, erlebt bedrückende Träume und sorgt sich um den Fortbestand der Familie. Sie glaubt, die drohende Trennung der Eltern verhindern zu können. Häufig hatte sich die Mutter im Verlauf der letzten Jahre beklagt, dass der Haushalt allein auf ihr laste. Also hilft das Mädchen zunehmend im Haushalt, um damit einen Grund für die Unzufriedenheit der Mutter zu beseitigen. Weiterhin organisiert sie mit viel Mühe einen Ausflug zu einem Ziel, das bei der Mutter mit positiven Erinnerungen verbunden ist. Schließlich verbessert das Mädchen auch ihre Schulnoten, um die Mutter zum Verbleib in der Familie zu bewegen.

In dem fiktiven Beispiel sind einige prototypische Wirkfaktoren einer erfolgreichen Prävention genannt: Bedrohungskognitionen bezüglich eines existentiell bedeutsamen Wertes, die Induktion der Erwartung, durch eigene Aktivitäten dem bedrohlichen Ereignis vorbeugen zu können sowie die dazu notwendige Nutzung personaler Ressourcen. Überträgt man diese Wirkfaktoren auf den Bereich der Suchtprävention bei Jugendlichen, ergibt sich ein deutlich unterschiedliches Bild. Die Zigarette, die ein Jugendlicher raucht, oder das Glas Alkohol, das er trinkt, dürfte für ihn keinerlei Assoziationen mit einer Bedrohung aufweisen.

Zumindest für den Gebrauch der legalen psychotropen Substanzen wie Alkohol und Tabak ist bei Jugendlichen die Risikowahrnehmung oder Bedrohung nicht gegeben. Ein Grund dafür dürfte der lange Zeitraum bis zu einem potentiellen Gesundheitsschaden sein. Nach Schwarzer (1996) scheint es nahezu unmöglich, einen späteren potentiellen Leidensdruck bezüglich der Gesundheit über Jahrzehnte vorauszuahnen. Der Mangel an Betroffenheit sei kaum kompensierbar. Sehr plausibel sind deshalb Bestrebungen im Bereich der Suchtprävention, die geringe Risikowahrnehmung bei Jugendlichen bezüglich der Gefahren des Substanzkonsums zu erhöhen und entsprechende Bedrohungen im Erleben der Jugendlichen aufzubauen. Dazu bedient man sich der Wirkprinzipien von *Furchtappellen.*

Unter Furchtappellen werden eindringliche Botschaften verstanden, welche dem Empfänger mitteilen, dass für ihn relevante Werte wie Leben, Gesundheit, Eigentum etc. bedroht sind. Sie bestehen aus verbalem oder nonverbalem Material, welches beim Empfänger Furcht erzeugen und im vorliegenden Fall bei Jugendlichen die Motivation auslösen soll, präventive Maßnahmen für sich selbst als notwendig zu definieren (Entwicklung einer „Schutzmotivation“). Dem Mangel an personaler Betroffenheit Heranwachsender durch den langen Zeitraum zwischen dem Beginn der Substanznutzung bis zum Gesundheitsschaden wird das Argument entgegengehalten, dass bei illegalen Drogen relativ rasch Abhängigkeit entstehen kann. Bezüglich der Gefahren der legalen Drogennutzung lautet das Argument, dass insuffiziente Aufklärungsmaßnahmen die Gefahren nicht ausreichend verdeutlicht haben. Es müsse also eindringlicher und umfassender aufgeklärt bzw. Furcht induziert werden. Diesem Vorgehen war aber offenbar kein Erfolg beschieden.

In ihrer Arbeit zum Stand der Furchtappellforschung, einer repräsentativen Zusammenstellung von Arbeiten zur Prävention durch Angst, erwähnen Barth und Bengel (1998) lediglich zwei Studien, in denen Jugendliche überhaupt in Untersuchungen zur Schutzmotivation bezüglich der Nutzung psychotroper Substanzen einbezogen wurden. Die eine Erhebung nutzte Furchtappelle in Form von 10-minütigen Spots, die negative Folgen des Rauchens in unterschiedlicher Weise präsentierten. Daneben unterschieden sich die Spots auch in der Darstellung, wie schwierig es in Zukunft sei, nicht zu rauchen bzw. angebotene Zigaretten abzulehnen. Das Experiment zeigte bei den 10- bis 15-jährigen Kindern und Jugendlichen keinen Haupteffekt für die induzierte Furcht (Sturges & Rogers, 1994), die Angstappelle blieben also wirkungslos. In einer zweiten Untersuchung bei 13-jährigen Schülern überprüften Williams, Ward und Gray (1985) die Effekte unterschiedlicher Furchtstärken sowie das Bild des vermittelnden Sprechers (Alkoholiker versus Nichtalkoholiker). Nach einer Woche konnten sich die Schüler zwar an die Botschaft des Alkoholikers besser erinnern als an die des Nichtalkoholikers. Effekte auf die Einstellung der Jugendlichen konnten aber auch hier nicht nachgewiesen werden. Bei Erwachsenen sind Furchtbotschaften vermutlich etwas wirksamere Mittel zur Einstellung- und Verhaltensänderung. Barth und Bengel (1998) stellen dazu die Ergebnisse von 60 empirischen Studien zur Schutzmotivation bei Erwachsenen aus dem englischsprachigen Raum vor. Bezüglich des Rauchens liegt mit 12 zitierten Studien die größte Anzahl von Untersuchungsergebnissen vor. Immerhin in fünf dieser empirischen Erhebungen führten die Angstappelle zur Ausbildung eines Bedrohungserlebens durch das Rauchen, bei sieben Studien blieben überzeugende Wirkungsnachweise aus.

Der Zielgruppe der Raucher ist auch eine der umfänglichsten Kampagnen zur Furchtinduktion gewidmet, die sog. australische nationale Tabakkampagne (Commonwealth Department of Health and Aged Care, 2000; Kröger, Heppekausen & Ebenhoch, 2002). Das Ziel der Kampagne bestand darin, starke Raucher zum Aufhören zu motivieren. Die Furchtbotschaften erfolgten in erster Linie über Fernsehspots, die durch weitere Materialien (Radio, Plakatwerbung) unterstützt wurden. In den Fernsehspots werden in drastischer Weise durch Bilder, Musik und die Sprecherstimmen die negativen Konsequenzen des Zigarettenrauchens dargestellt. Die Spots beginnen damit, dass sich ein Raucher eine Zigarette anzündet. Die Kamera verfolgt dann den Weg des Rauchs durch den Körper. Anschließend werden im Zeitraffer die negativen Wirkungen auf Arterie, Lunge und Gehirn sowie die Demonstration der Geschwulstbildung gezeigt. Der Spot endet mit dem Satz: „Jede Zigarette schädigt die Gesundheit", worauf dann die Telefonnummer für eine Beratungsmöglichkeit eingeblendet wird. Im Verlauf von insgesamt 6 Monaten wurden die Spots z. T. täglich im Abendprogramm des Fernsehens gezeigt. Wenngleich sich die australische Kampagne primär an die Population der starken Raucher richtet, wurden auch Nebenergebnisse einer Befragung von Jugendlichen zur Kampagne mitgeteilt (vgl. Kasten 20).

Aus den empirischen Studien lassen sich also nur wenig generelle Belege für die Wirksamkeit der Furchtappelle zum Aufbau einer Schutzmotivation bei Jugendlichen ableiten. Plausibel erscheint, dass Jugendliche ohne Risikoverhalten (z. B. jugendliche Nichtraucher und Alkoholabstinente) von den Furchtbotschaften besser erreicht werden als Nutzer psychotroper Substanzen. Furchtappelle sind bei Abstinenten deshalb besonders wirksam, weil sie bereits vorhandene konsonante suchtprotektive Einstellungen und Überzeugungen bestätigen. Die Angstappelle liefern diesen Jugendlichen Argumente, das abstinente Verhalten aufrechtzuerhalten. Dies dürfte in der Vielzahl der Fälle mit einer Erhöhung des Selbstwertgefühls verbunden sein. Im Gegensatz dazu stellt der Angstappell bei denjenigen, die bereits psychotrope Substanzen konsumieren, eine selbstwertbedrohende Information dar. Dies erhöht die Wahrscheinlichkeit, dass Abwehrprozessen aktualisiert werden. So ist zu erwarten, dass Personen mit Risikoverhalten an der Richtigkeit der Informationen des Appells zweifeln oder schlussfolgern, nicht zur risikobehafteten Personengruppe zu gehören (optimistischer Fehlschluss, vgl. 3.4.3).

Kasten 20: Wirkung massiver Angstappelle im Rahmen der australischen nationalen Tabakkampagne (Kröger, Heppekausen & Ebenhoch, 2002)

Erwachsene Raucher (Zielgruppe)

- Die Kampagne fand bei 87 % der starken Raucher sowie der kurzzeitigen Ex-Raucher Beachtung
- Der Anteil der Raucher, die sich wegen des Rauchens schlecht fühlten, stieg von 32 % auf 36 %
- Verbesserung des Bewusstseins für gesundheitliche Schäden war nicht zu erreichen
- Insgesamt wurde bei der erwachsenen australischen Bevölkerung eine Reduktion der Raucherprävalenz von 1,8 % in den 18 Monaten nach Beginn der Kampagne registriert

Jugendliche (Nebenergebnisse)

- 8 von 10 befragten Jugendlichen fühlten sich durch die Kampagne nicht angesprochen
- 86 % der nicht rauchenden Jugendlichen sagten, sie wären durch die Kampagneninhalte in ihrer Abstinenz bestätigt worden
- 67 % der rauchenden Jugendlichen äußerten eine Ausstiegsmotivation

Zusammenfassend kann man anmerken, dass Suchtprävention bei Jugendlichen durch Defizienzen im Bereich der grundlegenden motivationalen Prozesse charakterisiert ist, die die bedeutsamste Voraussetzung für vorbeugendes Verhalten darstellen. Diese motivationalen Mängel sind dadurch gekennzeichnet, dass Bedrohungskognition bezüglich der zu verhindernden Folgen einer Substanznutzung in Form des Missbrauch oder der Abhängigkeit bezüglich der legalen Mittel Tabak und Alkohol gering ausgeprägt sind.

Das Fehlen der motivationalen Handlungsveranlassung zur Vorbeugung vermindert die Relevanz weiterer bedeutsamer Wirkfaktoren in der sequentiellen Abfolge der psychologischen Interventionstheorie: die Intentionsbildung zur Vorbeugung und die damit verbundene Ressourcenaktivierung. Auch die professionell gestalteten, massenmedialen Intervention durch Furchtappelle erreichen meist nur die Subgruppe der Abstinenten, beim Großteil der Population der Jugendlichen misslingt hingegen der Aufbau einer Schutzmotivation.

5.1.2 Ressourcenaktivierung durch Aktualisierung von Bedürfnissen des Jugendlichen

Furcht stellt nur eine motivationale Voraussetzung für menschliches Handeln dar. Für die psychologische Interventionsfunktion der Prävention kommt ihr eine besondere Bedeutung zu, weil sie vorbeugende Handlungsaktivitäten bei existentieller Bedrohung durch Krisen, kritische Lebensereignisse und Krankheiten überzeugend begründen kann. In den Ausführungen zu den Charakteristika der Präventionsfunktion konnte eine Reihe von interventionstheoretischen Belegen angeführt werden, dass Furchtinduktion bei Vorliegen oder Antizipation der genannten Belastungen die Kräfte eines Menschen für Vorbeugungsaktivitäten überzeugend aktiviert.

Menschliche Motivation erschöpft sich aber keinesfalls in dem Wirkfaktor der Erwartung von Bedrohung. Vielmehr muss menschliche Motivation eine Vielzahl von einzelnen Motiven in Betracht ziehen. Motive sind in persönlichkeitspsychologischer Sicht Handlungseigenschaften, die sich in der individuellen Bewertung von Handlungsfolgen zeigen. Sie drücken aus, was ein Mensch als Ergebnis seines Handelns positiv oder negativ bewertet. Damit sind Motive bedeutsame Merkmale der Handlungsregulation, die dem Individuum u. a. auch die Richtung des Verhaltens vorgeben: positive Handlungsergebnisse werden angestrebt und negative vermieden. Dies gilt für Handlungsziele, die durch eine Bedrohung an existentieller Bedeutung gewinnen, aber auch für die beiden grundlegenden Formen motivationaler Prozesse des Menschen, das Leistungsmotiv und das Anschlussbedürfnis. Beide Motivkonstrukte kommen ohne das Phänomen der Bedrohung aus.

Im Handeln des Jugendlichen drückt sich dies in der aktiven Beziehung eines Jugendlichen zu seiner persönlichen Umwelt aus. Dies lässt sich in Anlehnung an Asendorpf (2004) durch drei potentielle Handlungsmöglichkeiten charakterisieren: die Auswahl, Herstellung und Veränderung von Umweltkontexten. So kann ein Jugendlicher Settings auswählen, indem er Gruppen von Peers meidet, die in starkem Maße psychotrope Substanzen nutzen. Er kann im Gegensatz dazu einen Freundeskreis aufbauen, in dem Wissenserwerb, Sport oder der Besuch kultureller Veranstaltungen, nicht aber die Nutzung von Drogen, geschätzt werden. Er kann aber auch diesen Freundeskreis wieder verlassen, wenn ihm die genannten Aktivitäten und die damit assoziierten Wertvorstellungen nicht mehr zusagen. Bei jeder der geschilderten Möglichkeiten wirkt der Jugendliche auf seine persönliche Umwelt ein und ändert sich in diesem Interaktionsprozess auch selbst. Die Aktivierung derartiger Handlungsmöglichkeiten und die damit verbundenen universellen Regulationsmechanismen sind somit aus Sicht der Interventionstheorie eine nutzbare Grundlage für die Suchtprävention im Jugendalter.

Um diese theoretisch begründete Relevanz auch in den suchtvorbeugenden Maßnahmen und Programmen zu realisieren, bedarf es der Betrachtung zusätzlicher Aspekte. Ressourcenaktivierung ist der grundlegende Wirkfaktor aller Maßnahmen, Programme und Übungsformen, die den suchtpräventiven Zugang der Förderung von Lebenskompetenzen repräsentieren. Die Realisierung von Prozessen der Ressourcenaktivierung ist dabei aber an interventionstheoretische Voraussetzungen gebunden. Sie bestehen in einer akzeptierenden Beziehung zwischen einem Hilfesuchenden und dem psychologischen Berater in einer dyadischen Situation (vgl. 3.3.2). Dies ist ein optimales Setting, um eine helfende Beziehung zu gestalten, Bedürfnisse des Klienten zu erkennen und mit ihm über deren Realisierung zu reflektieren. In diesem vertrauensvollen Prozess werden die Aktivität des Hilfesuchenden angeregt und seine Ressourcen aktiviert.

Von derartigen idealen Bedingungen des Kontextes der Intervention ist die Suchtprävention weit entfernt. Die Förderprogramme zur Entwicklung von Lebenskompetenzen sind überwiegend an das schulische Setting gebunden (Roth, Rudert & Petermann, 2003). So richten sich die Unterrichtsvorschläge der Förderprogramme an den gesamten Klassenverband. Er besteht aus zwar altersgleichen, aber ansonsten aus einer Gruppe von Individuen, die sich bezüglich der ontogenetischen Entwicklung, der familiären Einbindung, grundlegender motivationaler Merkmale, aber auch des Nutzerverhaltens unterscheiden. Die Rezeption suchtpräventiver Inhalte ist somit höchst individuell, sie hängt u. a. entscheidend von der Ausprägung und Qualität der genannten sozialen und personalen Variablen sowie dem Nutzungsmuster des einzelnen Schülers ab.

Diesen erschwerten Bedingungen, die für die schulische Suchtprävention typisch sind, kann nur durch eine stringente Nutzung der interventionstheoretischen Wirkprinzipien Rechnung getragen werden. Sie wurden zwar für dyadische Situationen entwickelt, sind aber in den Grundprinzipien auch auf die schulischen Settings übertragbar. Ein wesentliches Prinzip der psychologischen Interventionstheorie besteht darin, dass sich persönliche und soziale Ressourcen nur dann aktualisieren und entwickeln lassen, wenn sich der Jugendliche wohl fühlt. Nur dann treten die Inhalte der präventiven Programme in Wechselwirkung mit den spezifischen Ressourcen des Jugendlichen. Die interventive Einflussnahme wirkt nicht, wenn defizitorientiert-kritisierend oder moralisierend vorgegangen wird (Grawe, 2004). Ausgeglichenheit und Wohlbefinden in der Durchführung von Lebenskompetenzprogrammen kann potentiell dann erreicht werden, wenn den Grundbedürfnissen des Jugendlichen in einem großen Ausmaß entsprochen wird.

Der Jugendliche will in den schulischen Kontexten aktiv sein. Dies ist für ihn die beste Möglichkeit, sein Bedürfnis nach Kontrolle zu befriedigen. Suchtpräventive Arbeit bezieht deshalb eine Vielzahl von körperlichen und geistigen Aktivitäten mit ein (z. B. Rollenspiele zur Übung der Fähigkeiten, Angebote eines Suchtmittels abzulehnen; Experimente in den naturwissenschaftlichen Fächern zur Bestimmung der Inhaltsstoffe des Zigarettenrauchs).

Dem Bedürfnis nach Bindung, d. h. von anderen angenommen, gemocht und in die Gruppe integriert zu werden, sind spezifische Inhalte von Lebenskompetenzprogrammen gewidmet. Sie thematisieren Kommunikationsregeln für den Klassenverband, Formen des „Feedback“ im Kontakt mit anderen Schülern und geben Raum für das Üben optimaler Feedback-Regeln. In spezifischen Unterrichtseinheiten wird Freundschaft definiert und bei möglichen Konflikten gemeinsam nach einer Lösung gesucht.

Unterrichtsinhalte zur Thematik „Wer bin ich“ oder die zeichnerische Gestaltung eines Selbstporträts sind Möglichkeiten der Bereitstellung selbstbezogener Informationen zur Erhöhung des Selbstwertgefühls. Wenn ein Lehrer einem Jugendlichen Möglichkeiten einräumt, außerhalb der bekannten Leistungshierarchie der Klasse Stärken und positive Seiten seiner Person zu präsentieren, dann kann dies ein Mittel zur Generierung selbstwerterhöhender Erfahrungen sein.

Das Konzept suchtpräventiver Lebenskompetenzprogramme auf der Basis des Wirkfaktors Ressourcenaktualisierung mag modern anmuten. In seinen fundierenden Annahmen knüpft es aber an Jahrhunderte alte pädagogische Konzepte an. Weder in der Antike, noch im „pädagogischen Jahrhundert“ des Basedowschen Philanthropismus bedurfte es der „Bedrohungen“ oder der reaktionskontingenten Belohnung, um bei Kindern und Jugendlichen die körperlichen und geistigen Kräfte (die „Ressourcen“) zu wecken, damit sie das zukünftige Leben als Erwachsener erfolgreich gestalten. Dies gilt mutatis mutandis sicherlich auch heute noch. Interessanterweise finden sich derartige Gedanken schon seit langem in der Pädagogik (s. Kasten 21).

Kasten 21: Aus der Rede eines Konrektors zur Thematik Lernmotivation im Jahre 1779 (aus: Johann Gottlieb Schummell, 1983, S. 202)

„Ich für mein Teil bedarf Gottlob bei meinen Schülern keinen solchen stumpfen Sporn, um ihren Fleiß und ihre Tätigkeit anzuregen (gemeint ist eine Prämie in Form von Zuckerwerk als Belohnung für erfolgreiche Schüler). Der Reiz der Wissenschaften ist für sie schon Sporns genug! Sie sind fleißig, weil Ihnen ihr Fleiß Vergnügen macht, – weil sie wissen, dass Gott sie nicht zum Müßiggange, sondern zur Arbeit erschaffen hat, – weil nur allein ihr Fleiß sie in den Stand versetzen kann, einst nützlich und brauchbar für die Welt zu sein. (...) Ich lehre sie das Gute mehr um sein selbst willen zu tun als um der zeitlichen Ehre und Vorteile willen, die daraus entspringen. Ich suche sie so viel möglich auf den Fall vorzubereiten, dass sie für alle ihre Mühe und Anstrengung vielleicht nicht den verdienten, geschweige den erwarteten Lohn einernten, und auf diese Weise lehre ich sie die Kunst, Prämien nicht zu verdienen, sondern zu entbehren; eine ungleich größere, denk ich, als die erste!“

5.2 Suchtprävention und Änderungswissen

Die Konstrukte Änderungswissens und Wirkfaktoren sind die theoretische Grundlage, wenn man Suchtprävention bei Jugendlichen aus interventionstheoretischer Perspektive betrachtet. Während die bereits beschriebenen Wirkfaktoren Erwartungsinduktion und Ressourcenaktivierung relevante motivationale Grundlagen des suchtpräventiven Interventionsprozesses beschreiben, definiert das Konstrukt Änderungswissen, in welchen Sequenzen der durch die Wirkfaktoren angeregte Wandlungsprozess von Persönlichkeitsmerkmalen erfolgt.

5.2.1 Persönlichkeitswandel als suchtpräventive Zielstellung

Die Analyse der interventionsbedingten Veränderung des Erlebens und Verhaltens eines Jugendlichen gewinnt deshalb an Gewicht, weil der Großteil der suchtpräventiven Maßnahmen einen Wandel von Persönlichkeitsmerkmalen als Zielstellung postuliert. Dies gilt vor allem für den gegenwärtig bedeutsamsten suchtvorbeugenden Ansatz: die Förderung allgemeiner Lebenskompetenzen durch curriculäre Programme (vgl. 4.3.1). In diesem Zugang wird die Entwicklung allgemeiner, d. h. über den Substanzgebrauch hinausgehender Fähigkeiten, Fertigkeiten, Handlungseigenschaften und die Erhöhung des Selbstwertgefühls als Aufgabenstellung formuliert. Mit dieser Zielstellung erlangt das Konstrukt des Änderungswissens fundierende Bedeutung für den intendierten Persönlichkeitswandel. Es definiert die genannten und noch zusätzliche Persönlichkeitsmerkmale als Änderungsbereiche und beschreibt theoretisch begründete, spezifische Änderungsprozesse zum Wandel der Merkmale. In der theoretischen Sicht suchtpräventiven Handelns knüpft sich daran die Erwartung, dass eine optimale Ausprägung dieser Persönlichkeitseigenschaften im weiteren Leben eines Jugendlichen die Angstbewältigung erleichtert, sozial-kompetentes Verhalten gewährleistet, Entscheidungsfähigkeit und Konfliktregelung optimiert und es gestatten, persönliche Ziele klar zu bestimmen.

Als zentrale Aufgabenstellung von Lebenskompetenzprogrammen wird die Erhöhung des Selbstwertgefühls angesehen (Altgeld & Kolip, 2004). Dies hat seinen Grund u. a. auch darin, dass enge Beziehungen zwischen dem Selbstwertgefühl und den motivationalen Konstrukten der Wirkprinzipien psychologischer Intervention bestehen. Als unangenehmer emotionaler Zustand, stellt ein niedriges Selbstwertgefühl eine der wesentlichsten Bestimmungsstücke für das Wirkprinzip der Erwartungsinduktion dar. Es ist die motivationale Grundlage dafür, alle Ressourcen zu aktivieren, um den unangenehmen Gefühlszustand zu beenden. Dieses universelle menschliche Streben nach positiven Emotionen speist auch das spezifischere Bedürfnis nach einem optimalen Niveau des Selbstwertgefühls. Ein negatives Selbsterleben in Bereichen, die dem Individuum wichtig sind, führt zu aktiven Bemühungen des Menschen, eine positivere Selbstbewertung zu erreichen

(Kanning, 2000). Dies kann auf vielfältige Weise erfolgen. Die Möglichkeiten reichen von dem Erleben eines selbstbewirkten Erfolgs in wichtigen Lebens- und Leistungssituationen bis hin zu den Regulationsmechanismen der sekundären Kontrolle des „sich Schönredens" von Misserfolgen (vgl. 3.3.2). Eine positive Selbstbewertung kann aber auch durch die Nutzung psychotroper Substanzen erreicht werden. Es handelt sich dabei um ein alltagspsychologisch erprobtes Mittel mit langer anthropologischer Entwicklungsgeschichte. Im Alkoholrausch werden „Unlust, Leere und existentielle Bedrohung" nicht mehr so quälend erlebt, wie im nüchternen Zustand. Man sieht sich und die Umwelt durch eine „rosarote Brille". Das böse Erwachen kommt aber unweigerlich nach dem Abklingen der Substanzwirkung: die Unlust, Leere und existentielle Bedrohung bestehen fort. Diese negativen Emotionen werden aber noch durch einen zusätzlichen Umstand verstärkt. Hinzu kommt nämlich noch die Selbstwertminderung durch das bedrückende Erleben, etwas Kritikwürdiges getan zu haben (von Gebsattel, 1954).

Die geschilderten regulatorischen Prozesse zur Aufrechterhaltung des Selbstwertgefühls nutzt die Suchtprävention als Argument für ihre Präventionsziele. Eine grundlegende Argumentation lautet: Verfügt ein Jugendlicher über ein hohes Selbstwertgefühl, dann entfallen nicht nur die defensiven Verteidigungsstrategien zur Selbstwertstabilisierung. Es erübrige sich auch die Notwendigkeit des Konsums psychotroper Substanzen zur Regulation des niedrigen Selbstwertgefühls. Ein genuin vorhandenes oder ein durch spezifische suchtpräventive Maßnahmen gefördertes hohes Selbstwertgefühl werde nach dieser Sicht zu einem Schutzfaktor, der die Gefahren des Substanzgebrauchs und daraus potentiell resultierende Konsequenzen eines Missbrauchs oder der Suchtentwicklung minimiert. Die Funktion eines Protektivfaktors kommt aber in den Konzeptionen der Suchtprävention nicht nur dem hohen Selbstwertgefühl zu. Auch anderen Persönlichkeitsmerkmalen und förderlichen personalen Umwelten wird diese schützende Qualität zugesprochen (für eine Übersicht vgl. Häfner, Franz, Lieberz & Schepank, 2001; Pinquart & Silbereisen, 2004).

5.2.2 Änderungsbereich Selbstkonzept und Selbstwertgefühl

Selbstkonzept

In der Psychologie spricht man dann von selbstbezogenen Dispositionen, wenn Merkmale der eigenen Person gemeint sind (Asendorpf, 2004, vgl. 3.2.1). Selbstbezogen meint hierbei, dass jeder Mensch sich zum Gegenstand der eigenen Gedanken, Reflexionen und Betrachtungen wählen kann. Er würde damit z. B. über das eigene Aussehen, die individuellen Temperamentsbesonderheiten oder die eigenen mathematischen Fähigkeiten reflektieren und sich ein „Bild davon machen". Dies ist mit selbstbezogenen Merkmalen gemeint. Sie sind die Resultate der subjektiven Betrachtungen und Bewertungen eines Menschen über die eigene Person. In der Psychologie spricht man in diesem Fall auch davon, dass das Individuum das Objekt der eigenen Betrachtungen und Bewertungen ist.

Das Persönlichkeitsmerkmal, das alles Wissen über die eigene Person beinhaltet, wird als Selbstkonzept oder als Selbstbild bezeichnet. Dieses Wissen enthält universelle Anteile, z. B. das Wissen, ein Mensch zu sein oder Staatsbürger desselben Staates zu sein. Das Selbstkonzept enthält aber auch individuell charakteristisches Wissen, z. B. über den eigenen Namen, Ort und Tag der Geburt und auch über Persönlichkeitseigenschaften (Asendorpf, 2004).

Kasten 22: Aspekte des Selbstkonzepts
(Asendorpf, 2004; Filipp, 1979; Neisser, 1976)

Das Selbstkonzept ist ein komplexes Wissenssystem über die eigene Person. Es enthält individualtypische und universelle Inhalte.

Selbstbezogenes Wissen lässt sich unter strukturellem Aspekt als hierarchisches Netzwerk abbilden, in dem selbstbezogene Informationen geordnet sind. Diese Wissensbestandteile werden üblicherweise als Schema oder Konzept bezeichnet.

Selbstkonzepte sind organisierte, reduzierte, verwesentlichte Nachkonstruktionen der individuellen Erfahrung, die der Mensch in den unterschiedlichsten Lebenssituationen gesammelt hat.

Das Selbstkonzept beeinflusst die Verarbeitung von neuen, selbstbezogenen Informationen.

Selbstkonzepte sind die Endprodukte der Verarbeitung selbstbezogener Informationen aus verschiedenen Quellen.

Das Selbstwertgefühl

Das Selbstwertgefühl ist die subjektive Bewertung der eigenen Person, die Zufriedenheit oder Unzufriedenheit mit sich selbst. Diese Bewertung von Merkmalen der eigenen Persönlichkeit stellt eine enge Verbindung zwischen den kognitiven Anteilen des Selbstkonzepts und der allgemeinen emotionalen Befindlichkeit des Menschen her (Kanning, 2000). Zumindest bei der Einschätzung von besonders bedeutsamen Merkmalen der eigenen Person ist damit zu rechnen, dass Selbst-Bewertungen und intensive Emotionen auf das engste miteinander verbunden sind. Vielleicht wird diesem stringenten Zusammenhang auch mit dem Begriff des Selbstwert*gefühls* Rechnung getragen.

Das Selbstwertgefühl kann als globales, bereichsunspezifisches Konstrukt aufgefasst werden, das meist auch mit eindimensionalen Skalen gemessen wird. In dieser bereichsunspezifischen Erfassung ist es ein Indikator für seelische Gesundheit. Daneben existieren Auffassungen, wonach das Selbstwertgefühl als Eigenschaftshierarchie aufzufassen ist: für jeden Selbstkonzeptbereich kann auch eine bereichsspezifische, subjektive Zufriedenheit mit diesem Gegenstandsbereich gemessen werden. Diesem Ansatz zufolge würde es also so viele unterscheidbare Facetten des Selbstwertgefühls geben, wie es Selbstkonzepte gibt (Asendorpf, 2004).

5.2.3 Änderungsprozesse

Die psychologisch begründeten Prozesse zum Wandel der Änderungsbereiche Selbstkonzept und Selbstwertgefühl wurden bisher mit den Begriffen der Bereitstellung und selbständigen Generierung von Informationen über die eigene Person umschrieben (vgl. 3.2.2.). Nachfolgend werden diese Änderungsprozesse ausführlicher dargestellt, da sie die interventiv intendierte Selbstwerterhöhung spezifizieren. Das geschieht zuerst durch die Betrachtung der Quellen, aus denen ein Mensch Informationen über sich selbst gewinnen kann. Daran schließt sich die Beschreibung der Verarbeitung dieser Erfahrungstatsachen an, die in Form von Vergleichs- und Bewertungsprozessen erfolgt. Weiterhin wird auf die Frage eingegangen, warum ein Mensch überhaupt an einer Veränderung seines Selbstwertes interessiert sein könnte und in welche Richtung ihn dieses gegebenenfalls vorhandene Interesse lenken würde. Mit der Darstellung von suchtpräventiv nutzbaren Handlungsmöglichkeiten zum selbstwertdienlichen Verhalten werden die Ausführungen zu den Änderungsprozessen im Selbstkonzept- und Selbstwertbereich der Persönlichkeit abgeschlossen. Letzteres wird dadurch erleichtert, da mit der Theorie des Selbstwertmanagements von Kanning (2000) eine elaborierte Konzeption des selbstwertdienlichen Verhaltens vorgelegt wurde, der in wesentlichen Punkten gefolgt wird.

Quellen selbstbezogener Informationen

Als wesentlichste Quellen für den Aufbau und den Wandel von Selbstkonzepten und des Selbstwertgefühls gelten seit der umfassenden theoretischen Analyse von Filipp (1979) die folgenden Kategorien:

1. *Direkte Prädikatenzuweisung durch andere Personen*: Jeder Mensch wird sich ohne Mühe an Eigenschaften erinnern, die ihm vormals von anderen Personen der persönlichen Umwelt zugeschrieben wurden. Ein Lehrer kann einem Schüler Faulheit vorwerfen, Gleichaltrige können einem Jungen körperliche Stärke bescheinigen oder er kann im Freundeskreis als großzügig oder geizig bezeichnet werden. Die Quelle der direkten Prädikatenzuweisung durch andere Personen geht von einem unidirektionalen Wirkungsgefüge aus, in dem Fremdzuschreibungen (die genannten Urteile anderer) den Selbsturteilen ursächlich vorausgehen. Dieser Ansatz dürfte einen starken Altersbezug aufweisen. Es wird die Regel sein, dass ein kleineres Kind die direkte Zuschreibung durch die Mutter, es sei „frech", noch akzeptiert. Mit zunehmendem Alter des Kindes, vor allem aber im Jugend- und Erwachsenenalter, dürfen Fremdzuschreibungen aber an Relevanz verlieren, da die Gefahr von Reaktanzphänomenen sehr hoch ist. Die direkte Prädikatenzuweisung durch andere Personen hat also für die Gewinnung von Wissen über sich selbst nur einen begrenzten Erklärungswert.

2. *Indirekte Prädikatenzuweisungen durch andere Personen*: Indem sich Menschen einem anderen gegenüber in spezifischer Weise verhalten, vermitteln sie ihm auch Informationen über sich selbst. Indirekte Prädikatenzuweisungen sind also jene, die eine Person im Zuge interpretativer Schlussfolgerungen aus dem Verhalten anderer gewinnt. Wenn ein Schüler häufig von Klassenkameraden gebeten wird, ihnen bei den Hausaufgaben im Fach Mathematik zu helfen, dann wird er vermutlich zu der Annahme gelangen, dass man ihn für mathematisch besonders leistungsfähig hält. Die kognitiven Anforderungen, die die indirekten Prädikatenzuweisung an die Gewinnung von Informationen über die eigene Person stellen, sind hoch. Sie bestehen in einer schwierigen Inferenzleistung. Das Individuum muss das Verhalten anderer Personen beobachten, bewerten und mit den Absichten der handelnden Person (deren Motivation, Meinung oder evtl. Manipulationstendenz) korrespondierend verknüpfen. So kann das Lob eines Lehrers bei einem leistungsstarken Schüler bezüglich einer schulischen Leistung geringen Schwierigkeitsgrads das Selbstwertgefühl des Schülers in paradoxer Weise negativ beeinflussen. Der kompetente Schüler könnte interpretieren „für wie wenig leistungsfähig hält mich der Lehrer denn, wenn er mich für einen derartig geringfügigen Erfolg schon lobt".
3. *Komparative Prädikatenselbstzuweisung*: Menschen verarbeiten aber nicht nur Informationen, die ihnen unmittelbar aus der sozialen Umwelt bereitgestellt werden, sie spielen selbst eine aktive Rolle bei der Generierung von selbstbezogenen Informationen. Eine Möglichkeit besteht darin, sich mit anderen Personen bezüglich eines Merkmals zu vergleichen. Mit dem Resultat dieses Vergleiches wäre dann eine komparative Prädikatenselbstzuschreibung möglich. Wenn ein Schüler als einziger der Klasse in einer schwierigen Biologieprüfungsarbeit die Note „sehr gut" erreicht, müsste er sich eine hohe Leistungsfähigkeit im Fach Biologie zuschreiben. Im Vergleich zu den übrigen Schülern seiner Klasse ist er ja unumstritten der Beste. Das Konzept des interindividuellen Vergleichs ist ein Grundprinzip der Psychologie. Bereits zu Beginn des vorigen Jahrhunderts wurde das Konzept durch die Reflexionen des Psychoanalytikers Alfred Adler über das aus interindividuellen Vergleichen resultierende Minderwertigkeitsgefühl und dessen Kompensation einem großen Adressatenkreis bekannt (Adler, 1992). Interindividuelle Vergleiche spielen auch in den theoretischen Annahmen des Konstrukts Änderungswissen eine fundieren Rolle. Diese Inhalte sind deshalb wesentliche Grundlagen für die noch folgende Darstellung von Änderungsprozessen im Bereich des Selbstwertgefühls.
4. *Reflexive Prädikatenselbstzuweisungen*: Eine wesentliche Quelle selbstbezogener Informationen liegt in der Kompetenz des Menschen, aus der Selbstbeobachtung des eigenen Verhaltens Rückschlüsse über sich selbst zu ziehen. Den kurzfristigen Zustand, in dem die subjektive Aufmerksamkeit auf die eigene Person gerichtet wird, heißt Selbstaufmerksam-

keit. Sie ist durch Spiegel, Fotos, Tonband- oder Videoaufnahmen induzierbar. Diese visuelle und auditive Selbstkonfrontation mit der eigenen Stimme, dem Aussehen oder dem Ablauf von Handlungssequenzen hat im Vergleich zu anderen Quellen selbstbezogener Informationen den großen Vorteil, dass objektive, ungeschönte Daten, vorliegen: man ist so dick oder so dünn, so geschickt oder so ungeschickt, wie es z. B. die Videoaufzeichnung vermittelt. Die reflexive Prädikatenselbstzuweisung als Quelle selbstbezogener Informationen ist für die suchtpräventive Arbeit bedeutsam. Eine Reihe von suchtvorbeugenden Unterrichtsprogrammen nutzen z. B. Rollenspiele und Gespräche über Konfliktlösungen, um Verhalten der Schüler zu evozieren. Die Videoaufzeichnungen dieser Handlungsabläufe bieten dann die Möglichkeit, dass der einzelne Schüler sein Verhalten beobachtet und daraus selbstbezogen Informationen gewinnen kann. Gleiches gilt für Videoaufzeichnungen, die Inhalte des eigenen Feedback-Gebens oder pädagogisch intendierte Lösungsbemühungen von Konflikten zeigen.

Selbstbewertung durch Vergleichsprozesse

Selbstbezogene Informationen aus den genannten Quellen sind das konstituierende Element für das Selbstwertgefühl. Wie gestaltet sich nun die Verarbeitung selbstbezogener Informationen, damit sie einen Beitrag zum Selbstwertgefühl leisten können? In den letzten wurde wurden diesbezüglich insbesondere auf psychologische Vergleichsprozesse hingewiesen. Bei der Darstellung von Inhalten der Ressourcenaktivierung zur Regulation des subjektiven Wohlbefindens wurden soziale und temporäre Vergleichsprozesse bereits als Beispiele dieser Selbstregulationsvorgänge genannt (vgl. 3.3.2). Als Aufwärtsvergleiche dienen sie der Motivationshilfe zur Leistungsverbesserung („ich will ähnlich gute Noten erreichen wie die Klassenbesten"). Abwärtsvergleiche gestatten es, das subjektive Wohlbefinden zu stabilisieren: Man findet bei intensivem Nachdenken schließlich immer einen Menschen oder eine Gruppe, denen es noch schlechter geht als einem selbst. Die genannte Klassifikation umfasst aber lediglich die Kernkonstrukte möglicher Vergleiche.

In einer theoretischen Analyse der fundierenden Theorien zur Selbstbewertung nennt Kanning (2000) die Zahl von 32 möglichen Facetten, in denen Selbstbewertungen zum Ausdruck kommen können. Dieser Modellansatz erlangt durch die große Zahl von Bewertungsmöglichkeiten den Charakter einer bloßen Auflistung der Merkmale eines Vergleichs, die unverbunden nebeneinander stehen. Eine derartig umfassende Klassifikation sei deshalb in den Anwendungsfeldern der Psychologie nicht mehr handhabbar. Als einen Kompromiss zwischen der potentiell möglichen Vielzahl von Vergleichsmöglichkeiten und einer praktikablen Anwendung sieht der Autor die Begrenzung auf vier Parameter der Vergleichsprozesse zur Selbstbewertung an. Es handelt sich dabei um das Subjekt des Vergleichs, das zum Vergleich herangezogene Objekt, die Bewertungsdimension für den Vergleich sowie die Vergleichszeit. Diese Hauptparameter können in Anlehnung an Kanning (2000) wie folgt beschrieben werden:

Die *Vergleichsdimensionen* unterscheiden sich sowohl inhaltlich als auch in ihrer Generalität. Inhaltlich kann ein Schüler die Dimension des Schulsports wählen und seine Leistung in diesem Bereich mit der in den musischen Fächern, einem deutlich anderem Inhaltsbereich, vergleichen. Dies kann generalisiert erfolgen, indem für eine definierte Dimension, z. B. der des Schulsports, die allgemeine Leistungsfähigkeit in den sportlichen Disziplinen mit der spezifischen im Weitsprung verglichen wird. Das Ziel dieser Vergleichsprozesse besteht darin, dem Vergleichssubjekt und -objekt jeweils eine Position auf den Dimensionen zuzuordnen. Die Bewertung der so entstehenden Positionierung drückt sich im jeweiligen Selbstwertgefühl aus. Es ist davon abhängig, welchen Wert das Subjekt den einzelnen Positionen zuerkennt. Dies ist ein subjektiver, individueller Prozess. Die Anzahl der Dimension, die ein Individuum zu selbstwertrelevanten Vergleichen nutzt, wird lediglich durch die Differenzierbarkeit in unterschiedliche Selbstkonzeptbereiche beschränkt. Eine Person kann soviel unterschiedliche Bewertungen des Selbst vornehmen, wie sie in der Lage ist, Subbereiche des Selbst zu konzeptualisieren.

Die Vergleichssubjekte können in drei Kategorien eingeteilt werden. Es kann sich beim Subjekt zunächst um ein einzelnes Individuum handeln. Vom Subjekt Gruppenmitglied kann dann gesprochen werden, wenn sich eine einzelne Person primär als Mitglied einer Gruppe definiert. Diese Betrachtung einzelner Personen wird in der dritten Kategorie, der der Gruppe als Vergleichsobjekt, ganz aufgegeben. Es wird nun eine bestimmte Anzahl von Gruppenmitgliedern als Ganzes zum Gegenstand des Vergleichs erhoben.

Auch beim *Vergleichsobjekt* kann es sich um ein Individuum, ein Gruppenmitglied oder um eine soziale Gruppe als Ganzes handeln. Das Objekt des Vergleichs kann aber auch in Persönlichkeitsmerkmalen, Werthaltungen und Einstellungen der Individuen und Gruppenmitglieder bestehen. Diese Vergleichsobjekte werden von Kanning (2000) als „Standards“ bezeichnet. Er nennt als Beispiel dafür die Schulnoten. Ein Schüler, der seine Leistungen in einem Fach bewerten möchte, muss dafür nicht die Leistungen der Mitschüler (Einzelpersonen oder Gruppenmitglieder) zum Vergleichsobjekt erheben. Er kann eine durchschnittliche Note als erstrebenswertes Ziel seines Vergleichsstandards wählen. Eine Leistung, die über dem Durchschnitt liegt, wäre dann mit einer positiven Selbstbewertung verbunden.

Dem *Parameter der Zeit* liegt in der Taxonomie selbstbezogener Bereiche die Unterteilung in Vergangenheit, Gegenwart und Zukunft zugrunde. Diese Zeitparameter wurden als Grundlage der temporären Vergleichsprozesse zur Aufrechterhaltung des Wohlbefindens bereits genannt. Es handelte sich dabei um den Vergleich der eigenen Person in selbstwertrelevanten Merkmalen wie Gesundheit, Einkommen oder Freundeskreis z. B. über den Zeitraum der Lebensspanne hinweg. Dieser Ansatz wird in der Klassifikation von Kanning (2000) durch den potentiellen Einzug komparativer Vergleiche erweitert. So kann ein Schüler (Vergleichssubjekt) in der Vergangenheit deutlich schlechtere Noten (Parameter Dimension) erhalten haben als ein Klassenkamerad, mit dem er sich vergleicht (Objekt). Im Laufe des letzten Schuljahrs (Parameter Zeit) hat der fiktive Schüler aber den Vorsprung seines Klassenkameraden im Notendurchschnitt deutlich verringert. Dieser komparativ-zeitliche Vergleich müsste sich dann selbstwerterhöhend auswirken.

Die skizzierte Taxonomie der Vergleichsprozesse zur Selbstbewertung von Kanning (2000) liefert mit der Beschränkung auf vier Parameter eine handhabbare und systematische Kombination von Vergleichen. Eines sollte aber immer wieder betont werden: Die Taxonomieparameter sind lediglich abstrakte Dimensionen. In jedem Selbstbewertungsprozess muss die bewertende Person eigenaktiv, auf der Grundlage ihrer Individualität, diese Bewertungen vornehmen.

> „Ist die betroffene Person in der Lage, die Parameter des Vergleichs, der ihrer Selbstbewertung zugrunde liegt, so auszuwählen, dass ein möglichst positiver Selbstwert resultiert, so hält sie einen zentralen Schlüssel zur Verwirklichung ihres Selbstwertmotivs in Händen. In der geschickten Gestaltung der Vergleichsprozesse, die der eigenen Selbstwertbildung zugrunde liegen, findet sich mithin eine wichtige potentielle Quelle des selbstwertdienlichen Verhaltens“ (Kanning, 2000, S. 92).

Selbstwertmotivation

Blicken wir auf eine bereits gestellte Frage zurück: Warum sollte ein Schüler als Teilnehmer an suchtpräventiven Maßnahmen (ohne die motivierende Wirkung von Bedrohungskognitionen) seine Kräfte anspannen, um den Präventionszielen zu genügen? Was könnte ihn bewegen, Lebenskompetenzen zu erwerben oder Widerstandsfähigkeiten gegenüber der Verleitung zum Drogengebrauch zu entwickeln? Die Beantwortung dieser Frage könnte in dem motivationalen Prinzip der Aufrechterhaltung bzw. Erhöhung des Selbstwertgefühls liegen.

Es ist überzeugend belegt, dass Individuen prinzipiell positive Bewertungen der eigenen Person gegenüber negativen bevorzugen. Für die Annahme einer derartigen Motivation sprechen die angenehmen Konsequenzen eines hohen Selbstwerts. Sie reichen von der ausgeprägten Lebenszufriedenheit, der Beliebtheit im Freundeskreis bis hin zu der hohen Erwartung von Selbstwirksamkeit (Grawe, 2004; Asendorpf, 2004). Das Konzept der Selbstwertmotivation basiert auf der grundlegenden Hypothese, dass Personen mit niedrigem Selbstwertgefühl in offensiverem Maße selbstwertdienliches Verhalten zeigen als Personen mit hohem Selbstwert. Selbstwertdienliches Verhalten ist dabei als jegliches motivierte Verhalten definiert, das auf eine positive Bewertung der eigenen Person abzielt (Kanning, 2000). Hypothesengemäß müsste das offensive, selbstwertdienliche Verhalten dann besonders sichtbar werden, wenn z. B. durch Misserfolge das Selbstwertgefühl akut gefährdet ist. Diese Annahme konnte schon seit langem durch experimentelle Untersuchungen im Leistungsbereich bestätigt werden. Personen bevorzugen prinzipiell positive Bewertungen ihrer eigenen Person gegenüber negativen und zwar umso eher, je niedriger ihre Leistungen in vorangegangenen Aufgaben angeblich waren (Filipp, 1979). Selbstbezogene Informationen werden danach als eine Kompensationsmöglichkeit für die induzierte niedrige Selbsteinschätzung verwertet. Indirekte Unterstützung erfährt diese Annahme durch neuere empirische Befunde, die nach Misserfolgen eine Selbstpräsentation beobachtet haben, die auf die Erhöhung des Selbstwertgefühls zielen. Menschen neigen in diesen Situationskontexten zur Selbstpräsentation von positiven Selbstanteilen und nehmen jegliche wertschätzende Information dankbar auf (Laux & Renner, 2002). Damit dient die Selbstdarstellung der Selbstwerterhöhung, indem Individuen versuchen, den Eindruck anderer über sich zu steuern.

In der Literatur wurde lange kontrovers diskutiert, ob dem geschilderten Motiv nach Selbstwerterhöhung eine Präferenz gegenüber der Annahme eines Konsistenzprinzips besitze. Für die Konsistenzannahme der Verarbeitung selbstbezogener Informationen liegen überzeugende theoretische Begründungen vor: Selbstkonzepte haben schematisierenden Einfluss auf die Informationsverarbeitung. Dies bedeutet, dass sie die ständig eingehenden selbstbezogenen Informationen vor dem Hintergrund bereits gebildeter Selbstschemata verarbeiten und konsistent mit diesen Schemata Invarianzen aus dem Informationsmaterial konstruieren (Markus, 1977; Filipp, 1979). Die Kontroverse zwischen dem Konsistenzprinzip und dem der Selbstwerterhöhung reflektiert deshalb lediglich den Tatbestand, dass zwei grundlegende motivationale Tendenzen die Informationsverarbeitung selbstbezogener Informationen steuern.

Im Lichte neuerer Motivationstheorien in der angewandten Psychologie kommt allerdings den beiden motivationalen Aspekten eine unterschiedliche Bedeutung zu. Als grundlegendes Prinzip des Seelenlebens gilt die Forderung nach Konsistenz der psychischen Prozesse (Grawe, 2004). Konsistenz im seelischen Geschehen besteht dann, wenn Motive, Ziele und Wahrnehmungen eines Menschen miteinander kongruent sind und seine Grundbedürfnisse möglichst gut befriedigen. Den Gegenpol der Konsistenz bilden Dissonanz, Konflikt und Dissoziation. Nähert sich die seelische Aktivität diesem Gegenpol, droht eine Systemdysorganisation, ein Zusammenbruch und möglicherweise der Tod. Das Konsistenzprinzip ist somit ein grundlegendes Erfordernis für das menschliche Leben. Wird es schwerwiegend verletzt, kann das regulatorische System der menschlichen Existenz nicht erfolgreich sein. Die Konsistenz psychischer Prozesse spiegelt sich in der Kongruenz der wesentlichsten Grundbedürfnisse des Menschen wider.

Konsistenz im psychischen Geschehen herrscht in dem Ausmaß, in dem die Grundbedürfnisse möglichst gut befriedigt sind. Dies gilt für alle Grundbedürfnisse, nicht ausschließlich für das Bedürfnis nach Aufrechterhaltung bzw. Erhöhung des Selbstwertgefühls. Im Bereich der selbstbezogenen Merkmale dürften den Selbstwert bestätigende Informationen besonders bei Erschütterungen des Selbstkonzepts gesucht werden und selbstwertdienliches Verhalten auslösen. Bei einem optimalen Selbstwertgefühl steht der Konsistenzaspekt im Vordergrund.

Kasten 23: Grundbedürfnisse des Menschen (Grawe, 1998; 2004)

Kontrolle bedeutet, wirksam zu sein. Das *Bedürfnis nach Orientierung und Kontrolle* wird dann befriedigt, wenn das Individuum in wesentlichen Wertbereichen Handlungsalternativen wahrnimmt. Die Kontrolle existiert in Form einer primären Kontrolle durch aktives Verhalten. Es zielt auf die Veränderung der Umgebung und von zwischenmenschlichen Beziehungen. Sekundäre Kontrolle wird durch Prozesse ausgelöst, welche im Individuum selbst lokalisiert sind. Diese umfassen alle Möglichkeiten der kognitiven Umstrukturierung von Ereignissen, Modifikationen ihrer Bewertung, Formen der Ablenkung von belastenden Erlebnissen oder subjektive Veränderungen von Ursache-Wirkungs-Zusammenhängen (Frey & Jonas, 2002).

Das *Bedürfnis nach Lustgewinn und Unlustvermeidung* besteht in dem Bestreben, erfreuliche Erfahrungen herbeizuführen und schmerzhafte, unerfreuliche Erfahrungen zu vermeiden. Das Bedürfnis nach Lustgewinn und Unlustvermeidung ist im angeborenen affektiven Reaktionssystem des Menschen in diesen beiden Komponenten fest vorgegeben. Es gilt als generelles affektives Regulationssystem im Nervensystem aller Säugetiere.

Unter dem *Bindungsbedürfnis* versteht man das angeborene Bedürfnis, die Nähe einer Person zu suchen und aufrecht zu erhalten, die das Leben besser meistern kann als das Kind. Ist dieses Bedürfnis erfüllt, kann sich das Kind beruhigt anderen Dingen widmen. Ist die Erreichbarkeit aber nicht garantiert, richtet sich die gesamte psychische Aktivität darauf, wieder Nähe herzustellen. Im Erwachsenenalter steht der Begriff des Bindungsbedürfnisses für einige wenige, enge, emotional bedeutsame Beziehungen (z. B. zu Eltern, Geschwistern, Großeltern, Freunden, Partnern oder den eigenen Kindern).

Das *Bedürfnis nach Aufrechterhaltung bzw. Erhöhung des Selbstwertgefühls* besteht darin, dass Individuen prinzipiell positive Bewertungen der eigenen Person gegenüber negativen bevorzugen. Für die Annahme eines derartigen Bedürfnisses sprechen die angenehmen Konsequenzen eines hohen Selbstwerts. Sie reichen von einer ausgeprägten Lebenszufriedenheit, der Beliebtheit im Freundeskreis bis zu hin zur Selbstwirksamkeitserwartung.

5.3 Strategien selbstwertdienlichen Verhaltens und Suchtprävention

Inwieweit sind die selbstbezogenen Theorieansätze bei suchtpräventiven Fragestellungen auch praktisch nutzbar? Die Vielfalt suchtvorbeugender Maßnahmen erfordert dabei eine Begrenzung der Darstellung. So wird im folgenden ausschließlich auf einige selbstwertdienliche Strategien hingewiesen, die im Rahmen suchtpräventiver schulischer Programme zur Entwicklung von Lebenskompetenzen denkbar sind (vgl. 4.4.1). Die Darstellung lehnt sich dabei an die Theorie des Selbstwertmanagements von Kanning (2000) an.

Lebenskompetenzprogramme haben ihren Einsatzort im schulischen Setting oder nutzen als suchtvorbeugende Projekte die Freizeit der Jugendlichen. Fast alle Situationen, in denen eine pädagogisch gelenkte suchtpräventive Arbeit erfolgt, sind Gruppensituationen. Damit ist bezüglich des selbstwertdienlichen Verhaltens ein bedeutsames Spezifikum verbunden. Es besteht darin, dass der soziale Kontext eine hohe Dichte verfügbarer Vergleichsobjekte für die Selbstbewertung aufweist. Immer dann, wenn mehrere Menschen in einer Gruppensituation miteinander interagieren, setzen zwangsläufig soziale Vergleichsprozesse ein. Alle Schüler sehen sich in diesem Kontext einer permanenten Bewertung ihrer Person durch Andere ausgesetzt. Dieser Vielfalt von potentiell möglichen selbstbezogenen Informationen kann sich der einzelne Schüler nicht entziehen. Pädagogische Situationen stellen deshalb ein „Wespennest der Selbstbewertungen“ dar (Kanning, 2000, S. 253). So wie in ein Wespennest die Insekten unaufhörliche ein- und wieder ausfliegen, „fliegen“ dem einzelnen Gruppenmitglied von Lehrern und Mitschülern ausgehende selbstbezogene Informationen zu. Diese Informationen gehen aber gleichermaßen auch von dem einzelnen Schüler aus, indem sie einem Mitschüler oder Lehrer „zufliegen“. Es ist aus grundlagenorientierter Sicht deshalb unmöglich, dass ein Lehrer oder eine andere suchtpräventiv tätige Person in Gruppensituationen die Vielfalt von selbstbezogenen Informationen für einen einzelnen Schüler individuumsspezifisch auswählen und selbstwertdienlich vermitteln kann. Praktikabel erscheint lediglich, dass der Pädagoge einige übergeordnete Prinzipien selbstregulativer Prozesse kennt und sie in der suchtpräventiven Arbeit beachtet. Es wird deshalb im Folgenden versucht, diejenigen Änderungsprozesse noch einmal zu skizzieren, die eine Erhöhung des Selbstwertgefühls im Rahmen von Lebenskompetenzprogrammen fundieren können. Es handelt sich dabei um die verhaltensbezogenen Prinzipien des Selbstwertmanagements von Kanning (2000). Verhaltensbezogen wird vom Autor dabei sehr weit gefasst, indem sichtbares Verhalten und kognitive Prozesse der Interpretation gleichermaßen einbezogen werden. Die Theorie gilt für Personen jeglichen Lebensalters. In der vorliegenden Aufzählung wurden aber besonders jene Bestimmungsstücke berücksichtigt, die einen stringenten Bezug zu pädagogischen Kontexten aufweisen.

Unter dem Blickwinkel einer interventionstheoretischen Betrachtung der Inhalte des verhaltensbezogenen Selbstwertmanagements soll lediglich ein Aspekt weiter ausgeführt werden. Es handelt sich dabei um die Aussage, dass es sich bei selbstwertdienlichen Strategien um Prozesse mit einer hohen Zeitstabilität handelt (s. Kasten 24). Dies gilt gleichermaßen auch für das Produkt der selbstbezogenen Mechanismen, das bereichsspezifische oder das generalisierte Selbstwertgefühl. Alle genannten Aspekte, die individuelle selbstwertdienliche Verhaltensstrategie als auch das Ergebnis der Verarbeitung dieser selbstbezogenen Informationen, das Selbstwertgefühl, sind das Ergebnis ontogenetischer Erfahrungen. Jedes dieser selbstbezogenen Merkmale weist eine relativ hohe Zeitstabilität auf. Das heißt mit anderen Worten, ein Wandel in der Ausprägung dieser Persönlichkeitsmerkmale ist schwer möglich.

Kasten 24: Inhalte des verhaltensbezogenen Selbstwertmanagements (Kanning, 2000)

Im schulischen Kontext existiert eine Vielzahl von Quellen selbstbezogener Informationen. Sie können weder ausgeschaltet, noch substantiell minimiert werden. Durch das Interagieren in Gruppensituationen erfolgt eine permanente Bewertung des einzelnen Schülers.

In jeder Situation steht der Person eine individuelle, zeitstabile Strategie des Vergleichs zur Entwicklung, Aufrechterhaltung oder Erhöhung des Selbstwertgefühls zur Verfügung.

Wesentliche Parameter für selbstwertdienliche Vergleiche bei einem Schüler können sein: Der genannte Schüler (Subjekt) vergleicht sich abwärtsgerichtet mit einem leistungsschwächeren Schüler (Objekt). Als Vergleichsdimension wählt das Subjekt z. B. die Leistungsfähigkeit naturwissenschaftlichen Fächern. Zeitebene ist die gegenwärtige Leistungssituation. Fazit: Aus der genannten Vielfalt möglicher Vergleiche selbstwertdienlichen Verhaltens zieht ein Schüler den situativ günstigsten Vergleich heran.

Diese Zeitstabilität des Selbstkonzepts sowie des Selbstwertgefühls werden in der Suchtprävention deutlich unterschätzt. Daraus resultieren überhöhte Erwartungen, dass *einige* Unterrichtsstunden, die sich inhaltlich den Aspekten des Selbstkonzepts und der Regulation selbstbezogener Prozesse widmen, das Selbstwertgefühl *substantiell* erhöhen können. Dem entgegen stehen empirisch gesicherte psychologische Untersuchungsergebnisse zur Stabilität von Persönlichkeitseigenschaften im allgemeinen. Dabei gehört das Selbstwertgefühl sowohl bei Erwachsenen als auch bei Kindern nicht zu den stabilsten Merkmalen (verglichen beispielsweise mit den Merkmalen Intelligenz, emotionale Stabilität). Kritische Lebensereignisse, Lebensveränderungen, Erfolge und Misserfolge im beruflichen Bereich und viele andere dürften einen stärkeren Einfluss auf das Selbstwertgefühl haben, es erhöhen oder auch vermindern, als dies zum Beispiel bei der Intelligenz der Fall ist. Diese, im Vergleich zu den Intelligenzmaßen, geringere Zeitstabilität des Selbstwertgefühls belegen empirische Befunde.

Da die psychologische Intervention den Persönlichkeitswandel anstrebt, sind hohe Zeitstabilitäten von Persönlichkeitsmerkmalen als Hinweis darauf zu werten, dass eine Merkmalserhöhung (oder Erniedrigung) durch die definierten Änderungsprozesse (vgl. 3.2.2) nur sehr schwer gelingt. Will man substantielle Veränderungen des Selbstwertgefühls tatsächlich pädagogisch intendieren und die von Kanning (2002) mitgeteilten selbstwertdienlichen Prozesse anregen, dann muss man die Stabilität des Persönlichkeitsmerkmals berücksichtigen. Ein Persönlichkeitswandel bedarf einer lang dauernden und intensiven Einflussnahme. Dies kann einem Lehrer in einfühlsamer, sich über viele Schuljahre erstreckender pädagogischen Führung eines Schülers durchaus gelingen. Es ist aber nicht möglich, dieses Ziel in den wenigen Stunden, die in suchtpräventiven Programmen dem Thema des Selbstwertmanagements gewidmet werden, zu erreichen. Für die Entwicklung des Selbstwertgefühls ist der gesamte pädagogische Prozess im schulischen Setting von Relevanz.

5.4 Fazit

1. Suchtprävention bei Jugendlichen ist durch Defizienzen im Bereich der grundlegenden motivationalen Prozesse charakterisiert, die die Voraussetzung für vorbeugendes Verhalten darstellen. Diese motivationalen Mängel sind dadurch gekennzeichnet, dass Bedrohungskognition bezüglich der zu verhindernden Folgen einer Substanznutzung in Form des Missbrauchs oder der Abhängigkeit bezüglich der legalen Mittel Tabak und Alkohol gering ausgeprägt sind. Dies schließt nicht aus, dass man bezüglich illegaler Substanzen von einem deutlich höheren Bedrohungserleben ausgehen kann.
2. Das Fehlen der motivationalen Handlungsveranlassung zur Vorbeugung vermindert die Relevanz weiterer bedeutsamer Wirkfaktoren in der sequentiellen Abfolge der psychologischen Interventionstheorie: die Intentionsbildung zur Vorbeugung und die damit verbundene Ressourcenaktivierung. Auch die professioncll gestalteten, massenmedialen Intervention durch Furchtappelle erreichen meist nur die Subgruppe der Abstinentcn, beim Großteil der Population der Jugendlichen misslingt hingegen der Aufbau einer Schutzmotivation.
3. Aus interventionstheoretischer Perspektive ist eine suchtpräventiv intendierte allgemeine Aktualisierung und Entwicklung personaler und sozialer Ressourcen eines Jugendlichen gut möglich. Ressourcenaktivierungen sind besonders dann zu erwarten, wenn die Maßnahmen den Grundbedürfnissen des Jugendlichen in einem großen Ausmaß entsprechen, z. B. seinem Bedürfnis nach Aktivität Rechnung getragen wird und er Spaß und Freude im Rahmen der vorbeugenden Programme erlebt. Nur dann treten die Inhalte der präventiven Programme in Wechselwirkung mit den spezifischen Ressourcen des Jugendlichen.

4. Suchtpräventive Maßnahme postulieren als Zielstellung einen Wandel von Persönlichkeitsmerkmalen. Dies gilt vor allem für den gegenwärtig bedeutsamsten suchtvorbeugenden Ansatz – der Förderung allgemeiner Lebenskompetenzen durch curriculäre Programme. In diesem Zugang wird die Entwicklung allgemeiner, d. h. über den Substanzgebrauch hinausgehender Fähigkeiten, Fertigkeiten, Handlungseigenschaften und die Erhöhung des Selbstwertgefühls als Aufgabenstellung formuliert. Mit dieser Zielstellung erlangt das Konstrukt des Änderungswissens fundierende Bedeutung für den intendierten Persönlichkeitswandel.
5. Die Entwicklung, Aufrechterhaltung oder Erhöhung des Selbstwertgefühls ist eine sinnvolle und bedeutsame Aufgabenstellung von Lebenskompetenzprogrammen. Dies gründet sich u. a. auf der Kovariation des Selbstwertgefühls mit einer ausgeprägten Lebenszufriedenheit, mit der Beliebtheit im Freundeskreis und hohen generalisierten Wirksamkeitserwartungen. Die Zielstellung der Regulation des Selbstwertgefühls bedarf einer theoretischen Begründung, die grundlagenpsychologisches Wissen einbezieht. Mit der Theorie des Selbstwertmanagements von Kanning (2000) steht eine Konzeption zur Verfügung, die wesentliche Parameter für selbstwertdienliche Vergleiche definiert.
6. Das Selbstwertgefühl ist ein in mittlerem Grade zeitstabiles Persönlichkeitsmerkmal. Dies bedeutet, dass Wandlungsprozesse nur sehr langsam und durch gezielte Einflussnahme erreichbar sind. Es ist unmöglich, durch einige Unterrichtsstunden, die sich inhaltlich den Aspekten der Regulation selbstbezogener Prozesse widmen, das Selbstwertgefühl substantiell zu erhöhen. Eine Entwicklung, Aufrechterhaltung oder Erhöhung des Selbstwertgefühls verlangt eine lang dauernde, alle Bereiche des pädagogischen Settings nutzende Einflussnahme. Dies kann dann erfolgreich sein, wenn es einem Pädagogen gelingt, eine vertrauensvolle Beziehung zu dem einzelnen Schüler aufzubauen, um selbstwertdienliche Prozesse anzuregen, zu unterstützen und zu bekräftigen.

6. Entwicklungspsychologische Perspektiven

Die Berücksichtigung von Zielgruppen und Altersbesonderheiten sind für die Wirksamkeit vorbeugender Maßnahmen von besonderer Bedeutung. Für die Prävention im Jugendalter gilt dies in besonderem Maße. In diesem Kapitel wird daher zunächst auf solche Merkmale des Jugendalters eingegangen, die für vorbeugende Maßnahmen bedeutsam sind. Es handelt sich dabei um die Konstrukte des Egozentrismus im Jugendalter sowie um das Persönlichkeitsmerkmal Sensation Seeking. Daran schließt sich eine Differenzierung des Drogenkonsums Jugendlicher an. Es werden unterschiedliche Entwicklungsverläufe dargestellt. Sie beschreiben den adoleszenten Drogenkonsum in der Polarität eines normativen Ereignisses mit passagerer Nutzung bis hin zu maladaptiven Konsumformen.

6.1 Entwicklungspsychologische Charakteristika des Jugendalters

Das Jugendalter, zumeist definiert durch den Altersbereich zwischen 12 und 21 Jahren, stellt einen Entwicklungsabschnitt dar, in dem vor allem Veränderungen auffallen, die sich in verschiedenen Bereichen und mit relativ rascher Geschwindigkeit vollziehen. Markant sind vor allem die körperlichen Veränderungen, die allgemein als Beginn der Adoleszenz betrachtet werden und auch im Alltagsverständnis das Bild von einem Jugendlichen hauptsächlich prägen. Neben somatischen markieren vor allem auch *soziale Veränderungen* den Übergang von der fremdbestimmten Kindheit in ein selbstbestimmtes Erwachsenenalter.

Eine wesentliche, als „Entwicklungsaufgabe“ formulierte, Anforderung an den Jugendlichen besteht im Erreichen einer emotionalen Unabhängigkeit von den Eltern und anderen Erwachsenen und die Hinwendung zur Gruppe der Gleichaltrigen als Bezugssystem (vgl. Havighurst, 1972; Fend, 2000). Diese Entwicklungsdynamik spiegelt sich in einem Wechsel derjenigen Personen wider, denen gegenüber Jugendliche sich offen äußern. So haben entwicklungspsychologische Studien gezeigt, dass während der Adoleszenz die Präferenz für beide Eltern als Enthüllungspartner (d. h. als Ansprechpartner für private und intime Botschaften) abnimmt, während die Gruppe von Gleichaltrigen kontinuierlich an Bedeutung gewinnt. Den Befunden von Seiffge-Krenke (1998) zufolge tritt um das 15. Lebensjahr ein markanter Wechsel des Enthüllungspartners für persönlich relevante Informationen ein. Während zuvor die Eltern, vornehmlich die Mutter, Ansprechpartner für Sorgen, Probleme und persönliche Erfahrungen waren, wählten die Jugendlichen ab diesem Zeitpunkt zunehmend häufiger Altersgenossen, wobei zunächst gleich- und später auch gegengeschlechtliche Jugendliche präferiert werden. Es kann somit davon ausgegangen werden, dass in der Adoleszenz Eltern und andere Erwachsene nur noch wenig über „private“ Angelegenheiten der Jugendlichen wissen. Dieser Umstand zeigt sich auf empirischer Ebene darin, dass Eltern und Lehrer nur geringe Kenntnisse über den psychischen und somatischen Gesundheitszustand der Jugendlichen besitzen (z. B. Seiffge-Krenke, Roth & Kollmar, 1997).

Präventive Maßnahmen vollziehen sich also im Kontext zunehmender Autonomie der Jugendlichen, der emotionalen Ablösung von den Eltern und dem Aufbau neuer und reiferer Beziehungen zu den Gleichaltrigen. Interventionen in dieser Altergruppe können nur dann wirksam sein, wenn sie nicht mit den entwicklungsbedingten Anforderungen interferieren, sondern diese unterstützen. Für die Vorbeugung stellen eigenaktive Handlungsmöglichkeiten von Jugendlichen somit eine unersetzbare Potenz dar. Dabei scheint ein verstärkter Einbezug der adoleszenten Peergruppe besonders notwendig. Peers stellen die entscheidende Referenzgruppe für die Jugendlichen dar.

Neben dem Wandel im sozialen Gefüge der Jugendlichen vollziehen sich in dieser Entwicklungsphase auch kognitive und motivationale Veränderungen. Auf diese beiden Aspekte sei nachfolgend ausführlicher eingegangen, da diese als entwicklungsbedingte Prädispositionen für verschiedene Formen von Risikoverhaltensweisen im Jugendalter betrachtet werden.

6.1.1 Egozentrismus

Aus Perspektive der Entwicklungspsychologie wird die das Jugendalter allgemein als eine „Phase der gesteigerten Selbstwahrnehmung“ (Oerter, 1982, S. 266) betrachtet. Elkind (1967) beschreibt im Zusammenhang mit dem teilweise überhöhten Selbstbezug Jugendlicher das Phänomen des *Egozentrismus*. Dieser Egozentrismus im Denken und den Sozialbeziehungen der Jugendlichen manifestiert sich nach Elkind (1967) zum einen im Erleben eines imaginären Publikums („imaginary audience“), zum anderen in der Selbstwahrnehmung als einzigartig und mit anderen unvergleichbar („personal fable“). In Kasten 25 sind beide Manifestationsformen skizziert.

Beide Manifestationsformen des egozentristischen Denkens Jugendlicher werden als Prädisposition für Risikoverhaltensweisen verstanden (z. B. Arnett, 1992; Seiffge-Krenke, 1998). Es wird angenommen, dass der Jugendliche nämlich auf Grund seiner wahrgenommenen Einzigartigkeit bei der Einschätzung eines möglichen Risikos zwischen sich und anderen unterscheide. So schätze er möglicherweise das Risiko, auf Grund alkoholisierten Fahrens in einen Verkehrsunfall verwickelt zu werden, generell (d. h. für andere) zwar als relativ hoch ein, für sich selbst jedoch als eher gering bzw. nicht existent. Zur empirischen Bestätigung der von ihm postulierten Bedeutung des Egozentrismus für das Auftreten von Risikoverhaltensweisen führt Arnett (1992) eine Reihe von Untersuchungen an, die belegen, dass Jugendliche in der Tat bei Risikoeinschätzungen zwischen sich selbst und anderen differenzieren. Auch Seiffge-Krenke (1989) verweist auf eine systematische Tendenz gesunder Jugendlicher, die Wahrscheinlichkeit einer eigenen Erkrankung zu unterschätzen. Ihren Befunden zufolge handelt es sich um ein passageres Phänomen, da etwa ab dem 16. Lebensjahr die unrealistischen Einschätzungen einer angemessenen Perspektive weichen.

Kasten 25: Der Egozentrismus im Jugendalter nach Elkind (1967)

Der jugendliche Egozentrismus wird von Elkind (1967, 1985; Elkind & Bowen, 1979) als Ergebnis des Übergangs in das formal-operatorische Stadium verstanden. Der Jugendliche erwirbt in dieser Entwicklungsphase unter anderem die Fähigkeiten, abstrakt zu denken und Hypothesen im Bereich des Möglichen zu bilden, die es ihm beispielsweise erlauben, zu kognizieren, was andere über ihn denken. Allerdings sind die kognitiven Fähigkeiten anfänglich noch ziemlich unsicher, was sich in fehlerhaften Generalisierungen der eigenen Perspektive zeigt: So übergeneralisiert (bzw. unterdifferenziert) der Jugendliche nach Elkind die erlebte Bedeutsamkeit seiner eigenen Person, indem er annimmt, andere seien ebenso mit seinem Erleben und Verhalten beschäftigt wie er selbst. Daher werde ein imaginäres, sie ständig beobachtendes und bewertendes Publikum konstruiert, auf das der Jugendliche in seinem Verhalten reagiere.

Der personal fable stellt hingegen eine Unterschätzung der Generalisierbarkeit (bzw. eine Überdifferenzierung) der eigenen Gedanken und Gefühle dar, da der Jugendliche annimmt, die eigenen Gefühle, Gedanken und Erfahrungen seien einzigartig und völlig verschieden von denen anderer Personen. Daher komme er oftmals zur Überzeugung, andere Personen könnten gar nicht verstehen, was in ihm vorgehe.

In den letzten Jahren ist jedoch die Annahme, dass Risikoverhaltensweisen im Jugendalter auf eine Unterschätzung des Risikos aufgrund einer egozentristischen Perspektive zurückzuführen sei, vermehrt in Zweifel gezogen worden. Eine Reihe von empirischen Befunden der letzten Jahre widerspricht nämlich dieser Sichtweise! So traten beide Phänomene in einigen Studien bereits verstärkt bei Kinder in der konkret-operatorischen Phase in Erscheinung (z. B. Pesce & Harding, 1986); andere Studien fanden gar keine Beziehung zwischen dem kognitiven Entwicklungsstadium und der Existenz eines imaginary audience oder personal fable (z. B. Jahnke & Blanchard-Fields, 1993). Auch zeigen neuere Befunde, dass beide Kognitionen bin in das Erwachsenenalter hinein fortbestehen und somit nicht auf das Jugendalter begrenzt sind.

Wie Vartanian (2000) anhand einer umfangreichen Sichtung der einschlägigen Befunde der letzten Jahre resümiert, ist die Rolle, die der kognitiven

Entwicklung (speziell der formal-operatorischen Fähigkeiten) für das Auftreten des imaginary audience und des personal fable zugesprochen wird, deutlich überschätzt worden. Seit einigen Jahren hat daher eine alternative und als „New Look“ bezeichnete Erklärung von Lapsley (1993) verstärkt Beachtung gefunden. Diese versteht die beiden egozentrischen Konstruktionen nicht als Resultate der kognitiven Entwicklung sondern als psychische Hilfskonstruktionen, die Jugendliche im Prozess der adoleszenten Identitätsfindung entwickeln, um die entwicklungsbedingte Loslösung von den Eltern bewältigen zu können (siehe Kasten 26).

Kasten 26: „New-Look-Theorie“ von Lapsley (1993)

In der „New Look“ bezeichneten Modifikation der Elkind'schen Egozentrismus-Theorie steht die Identitätsfindung als zentrale Aufgabe Jugendlicher im Vordergrund. Es wird angenommen, dass Jugendliche mit Eintritt in den Prozess der Identitätsfindung beginnen, verstärkt Aufmerksamkeit auf die eigene Person zu richten und sich damit zu beschäftigen, was andere über sie denken. Dabei kann die Aufmerksamkeitsfokussierung auf die eigene Person (unter Beachtung der Perspektive anderer) als notwendiger Bestandteil für den Prozess der aktiven Selbstexploration und -definition im Rahmen der Identitätsentwicklung betrachtet werden (vgl. auch Roth, 1999).

Das von Lapsley und Kollegen postulierte Modell zum Verständnis des „imaginary audience“ und „personal fable“ schlägt daher vor, beide Phänomene als produktive Konstruktionen im Dienste der adoleszenten Identitätsfindung und weniger als Manifestationen einer egozentristischen Perspektive zu verstehen; das imaginary audience sei vielmehr lediglich die Tendenz, in Tagträumen über das Selbst in interpersonalen Interaktionen zu kognizieren. Als besonders bedeutsam bei der Entwicklung einer eigenständigen Identität betrachtet Lapsley (1993) dabei die von psychoanalytischer Seite als Prozess der Separation und Individuation beschriebene Aufgabe der Loslösung von den Eltern. Diese Auffassung steht übrigens in Einklang mit dem Verständnis anderer psychischer Konstruktionen Jugendlicher, wie beispielsweise dem imaginären Gefährten (vgl. hierzu zus. Seiffge-Krenke, 2000). Auch hier konnte gezeigt werden, dass diese Konstruktion verschiedene, Erfahrungen mit engen Freunden ergänzende, Funktionen im Kontext der Identitätsentwicklung erfüllt.

Die grundlegenden Annahmen der „New-Look“-Theorie konnten in verschiedenen Studien unterstützt werden (z. B. Goossens, Beyers, Emmen & van Aken, 2002). Demnach indizieren die beiden von Elkind beschriebenen Phänomene somit eben keine egozentristische Perspektive im Jugendalter, die generell zu kognitiven Verzerrungen und Fehlschlüssen in der Eigenwahrnehmung und -beurteilung führt. Vielmehr scheint es sich um spezifische, psychische Hilfskonstruktionen im Prozess der adoleszenten Identitätsentwicklung zu handeln, die nicht einfach auf adoleszentes Denken und Urteilen im Allgemeinen generalisierbar sind. Dies belegt auch eine Studie von Vartanian (2001): In zwei Untersuchungen an jeweils über 1000 Kindern und Jugendlichen fand die Autorin anhand der Beurteilung von hypothetischen Konversationen keinen Hinweis darauf, dass Jugendliche generell annehmen, sie würden verstärkt im Aufmerksamkeitsfokus anderer stehen. Auch ließ sich bei ihnen keine egozentrische und verzerrte Wahrnehmung feststellen, wie sie von Elkind postuliert wird.

Sicherlich trifft es zu, dass Jugendliche zu Fehlschlüssen in der Risikoeinschätzung neigen, jedoch scheint dies nicht auf einen egozentristischen Denkstil zurückführbar zu sein. Diese Fehleinschätzungen reflektieren möglicherweise lediglich ein Phänomen, das von Weinstein (1989) als *„optimistischer Fehlschluss“* (*„optimistic bias“*) bezeichnet wurde und die Tendenz beschreibt, dass Individuen bei der Einschätzung von Risiken verschiedener Verhaltensweisen dazu neigen, diese für sich selbst als geringer einzuschätzen denn für andere Personen (vgl. 3.4.3). Wie insbesondere für den Tabakkonsum nachgewiesen wurde (z. B. Arnett, 2000; Weinstein, 1998), ist dabei der optimistische Fehlschluss jedoch nicht auf das Jugendalter begrenzt, sondern bleibt (wenn auch mit etwas schwächerem Ausmaß) im weiteren Entwicklungsverlauf erhalten.

Zusammenfassend lässt sich somit die Annahme, der jugendliche Egozentrismus sei eine entwicklungsbedingte Prädisposition für verschiedene Risikoverhaltensweisen, kaum aufrechterhalten. Allerdings kann durchaus von verzerrten Fehleinschätzungen bezüglich potentieller Gefahren bei Jugendlichen ausgegangen werden. Betrachtet man die Überschätzung eigener Möglichkeiten und die Unterschätzung des Eintretens unerwünschter Folgen, so scheinen vorbeugende Maßnahmen, die das psychologische Mittel der Aufklärung nutzen, nur von geringer Effektivität. So handelt es sich – wie zuvor ausgeführt – bei der Unterschätzung von Risikofaktoren weniger um ein Wissensdefizit als vielmehr um ein partielles Unvermögen, Erkenntnisse bezüglich Gefahren und deren Auftretenswahrscheinlichkeit auf die eigene Person zu transferieren. Präventionsstrategien, die durch Furchtappelle, Abschreckung und Informationsgabe die Risikowahrnehmung aufbauen wollen, haben sich deshalb bei Jugendlichen als wenig effektiv erwiesen (Barth & Bengel 1998; vgl. 5.1.1).

6.1.2 Sensation Seeking

Ein weiteres Merkmal Jugendlicher, das neben dem Egozentrismus als Prädisposition für Risikoverhalten betrachtet wird, liegt in einer erhöhten Ausprägung des Eigenschaft Sensation Seeking. Zuckermann, der Begründer dieses persönlichkeitspsychologischen Konzeptes, versteht Sensation Seeking heute als ein stabiles Persönlichkeitsmerkmal, „das definiert ist durch das Suchen nach verschiedenartigen, neuen, komplexen und intensiven Eindrücken und Erfahrungen sowie durch die Bereitschaft um solcher Erfahrungen willen physische, soziale, legale und finanzielle Risiken in Kauf zu nehmen.“ (Zuckerman, 1994, S. 27; Übers. d. Verf.). Wie verschiedene Studien zeigen, lässt sich bezüglich der Ausprägung des Merkmals eine biopsychologische Grundlage vermuten.

Die Ausprägung des Merkmals Sensation Seeking unterliegt dabei entwicklungsbezogenen Veränderungen. Zuckerman (1969) formulierte schon früh die Annahme, dass Sensation Seeking in der Adoleszenz am stärksten ausgeprägt ist und im weiteren Entwicklungsverlauf abnimmt. Dies konnte in einer Reihe von Untersuchungen bestätigt werden (z. B. Ball et al. 1984; Beauducel & Brocke, 2003). Diese zeigen einen konsistenten Alters- und Geschlechtseffekt dahingehend, dass die Ausprägung in der Sensation-Seeking-Disposition ab dem Jugendalter kontinuierlich abnimmt, wobei bei Männern generell eine höhere Ausprägung denn bei Frauen zu verzeichnen ist. Abbildung 4 verdeutlicht diesen Altersverlauf, wie er in einer deutschsprachigen Untersuchung von Roth, Schumacher und Brähler (2005) anhand einer repräsentativen Stichprobe ermittelt wurde.

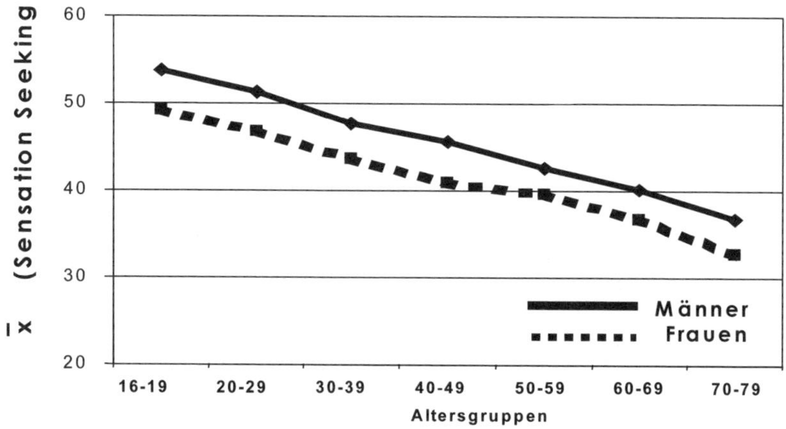

Abbildung 4: Mittlere Sensation Seeking-Ausprägung als Funktion von Alter und Geschlecht bei einer deutschen Stichprobe (N=1949; Roth, Schumacher & Brähler, 2005)

Für die Zunahme von Sensation Seeking bis zum Jugendalter sowie die stetige Abnahme danach wird eine neurochemische und psychophysiologische Grundlage vermutet. In diesem Zusammenhang sei auf die drei wichtigsten neurobiologischen Korrelate der Sensation Seeking-Disposition hingewiesen, die von Zuckerman als Beleg für die biologische Fundierung des Merkmals hervorgehoben wurden: das psychophysiologisch determinierte Merkmal „Augmenting-Reducing“, die Konzentration von Monoaminooxidase (MAO) sowie die Konzentration der Sexualhormone im Blut. Wie Arnett (1992) ausführt, korrespondieren die genannten biologischen Faktoren nicht nur mit der Sensation Seeking-Disposition sondern unterliegen zudem auch altersbezogenen Veränderungen. Die von ihm zusammengefassten Befunde lassen vermuten, dass die als „Augmenting“ bezeichnete Reaktionstendenz mit dem Alter abnimmt. Ebenso finden sich bei den neurochemischen Faktoren altersbezogene Veränderungen: Während die MAO-Aktivität mit dem Alter ansteigt, nimmt die Testosteronsekretion mit zunehmendem Alter ab. Da somit die genannten psychophysiologischen und neurochemischen Faktoren einerseits mit dem Merkmal „Sensation Seeking“ korrelieren, andererseits einen ähnlichen Altersverlauf wie SS aufweisen, lässt sich annehmen, dass der Rückgang der Sensation Seeking-Disposition mit dem Alter auch biologisch begründet sein dürfte.

Ausgehend von diesen Befunden lässt sich vermuten, dass der adoleszente „peak“ in der Sensation Seeking-Disposition auch körperlich begründet sein dürfte und demnach mit den pubertären Veränderungen dieser Entwicklungsphase im Zusammenhang steht. Wie neuere Befunde zeigen, scheint dies in der Tat der Fall zu sein. So differenzierten Martin et al. (2001) Jugendliche anhand des (retrospektiv berichteten) Pubertätsbeginns in solche mit frühzeitigen, mittlerem und spätem Beginn. Wie sich zeigte, wiesen sowohl frühpubertierende Mädchen wie auch Jungen der achten und neunten Jahrgangsstufe höhere Sensation-Seeking-Werte auf als normalzeitig bzw. spätpubertierende Gleichaltrige. Die mit der Pubertät einhergehenden körperlichen Veränderungen scheinen demnach für den Sensation Seeking-Anstieg verantwortlich zu sein. So schlussfolgern Martin et al. (2001) aus ihren Ergebnissen, dass möglicherweise spätpubertierende Jugendliche „are less biologically prone to be sensation seekers“ (p. 216). Neuere Befunde der Autoren stützen diese Annahme: Martin et al. (2002) konnten bei elf- bis 14-jährigen Jugendlichen zeigen, dass das pubertäre Entwicklungsstadium der Jugendlichen deutlich besser die Sensation Seeking-Ausprägung prädiziert als das Alter.

Mit der erhöhten Sensation Seeking-Disposition im Jugendalter, so wird angenommen, liegt eine spezielle Neigung Jugendlicher für Risikoverhaltensweisen vor. Der Risikobereitschaft kommt nämlich für die Erreichung neuartiger, komplexer und intensiver Sinnesstimulation eine wesentliche Bedeutung zu, da die Stimulation durch Risikoverhalten, wie Beauducel und Roth (2003) ausführen, auf zwei Wegen erfolgen kann: Zum einen, indem Aktivitäten durchgeführt werden, deren Folgen eine potenzielle Schädigung implizieren. Dabei resultiert die antizipierte Möglichkeit der potenziellen Schädigung in einer emotional-kognitiven Erregung, welche letztlich die „aufgesuchte“ Stimulation darstellt. Eine zweite Verbindung ist direkter, indem durch die Inkaufnahme von Risiko bestimmte Verhaltensweisen durchgeführt werden, die an sich stimulierend sind.

Die bisherige Forschung konnte auf einen deutlichen Zusammenhang zwischen der Sensation Seeking-Ausprägung und verschiedenen Risikoverhaltensweisen – wie aggressivem Fahrverhalten im Straßenverkehr oder der Teilnahme an Risikosportarten – verweisen. Dabei stellt der Konsum illegaler Drogen das am häufigsten untersuchte Verhaltenskorrelat dar. Wie ein von Roth und Petermann (2003) zusammengestellter Überblick zeigt, lassen die bisherigen Studien recht eindeutig den Schluss zu, dass eine erhöhte Sensation Seeking-Ausprägung im Jugendalter mit einer erhöhten Wahrscheinlichkeit korrespondiert, legalen wie auch illegale Drogen zu konsumieren. Dies gilt unabhängig von der spezifischen Substanz.

Zusammenfassend lässt sich annehmen, dass die im Jugendalter erhöhte Ausprägung des Merkmals Sensation Seeking eine mögliche Ursache dafür sein kann, dass in dieser Altersgruppe der Konsum illegaler Drogen am häufigsten zu beobachten ist. Auf Grund einer erhöhten Ausprägung dieses Merkmals werden Individuen in der Regel solche Verhaltensweisen wählen, die ihnen neuartige und intensiv Eindrücke ermöglichen. Der Konsum illegaler Drogen kann eine solche Verhaltensweise sein. Es ist anzunehmen, dass eine stimulierende, erlebnisreiche Wirkung einerseits durch die Antizipation einer potenziellen Schädigung (insbesondere auf Grund der Illegalität der Verhaltensweise), andererseits auf Grund des durch den Konsum ermöglichten Wechsels verschiedener Stimmungs- und Bewusstseinszustände ermöglicht wird (Roth & Petermann, 2003).

6.2 Formen des Drogenkonsums im Jugendalter

Epidemiologische des Drogenkonsums Jugendlicher liefern lediglich gültige Aussagen, die für die *Mehrzahl* der Probanden, d. h. *im Durchschnitt* zutreffen. Von der Ebene der betroffenen Personen aus betrachtet, dürften hinter solchen Nutzungsmustern jedoch *unterschiedliche* Konsumformen existieren, die sich teilweise überlagern und so ein Durchschnittsbild ergeben. Dieser differenziellen Perspektive entsprechend werden nachfolgend unterschiedliche Konsumphänomene dargestellt – adaptive und maladaptive. Es sei angemerkt, dass sich die nachfolgenden Ausführungen ausschließlich auf eine Differenzierung des Konsums illegaler Drogen beziehen. Für die Substanzen Alkohol und Tabak dürften zwar vergleichbare, aber nicht identische Entwicklungsverläufe existieren.

6.2.1 Drogenkonsum im Jugendalter als passageres und adaptives Entwicklungsphänomen

Folgt man den populationsbezogenen epidemiologischen Studien (vgl. 2.2), dann beginnt der Konsum von Cannabis gewöhnlich in der Adoleszenz. Ferner scheint er auf diese Altersphase begrenzt und nur selten relevante Abhängigkeits- und Missbrauchsformen hervorzubringen. Für die meisten Jugendlichen stellt der Drogengebrauch somit ein passageres, auf die Adoleszenz begrenztes, Phänomen dar.

Der zeitlich limitierte und (hinsichtlich des klinischen Verlaufs) „unbedenkliche“ Charakter des Cannabiskonsums, der auf Grund von Querschnittsuntersuchungen lediglich vermutet werden kann, lässt sich im längsschnittlichen Verlauf tatsächlich für die Mehrzahl der konsumierenden Jugendlichen nachweisen. Exemplarisch sei hier auf die Befunde der *Early Deve-*

lopmental Stages of Psychopathology (*EDSP*)-Studie von Wittchen und Mitarbeitern eingegangen (zus. Wittchen, Perkonigg, Lachner & Nelson, 1998; vgl. 2.2). Bei dieser Untersuchung handelt es sich um eine prospektive, fünfjährige Längsschnittuntersuchung anhand einer repräsentativen Zufallsstichprobe von 14- bis 24-jährigen Jugendlichen der Stadt- und Landkreise Münchens.

Zwei wesentliche Charakteristika hebt die EDSP-Studie aus der Vielzahl epidemiologischer Studien zum adoleszenten Drogenkonsum hervor: Erstens werden neben der Frequenz des Drogenkonsums epidemiologische Kennwerte für die klinischen Kategorien Missbrauch und Abhängigkeit in der Altersgruppe der Jugendlichen untersucht (vgl. 2.2.3). Zweitens erlaubt die Studie durch ihr längsschnittlichtes Design die Abschätzung der Stabilität von Konsummustern im Jugendalter und überprüft damit zumeist aus querschnittlichen Untersuchungen abgeleitete Annahmen. Die EDSP-Studie beruht auf einer Zufallsstichprobe von 14- bis 24-jährigen Jugendlichen, die Ende 1994 aus den Einwohnermelderegistern der Stadt- und Landkreise Münchens gezogen wurden. Mit insgesamt 3.021 Jugendlichen und jungen Erwachsenen wurde ein Face-to-face-Interview durchgeführt. Im Abstand von 34 bis 50 Monaten wurden nach der Baseline-Erhebung (T0) zwei Follow-up-Untersuchungen durchgeführt (T1 und T2).

Besonders interessant sind die längsschnittlichen Ergebnisse der Studie (Sydow et al., 2001). Diese verweisen nämlich recht eindeutig darauf, dass für die Mehrzahl der Jugendlichen der Cannabiskonsum in der Tat ein *passageres Entwicklungsphänomen* ist. So hatten zum zweiten Follow-up ca. 50 % derjenigen, die zum ersten Messzeitpunkt Cannabis konsumierten, den Gebrauch aufgegeben. Die Autoren folgern aus ihren Befunden somit, dass der Einstieg ebenso wie der vorübergehende Konsum charakteristisch für Jugendliche und junge Erwachsene ist, was mit der Sicht eines Übergangsphänomens vereinbar ist. Spontaner Wechsel vom Gebrauch zum Nichtgebrauch kommt besonders häufig in der älteren Stichprobe vor; hier berichteten 67 % der ehemals im Alter zwischen 18 und 24 Jahren konsumierenden Jugendlichen, zum zweiten Follow-up (22 bis 28 Jahre), den Konsum eingestellt zu haben. Die Autoren schlussfolgern: „The findings seems to be consistent with the speculation that a large proportion of cannabis use is of experimental 'adolescent limited' nature (Moffitt, 1993) that for the most part stops during the 20s because of new responsibilities (job, relationship, parenthood)" (Sydow et al., 2001, p. 358). Dabei sei angemerkt, dass innerhalb des Jugendalters der Gebrauch durchaus stabil sein kann: Eine separate Betrachtung der Gruppe der 14- bis 17-jähigen von der Baseline zum ersten Follow-up (Höfler et al., 1999; Perkonigg et al., 1999) zeigte, dass in dieser Gruppe die Gebrauchsmuster eher stabil waren: Vom Zeitpunkt T0 bis zu T1 ergab sich in dieser Gruppe nur eine geringe Spontanremissionsrate (17 %). 74 % derjenigen, die einen regelmäßigen Gebrauch zum ersten Messzeitpunkt angaben, berichteten diesen auch 20 Monate später. Insgesamt wurden Spontanremissionen umso seltener beobachtet, je stärker der Initialkonsum zu T0 war. Dieser Befund deutet im Hinblick auf die sich in den Folgejahren abzeichnende Instabilität, dass auch wenn *während* der adoleszenten Entwicklung der Gebrauch durchaus eine gewisse Stabilität aufweist, dieser dennoch mit Eintritt ins Erwachsenenalter gewöhnlich beendet wird.

Für die größte Gruppe der Jugendlichen kann der Cannabiskonsum in der Adoleszenz demnach als vorübergehendes Phänomen verstanden werden, das spätestens mit dem Eintritt ins Erwachsenenalter beendet ist. Dies hat dazu veranlasst, diese Form des Drogenkonsums Jugendlicher weniger als pathologisches Verhalten denn vielmehr als *Entwicklungsphänomen* zu verstehen (Arnett, 1992; Kandel, 1998; Silbereisen, 1995, 1998a, 1998b). Demnach sollte zumindest der gelegentliche Gebrauch illegaler Substanzen in diesem Alter nicht als auffälliges, deviantes oder pathologisches Verhalten betrachtet werden, sondern eher als „vorübergehende Begleiterscheinung der Jugendphase" (Silbereisen & Reese, 2001, S. 139), der ein funktionaler Charakter im adoleszenten Entwicklungsprozess zukommt. Entsprechend sollten Erklärungen für diese Form primär entwicklungspsychologischer Natur sein, d. h. solche Determinanten zur Bestimmung der Genese heranziehen, die Teil eines „normalen", d. h. adaptiven adoleszenten Entwicklungsprozesses darstellen. Eine solche Determinante wäre beispielsweise das Merkmal „Sensation Seeking" – also die entwicklungsbedingt erhöhte Neigung Jugendlicher, stimulierende Erfahrungen aufzusuchen.

6.2.2 Drogenkonsum im Kontext maladaptiver Entwicklungsverläufe

Die entwicklungspsychologische Perspektive, wonach für die *Mehrzahl* der Jugendlichen der Drogenkonsum ein passageres Phänomen ohne negative Konsequenzen darstellt, darf jedoch nicht darüber hinwegtäuschen, dass auch eine kleine Gruppe existiert, für die der Cannabiskonsum im Jugendalter den Beginn eines chronischen Verlaufs markiert. Diese Verlaufsform zeichnet sich durch die Beibehaltung des Konsums auch im Erwachsenenalter und nicht selten durch einen Übergang von „weichen" zu „härteren" Drogen, d. h. solchen mit weitaus größerem Abhängigkeitspotenzial aus (vgl. hierzu Mitchell et al., 2003). Die „normative" Sichtweise adoleszenten Drogenkonsums muss demnach um eine „maladaptive" ergänzt werden.

Cannabis als Einstieg in maladaptive Konsumformen?

Auf die Bedeutung von Cannabis als „Einstieg" in den Konsum härter Drogen haben in den letzten 25 Jahren vor allem Kandel und Kollegen aufmerksam gemacht; die sowohl in querschnittlichen Untersuchungen auf Grund retrospektiver Befragungen (z. B. Kandel & Yamaguchi, 2002) wie auch im längsschnittlichen Verlauf (z. B. Kandel & Chen, 2000) zeigen konnten, dass der Cannabiskonsum im Jugendalter gewöhnlich dem Gebrauch härterer Drogen *zeitlich vorausgeht* (vgl. 4.2.2).

Zwar ist die kausale Interpretation von Kandel, dass Cannabis im Sinne der Gateway-Theory als eine „Einstiegsdroge“ wirke, umstritten. Jedoch sind die Belege für den *zeitlichen Zusammenhang* relativ eindeutig und konnten auch übereinstimmend in einer Reihen neuerer Untersuchungen bestätigt werden. So untersuchten beispielsweise Merrill et al. (1999), inwieweit der Gebrauch von Tabak und Alkohol mit dem Gebrauch von Cannabis und letzterer mit dem Konsum anderer Substanzen in Verbindung steht. Ihre Datenanalyse basierte auf einer Untersuchung an 2.871 Jugendlichen, einer Teilgruppe der *Youth Risk Behavior Survey* (YSRS). Die Autoren konnten zeigen, dass mehr als zweimaliger Cannabiskonsum die Wahrscheinlichkeit um das 2.36-fache erhöht, andere Drogen zu konsumieren. Auch hier spielte das Alter eine entscheidende Rolle: Die ermittelten Maßzahlen variieren vom 7.39-fachen für Jugendliche, die den Cannabiskonsum vor 13 Jahren begannen, bis zum 1.68-fachen für diejenigen, die erstmals nach dem Alter von 17 Jahren Cannabis konsumierten.

Dieses Befundmuster zeigt sich auch in Deutschland: So weisen die Befunde der bereits zitierten EDPS-Studie neben den zuvor dargestellten „optimistischen“ Ergebnissen ebenso darauf, dass der adoleszente Cannabiskonsum für eine (allerdings deutliche kleinere) Gruppe eine maladaptive Entwicklung indiziert (Sydow et al., 2002b). Dieser Umstand manifestierte in einer höheren Stabilität der klinischen Diagnosen. So gaben nur 13.8 % derjenigen, bei denen Cannabismissbrauch zur Baseline-Erhebung diagnostiziert wurde, den Konsum bis zur zweiten Follow-up-Erhebung auf; 42.8 % erhielten die Diagnose weiterhin und 2.2 % entwickelten eine Abhängigkeit. Bei den zur Baseline-Erhebung abhängigen Konsumenten stellten 16.2 % den Konsum bis zu letzten Erhebung ein (19 % blieben abhängig und 20 % erhielten eine Missbrauchsdiagnose). Weiterhin zeigen die Befunde der Follow-up-Erhebung, dass Cannabis-Nutzer ein signifikant höheres Risiko für den Gebrauch anderer illegaler Substanzen wie Kokain, Stimulantien, Halluzinogene und Opiate aufweisen: Im Vergleich zu Nicht-Nutzern wiesen zur Follow-up-Erhebung zuvor kontinuierliche Cannabiskonsumenten ein höheres Risiko auf, andere illegale Drogen zu gebrauchen. 8.6 % der regelmäßigen Cannabiskonsumenten gebrauchten Stimulantien, während dies nur bei 0.2 % derjenigen der Fall war, die Cannabis zuvor nicht regelmäßig konsumierten. Vergleichbares gilt für Halluzinogene und Opiate.

Kasten 27: Befunde von Kandel zur zeitlichen Sequenz des Substanzkonsums

Im Rahmen der zu Beginn der 70er Jahre begonnenen New Yorker Längsschnittstudie von Kandel und Kollegen werteten die Autoren die querschnittlichen Befunde der Follow-up-Erhebung aus den Jahren 1980 bis 1981 aus (Kandel & Logan, 1984; Yamaguchi & Kandel, 1984b; Yamaguchi & Kandel, 1984a). Basierend auf den retrospektiven Angaben junger Erwachsener im durchschnittlichen Alter von 24 Jahren zeigte sich ein typischer Verlaufsweg vom Alkohol- und/oder Tabakkonsum über den Cannabiskonsum bis hin zum Gebrauch von anderen illegalen Drogen und/oder verschreibungspflichtigen psychoaktiven Medikamenten. Über 85 % derjenigen, die angaben, in ihrem Leben andere illegale Drogen als Cannabis konsumiert zu haben, berichteten von einem *vorherigen* Cannabiskonsum. Demgegenüber erwies sich die Wahrscheinlichkeit illegale Drogen zu konsumieren, als äußerst gering bei denjenigen, die niemals Cannabis gebraucht haben. Als relevantes Kriterium zeigte sich dabei das berichtete Einstiegsalter in den Cannabiskonsum (Yamaguchi & Kandel, 1984a). Bei Männern erwies sich ein Einstieg vor dem Alter von 16, bei Frauen vor dem Alter von 14 Jahren als prädiktiv für den späteren Gebrauch anderer illegaler Drogen.

In einer anderen Querschnittsuntersuchung an 1.108 Schülerinnen und Schülern der zwölften Klasse (ebenfalls in New York) konnten Kandel und Yamaguchi (1993) zeigen, dass 90 % derjenigen, die in der 12. Klasse angaben, bereits Crack konsumiert zu haben, von einem zeitlich vorausgehenden Cannabiskonsum berichteten. Auch in dieser Untersuchung erwies sich für den späteren Konsum von Crack insbesondere der frühe Cannabisgebrauch als Risikofaktor.

Allerdings darf aus diesen Befunden nicht abgeleitet werden, dass der Cannabiskonsum eine „Einstiegsdroge" für den Konsum härterer Substanzen dar darstelle. Denkbar wäre nämlich auch der Einfluss einer Drittvariablen: Dabei würde der Zusammenhang zwischen Cannabiskonsum und dem späteren Gebrauch anderer Substanzen auch auf Grund eines gemeinsamen Syndroms zustande kommen („Common-Factor-Theorie"). In neueren Darstellungen schließt sich auch Kandel (2002) dieser Sicht an und betont, dass die Gateway-Hypothese lediglich auf die Beschreibung von Zusammenhängen und Verläufen beschränkt werden sollte.

Für den vorliegenden Begründungszusammenhang scheint die kausale Frage allerdings eher nebensächlich. Relevant ist lediglich, dass – im Unterschied zum passageren Übergangsphänomen der Adoleszenz – der Cannabiskonsum im Jugendalter auch *Indikator* für eine maladaptive Entwicklung sein kann. Bezüglich der maladaptiven Verlaufsform muss davon ausgegangen werden, dass sich hierbei mindestens zwei Subgruppen voneinander unterscheiden lassen, auf die nachfolgend eingegangen wird.

Drogenkonsum im Jugendalter im Rahmen eines lebenslang andauernden antisozialen Verhaltensmusters

Bei der ersten Subgruppe handelt es sich um den Typus des Life-Course-Persistent (LCP) delinquenten Jugendlichen, der von Moffitt (1993) im Rahmen ihrer Entwicklungstheorie zur Erklärung delinquenten Verhaltens beschrieben wurde (vgl. zus. Roth & Bartsch, 2004). Die delinquente Verlaufsform zeichnet sich durch eine hohe Kontinuität antisozialer Verhaltensweisen im Lebenslauf aus, die bereits in der frühen Kindheit einsetzen. Als Beispiele nennt Moffitt (1993, p.679) „... biting and hitting at age 4, shoplifting and truancy at age 10, selling drugs and stealing cars at age 16, robbery and rape at age 22, and fraud and child abuse at age 30 ...". Demnach variiert im Lebenslauf der persistent Delinquenten nicht die antisoziale Tendenz per se, sondern – als Folge erweiterter Handlungsmöglichkeiten und -gelegenheiten – *lediglich deren Ausdrucksform*. Obwohl Längsschnittstudien bisher nicht über das frühe Erwachsenenalter hinausgehen, postuliert Moffitt (1993) einen lebenslangen Verlauf, da kaum angenommen werden könne, dass Individuen des LCP-Typus im Erwachsenenalter noch prosoziale Verhaltensweisen erlernen. Vielmehr nimmt sie an, dass das antisoziale Verhalten später vor allem in familiärer Gewalt seinen Ausdruck findet. Neben der zeitlichen Kontinuität zeichnet sich die LCP-Verlaufsform zudem durch eine situative Stabilität aus; aggressive und antisoziale Verhaltensweisen werden also in verschiedenen Lebensbereichen gezeigt (z. B. Familie, Schule, Peers). Die sowohl zeitliche als auch transsituative Konsistenz antisozialer Verhaltensweisen ebenso wie der frühe Beginn rücken diese bei der LCP-Verlaufsform in den Status eines Persönlichkeitsmerkmals, weshalb der von Moffitt beschriebene Subtypus auch zur Kennzeichnung der „antisozialen Persönlichkeit" herangezogen wird (z. B. Asendorpf, 2004). Wie eine zusammenfassende Übersicht von Roth und Bartsch (2004) zeigt, konnte die Existenz des von Moffitt postulierten LCP-Typus sowohl von der Autorin selbst als auch in einer Reihe weiterer Längsschnittstudien zur Entwicklung delinquenten Verhaltens eindeutig belegt werden.

Für den frühen Beginn antisozialen Verhaltens in der Kindheit macht Moffitt einen transaktionalen Prozess zwischen neuropsychologischen Defiziten, die sowohl aus frühen Umweltrisiken resultieren als auch heritärer Natur sein können, und ungünstigen familiären Umweltbedingungen verantwortlich. Als frühe Umweltrisiken für ein persistent delinquentes Verhalten nennt Moffitt (1993) unter anderem Entwicklungsstörungen des fetalen Gehirns durch Drogenkonsum der Mutter, mangelnde pränatale Ernährung oder Komplikationen bei der Entbindung. Ebenso wie genetisch bedingte Risikofaktoren führen diese zu neuropsychologischen und kognitiven Defiziten, die zu auffälligen Temperamentseigenschaften führen können. Dabei wurden bislang vornehmlich zwei neuropsychologische Defizite bei persistent Delinquenten festgestellt, die verbale und exekutive Funktionen betreffen.

Die so benachteiligten Kinder wachsen häufig in nicht unterstützenden Umwelten auf, wobei für Moffitts Überlegungen die Frage, ob das überzufällige Zusammentreffen vulnerabler Kinder und familiärer Risikobedingungen genetische oder sozial-interaktive Ursachen hat, weniger von Bedeutung ist. Relevant ist vielmehr, dass sich beide Risikofaktoren in einem transaktionalen Prozess gegenseitig potenzieren: Da es den Eltern oftmals an supportiven Fähigkeiten mangelt, angemessen auf die Bedürfnisse und Anforderungen ihrer Kinder reagieren zu können, manifestieren und verstärken sich die kindlichen Auffälligkeiten. Die defizitären kognitiven und auffälligen Temperamentseigenschaften der vulnerablen Kinder wiederum provozieren auf Seiten der Eltern problemverstärkendes Erziehungsverhalten. Moffitt (1993) hat drei Interaktionsformen herausgearbeitet, die den Prozess sich gegenseitig kumulierender Schwierigkeiten beschreiben: *evokative*, *reaktive* und *proaktive Interaktionen.*

Die drei skizzierten Interaktionsformen können nun kumulative und unmittelbare Konsequenzen erzeugen. Während kumulative Konsequenzen kontinuierlich entstehen und sich im Entwicklungsverlauf potenzieren, ergeben sich unmittelbare Konsequenten direkt aus den zeitstabilen zugrundeliegenden Temperamentseigenschaften der persistent Delinquenten „such as high activity level, irritability, poor self-control, and low cognitive ability" (Moffitt, 1993, p. 683). Als Beispiel kumulativer Konsequenzen nennt Moffitt (1993) die Auswirkung eines impulsiven Temperaments auf den Schulabschluss, was zu eingeschränkten Möglichkeiten der Berufswahl und so zu einem niedrigeren sozioökonomischen Status führt. Ein Beispiel unmittelbarer Konsequenzen wäre hingegen die Auswirkung des beschriebenen aggressiv-impulsiven Temperaments auf die Wahrscheinlichkeit, den Ausbildungsplatz zu verlieren.

Evokative, reaktive und proaktive Interaktionen bieten eine Erklärung für die Persistenz aggressiver und die Entwicklung delinquenter Verhaltensweisen. Zusätzlich nennt Moffitt (1993; Caspi & Moffitt, 1995) zwei weitere Ursachen, die wesentlich dazu beitragen, dass von den LCP-Jugendlichen sozial abweichende Verhaltensmuster trotz negativer Konsequenzen beibehalten werden: erstens das Fehlen prosozialer alternativer Verhaltensweisen sowie zweitens die Verstrickung in einen devianten Lebensstil durch die Folgen der delinquenten Handlungen („snares"). Dies bedeutet, dass sich für persistent Delinquente im weiteren Lebenslauf die Möglichkeit, prosoziale bzw. zumindest konventionelle Verhaltensweisen als Alternative zu den antisozialen aufzunehmen, stetig verringert. Sie konnten ja im Laufe ihrer bisherigen Lerngeschichte kein entsprechendes Verhaltensrepertoire etablieren. Ausserdem haben sie sich durch die Folgen ihrer bishergen Delinquenz (z. B. fehlende Berufsausbildung, Drogenabhängigkeit) in einen sozial abweichenden Lebensstil verwickelt.

Letzterer Aspekt, der auf die Dysfunktionalität antisozialen Verhaltens bei den persistent Delinquenten verweist, ist ein entscheidendes Merkmal dieses Typus: Das Auftreten devianten Verhaltens wird eben nicht primär durch Verstärkung und Funktionalität bestimmt; vielmehr ist ein rigides Aufrechterhalten eines – teilweise nicht mehr lohnenden und funktionalen – Verhaltensmusters auf Grund fehlender Handlungsalternativen charakteristisch. Dieser Umstand rechtfertigt die Betrachtung des LCP-Typus als eine Persönlichkeitsstörung (Asendorpf, 2004), ist für diese Störungsform doch gerade ein zeitstabiles und zugleich rigides, nicht mehr an die Umwelt angepasstes Verhaltensmuster nahezu definierend (Fiedler, 2000). Moffitt

(1993) schlägt ebenfalls vor, diese lebenslange Form antisozialen Verhaltens, die ungefähr 5 % der männlichen Bevölkerung betrifft, auf Grund ihrer zeitlichen und situativen Stabilität sowie ihrer Dysfunktionalität (im Sinne der oben beschriebenen Unabhängigkeit von Verstärkung und Bestrafung) als psychopathologisches Syndrom zu klassifizieren.

Dabei konnte der zur Erklärung dieses lebenslangen Problemverhaltens postulierte transaktionale Prozess von Moffitt auch empirisch bestätigt werden. Die bisherige Forschungsliteratur weist insgesamt eine Vielzahl von empirischen Belegen dafür auf, dass für eine chronische Form delinquenten Verhaltens (im Sinne einer antisozialen Persönlichkeit) eine Wechselwirkung zwischen frühen kognitiven Risikofaktoren und ungünstigen Umweltfaktoren verantwortlich sein dürfte (zus. Laucht, 2001; Roth & Bartsch, 2004).

Drogenkonsum im Jugendalter im Rahmen einer mit der Adoleszenz beginnenden maladaptiven Entwicklung

Von der in der frühen Kindheit einsetzenden, ist eine *zweite maladaptive Verlaufsform* zu unterscheiden. Bei diesem Verlauf ist der Drogenkonsum ebenfalls nicht auf das Jugendalter begrenzt ist, im Unterschied zum LCP-Typus werden aber *erstmals* im Jugendalter delinquente Verhaltensformen beobachtet. Die Existenz einer solchen Gruppe mit chronischem Verlauf *ab der* Adoleszenz und *ohne* ontogenetische Vorgeschichte in der Kindheit wurde von Moffitt (1993) in ihrer Entwicklungstaxonomie nicht berücksichtigt, lässt sich jedoch auf Grund der Befunde neuerer Längsschnittuntersuchungen (z. B. Moffitt et al., 2002; vgl. zus. Roth & Bartsch, 2004) annehmen. Neben den fehlenden Verhaltensauffälligkeiten in der Kindheit dürfte diese Gruppe sich weiterhin von der maladaptiven LCP-Form dadurch unterscheiden, dass das im Jugendalter beginnende (und im Erwachsenenalter fortgesetzte) Problemverhalten vorwiegend auf Substanzmissbrauch und –abhängigkeit beschränkt bleibt, andere delinquente Verhaltensweisen hingegen untypisch sind. Charakteristisch für die in der Adoleszenz beginnende maladaptive Verlaufsform sind Formen *internalisierender* Störungen, wie beispielsweise Angst oder Depressivität.

Bislang scheint weitgehend ungeklärt, wieso *eine* Gruppe von Jugendlichen existiert, die nur vorübergehend Cannabis konsumiert, während andere den Missbrauch fortsetzten und eine Abhängigkeit (zumeist von „härteren Drogen“) entwickeln. Wie auch Reese und Kröger (2001) konstatieren, existiert bislang *keine* Studie, die eine entsprechende Differenzierung erlaubt. Die Befunde von Komorbiditätsstudien legen zur Erklärung der beschriebenen Verläufe zumindest die Hypothese nahe, dass der Versuch, psychische Symptome zu reduzieren, eine relevante Funktion sein könnte. So zeigen epidemiologische Studien, dass sowohl bei Jugendlichen als auch bei Erwachsenen komorbide Störungen internalisierender Art (vornehmlich Angststörungen, depressive Störungen, somatoforme Störungen) bei Missbrauchs- und Abhängigkeitsdiagnosen eher die Regel sind.

Essau et al. (1998b) berichten, dass bei ca. jedem zweiten der 12- bis 17-jährigen Jugendlichen aus der Bremer Jugendstudie, bei denen Störungen des Substanzkonsums klassifiziert wurde, zudem eine weitere Störungsform vorlag. Dabei erwiesen sich depressive Störungen und Somatoforme Störungen (Somatisierungsstörung, Schmerzstörung, Koversionsstörungen etc.) als die häufigsten komorbiden Diagnosen. In der US-amerikanischen Jugendstudie *Methods for the Epidemiology of Child and Adolescent Psychiatry* (*MECA*; Kandel et al., 1999) lag bei ca. 3.7 % der Jugendlichen Missbrauch und Abhängigkeit von illegalen Drogen vor (6-Monats-Prävalenz). Die Prävalenz von Angst- und affektiven Störungen war bei diesen Jugendlichen (verglichen mit Jugendlichen ohne Substanzstörung) um das 3.7-fache deutlich erhöht. Lewinsohn et al. (1993) fanden ebenso bei 1.710 Schülerinnen und Schülern im Alter von 14 bis 18 Jahren, dass sowohl unipolare Depressionen als auch verschiedene Formen von Angststörungen bei illegale Drogen oder Alkohol missbrauchenden bzw. hiervon abhängigen Jugendlichen häufiger vorkamen als bei anderen. Besonders detailliert werden Komorbiditätsschätzungen von Costello et al. (1999) angegeben, die auf einer epidemiologischen Untersuchung an 1.420 US-amerikanischen Kindern und Jugendlichen im Alter zwischen neun und 13 Jahren beruhen. Um epiphänomenale Komorbidität (d. h. ein durch eine dritte Störung bedingter Zusammenhang zwischen zwei Störungen) auszuschließen, wurden alle geprüften Störungspaare in dieser Studie hinsichtlich des Auftretens aller anderen Störungen kontrolliert. Depressive Störungen korrespondierten den Befunden zufolge vor allem bei Jungen stark mit dem Substanzkonsum (inkl. Alkohol und Tabak): Bei 86 % der männlichen Depressiven ließ sich ein Substanzkonsum, bei 29.9 % eine klinische Störung des Missbrauchs oder der Abhängigkeit diagnostizieren. Besonders zum Konsum von Cannabis (57 %) und anderen illegalen Drogen (48.3 %) gab es bedeutsame Zusammenhänge, die auf diesbezüglich deutlich stärkeren Gebrauch depressiver Jugendlicher im Vergleich zu nicht-depressiven Jugendlichen verweisen.

Die Tatsache, dass klinisch relevante Missbrauchs- und Abhängigkeitsstörungen bei Vorliegen von affektiven und/oder Angststörungen häufiger vorkommen, scheint somit relativ gesichert. Fraglich bleibt allerdings die zeitliche Abfolge beider Störungsgruppen. Diesbezügliche Befunde zeigen eher, dass *beide* Verläufe – also sowohl eine primäre Angst- oder depressive Störung als auch eine primäre Substanzabhängigkeit – existieren. Dies lässt sich auch der Arbeit von Merikangas et al. (1998) entnehmen, in der die Daten von sechs epidemiologischen Querschnittsstudien aus fünf Ländern vergleichend nach denselben Gesichtspunkten analysiert wurden. Dabei konnte bei allen Studien ein substanzieller Zusammenhang zwischen den erfassten Konsumstufen und den affektiven und Angststörungen ermittelt werden. Anhand der Angaben der Probanden bezüglich des jeweiligen

Störungsbeginns ermittelten Merikangas et al. (1998) zudem den Anteil derjenigen, bei denen affektive und Angststörungen vor dem Konsumbeginn (resp. dem problematischen oder abhängigen Konsum) lagen. Im Ergebnis ließen sich sowohl bei affektiven wie auch bei Angststörungen *beide* Sequenzen erkennen, wobei sich allerdings in der Tendenz bei affektiven Störungen ein primärer Substanzkonsum vermuten lässt, dagegen die Angststörungen vorwiegend temporal vor dem Substanzkonsum auftreten.

Die vergleichsweise hohe Koinzidenz von internalisierenden und Substanzstörungen spricht für die Annahme der problembewältigenden Funktion illegaler Drogen bei einer Subgruppe konsumierender Jugendlicher (Silbereisen & Reese, 2001). So konnte im Rahmen der Münchner ESDP-Study gezeigt werden, dass das Vorhandensein psychischer Störungen im Jugendalter tatsächlich ein relevanter Risikofaktor für die Entwicklung einer maladaptiven Konsumentwicklung darstellt (Sydow et al., 2002a, 2002b).

Der Nachweis, dass Angst und depressive Verstimmungen den Drogenkonsum prädizieren, ist vor allem hinsichtlich der Selbstmedikationshypothese („self medication hypothesis"; Khantzian, 1997) oder der Spannungsreduktionshypothese („tension reduction hypothesis"; Conger, 1956) von Bedeutung. Gemäß dieser Ansätze dient der Drogenkonsum nämlich der Reduktion von Spannungen und Ängsten sowie der Minderung einer depressiven Verstimmung. Wie Khantzian (1997) betont, steht dabei vor allem der Aspekt der Emotionsregulation im Vordergrund. Das Kernproblem bestehe zum einen in der Unerträglichkeit von Affekten, da diese entweder zu intensiv oder zu schwach auftreten, zum anderen – im Sinne der Alexithymie – in der Unzugänglichkeit von Affekten. Die Einnahme psychotroper Substanzen stelle nun eine Kontrolle der Effekte dar, indem diese verstärkt oder abgeschwächt bzw. gelockert oder ausagiert werden könnten.

Diese Annahmen scheinen für die hier beschriebene Subgruppe von Jugendlichen bedeutsam zu sein, die (ohne Verhaltensauffälligkeiten in der Kindheit) im Jugendalter Cannabis konsumieren, den Konsum jedoch (im Gegensatz zum „passageren Typus") im Erwachsenenalter beibehalten und auf Substanzen mit höherem Abhängigkeitspotenzial umsteigen. So kann bei diesen Jugendlichen angenommen werden, dass sie (der Mehrzahl ihrer Altersgenossen entsprechend) Cannabis im Jugendalter konsumieren, jedoch im Unterschied zu den meisten Gleichaltrigen dabei die zusätzliche Erfahrung der Symptomlinderung machen. Dabei kann im Sinne einer Eigendynamik im Verlauf der Selbstmedikation auch der Konsum selbst krankheitswertig (im Sinne einer Missbrauchs- oder Abhängigkeitsdiagnose) werden. Wie Schwertl (1998) ausführt, lässt sich davon ausgehen, dass der Substanzkonsum wegen seiner positiven Effekte hinsichtlich der Emotionsregulation wiederholt wird, wodurch – auf Grund des physischen und psychischen Abhängigkeitspotentials – das Fehlen der Substanz selbst zum Problem wird und unangenehme Stimmungszustände verursacht.

6.3 Suchtprävention im Jugendalter unter entwicklungspsychologischer Perspektive

Nimmt man eine entwicklungspsychologische Sicht ein und fasst die bisherigen Ausführungen dazu zusammen, dann sind drei unterschiedliche Verlaufsformen zu berücksichtigen: (1) ein passageres Entwicklungsphänomen, bei dem der Konsum illegaler Drogen auf das Jugendalter begrenzt bleibt, (2) den Beginn von Missbrauchs- und Abhängigkeitsstörung, die ihren ersten Ausdruck im Gebrauch weicher Drogen im Jugendalter finden sowie (3) lebenslang andauerndes Problemverhalten, wobei der Drogenkonsum im Jugendalter die adoleszenztypische Devianzform darstellt. Suchtprävention im Jugendalter bedarf der Berücksichtigung dieser entwicklungspsychologischen Perspektive mit diesen Verlaufsformen.

Bislang wurde diese differenzielle Sichtweise zwar gelegentlich beschrieben (z. B. Reese & Kröger, 2001; Silbereisen, 1998a), allerdings weder in empirischer Forschung noch in psychologischer Anwendung konsequent umgesetzt. Das bis heute „typische Forschungsvorgehen" besteht in der Bestimmung von Korrelaten und Antedenzien des Drogenkonsums bei Jugendlichen, wobei diese als einheitliche Gruppe betrachtet werden. Exemplarisch hierfür sei auf die Arbeiten von Jessor verwiesen (zus. Jessor, 1992). Der dargestellten differenziellen Sichtweise entsprechend kann es jedoch eine derartige „Theorie des Drogenkonsums" im Jugendalter nicht geben.

Ein gleiches Bild zeichnen die aus diesen Theorien abgeleiteten suchtpräventiven Ansätze. Sie zielen auf „jugendliche Drogenkonsumenten" als Gesamtgruppe ohne entsprechende Differenzierungen vorzunehmen. Sie spezifizieren nicht, auf welche Subgruppe sie sich beziehen. Dies scheint aber dringend erforderlich, handelt es sich doch bei den drei zuvor skizzierten Entwicklungsverläufen um völlig unterschiedliche Formen des Drogenkonsums im Jugendalter. Eine Prävention, die sich ungetrübt von Kenntnissen entwicklungspsychologischer Differenzierungen „global" an den Vorstellungen eines Durchschnittskonsumenten orientiert, dürfte so letztlich *keinem* Jugendlichen gerecht werden. Mit anderen Worten: Der Versuch, einem aus verschiedensten Formen gemittelten Phänomens des Drogenkonsums zu begegnen, richtet sich an einen „durchschnittlich drogenkonsumierenden Jugendlichen", der allerdings in der Realität gar nicht zu existieren scheint.

Für welche der genannten Formen des Drogenkonsums scheinen präventive Interventionen überhaupt geeignet? Sicherlich dürfte einsichtig sein, dass die Verlaufsform der chronischen Delinquenz kaum auf präventive Bemühungen ansprechen dürfte. Wenn überhaupt, dann scheinen Maßnahmen der Suchtprävention doch nur für die Verlaufsform geeignet, die wir als passageres und adaptive Entwicklungsphänomen beschrieben haben. Der eigentlichen Charakteristik dieser Verlaufsform werden die gängigen Präventionsprogramme allerdings nicht einmal im Ansatz gerecht. So ist die adaptive Form dadurch gekennzeichnet, dass der Drogenkonsum als funktional im adoleszenten Entwicklungsprozess zu betrachten ist. Der gegenwärtig dominierende Präventionsansatz, der eine Förderung allgemeiner Lebenskompetenzen anzielt (vgl. 4.3.1), definiert demgegenüber jedoch Defizite der Jugendlichen als ursächliche Faktoren des Drogenkonsums. Diese liegen entweder in mangelndem Wissen, fehlender emotionaler Betroffenheit oder aber in defizitär ausgebildeten Lebenskompetenzen im Bereich der Persönlichkeit, des sozialen Umgangs oder der Kommunikation. Die Überwindung dieser Defizite wird als Voraussetzung für den Mindergebrauch psychotroper Substanzen bzw. für die Aufrechterhaltung der Abstinenz betrachtet. Vor dem Hintergrund der bisherigen Ausführungen, dürfte jedoch deutlich werden, dass diese Modelle kaum die entwicklungspsychologische Perspektive beachten, wonach zumindest der „jugendgebundene" Drogenkonsum eben nicht als Ausdruck defizitärer Personen- und/oder Umweltfaktoren, sondern als passageres Entwicklungsphänomen zu betrachten ist, dass durch „normale" Adoleszenzerscheinungen erklärt werden sollte. In gleichem Sinne äußert sich auch Quensel (2004). Sein Modell der Erziehung Jugendlicher zur Drogenmündigkeit berücksichtigt entwicklungspsychologische Aspekte.

Als ein in diesem Sinne bedeutsames normatives Adoleszenzephänomen wurde in den vorherigen Ausführungen die Erhöhung des Merkmal Sensation Seeking im Jugendalter beschrieben. Demnach würden Jugendliche trotz eventuell hoher psychosozialer Anpassung illegale Drogen konsumieren, weil sie ein phasenspezifisch erhöhtes Bedürfnis nach Stimulation aufweisen. Genau diesem Gesichtspunkt sollten primärpräventive Ansätze Rechnung tragen. In diesem Sinne fordern Barnea et al. (1992) den Fokus präventiver Programminhalte mehr auf das Bedürfnis nach Stimulation zu legen: „In other words, it should focus on action that would meet the need for stimulation, rather than on providing deeper self-insight. Nonroutine, challenging activities should therefore be included in the program" (p. 198/199).

Der wesentliche Wandel würde demnach im Angebot solcher Aktivitäten und Erlebnisse stehen, die als Alternative zum Drogenkonsum dazu geeignet sind, das adoleszente Stimulationsbedürfnis zu befriedigen. Dass dies möglich erscheint, lassen die nur mittelmäßigen Zusammenhänge vermuten, die bislang zwischen Sensation Seeking und dem Konsum illegaler Drogen nachgewiesen wurden. Demnach erscheint nämlich der Drogenkonsum als keine zwangsläufige Konsequenz der Erlebnissuche, sondern als eine Möglichkeit unter verschiedenen Alternativen. Hierfür sprechen auch die bereits angeführten Befunde von Iso-Ahola und Crowley (1991), wonach jugendliche Drogenkonsumenten eine Vielzahl von Freizeitaktivitäten präferieren, die demnach als probate Alternative erscheinen. Ebenso konnten D'Silva, Grant Harrington, Palmgreen, Donohew und Pugzles Lorch

(2001) zeigen, dass High Sensation Seeker insgesamt an einer höheren Anzahl von Aktivitäten partizipieren, die sich vornehmlich durch die Dimensionen „aktives Abenteuer“ und „Konfliktbekämpfung“ charakterisieren ließen.

6.4 Fazit

Der Konsum von illegalen Drogen (insbesondere Cannabis) im Jugendalter ist Teil unterschiedlicher Phänomene. So kann dieser erstens ein auf die Adoleszenz begrenztes Verhaltenssyndrom darstellen. Diese Sichtweise des vorübergehenden Drogengebrauchs als passageres Entwicklungsphänomen bedarf einer genuin entwicklungspsychologischen Begründung. Dieser sollte die adaptive Funktion des Konsums im Kontext einer normativen Adoleszenzentwicklung betrachten und ebenso erklären, wieso nicht alle „normalen“ Jugendlichen in dieser Altersphase illegale Drogen konsumieren. Daneben kann der Konsumgebrauch in der Adoleszenz jedoch auch Indikator für maladaptive Entwicklungsverläufe sein, in dem er im Kontext einer lebenslang andauernden Antisozialität stattfindet resp. den Entwicklungsbeginn von Missbrauchs- und Abhängigkeitsstörungen markiert. Letztere Phänomene bedürfen eher einer klinischen Betrachtungsweise, die pathologische Entwicklungsformen anhand defizitärer Verhaltens- und Erlebensweisen zu erklären vermag.

Bisherige primärpräventive Bemühungen vernachlässigen diese entwicklungspsychologische Perspektive und simplifizieren den Drogenkonsum Jugendlicher als ein einheitliches Phänomen. In ihrem Bemühen, sich an möglichst alle Jugendlichen zu richten, werden sie auf diese Weise letztlich keinem einzigen gerecht. Es bleibt damit zu fordern, dass Präventionsmaßnahmen die spezielle Form des Drogenkonsum definieren, die sie verhindern wollen und dabei den spezifischen Determinanten der entsprechenden Subform Rechnung tragen.

Es scheint sinnvoll, das Augenmerk präventiver Maßnahmen auf die entwicklungsbedingte bzw. adaptive Form des Drogenkonsums zu richten. Diese betrifft die Mehrzahl der konsumierenden Jugendlichen. Bisherige Interventionsprogramme beachten allerdings nicht den funktionalen Charakter, der bei dieser Form dem Drogenkonsum im adoleszenten Entwicklungsprozess zukommt. Die gegenwärtigen Programme orientieren sich jedoch eher an einem Defizitmodell und betrachten drogenkonsumierende Jugendliche nahezu ausschließlich unter einer klinischen Perspektive.

7. Persönlichkeitspsychologische Perspektive

Der gegenwärtig führende Ansatz zur Primärprävention im Jugendalter, die „Förderung von allgemeinen Lebenskompetenzen", zielt auf die Veränderung von Persönlichkeitseigenschaften und Fertigkeiten (vgl. 4.3.1, 5.2.1). Dabei wird die Annahme vertreten, dass bestimmte Persönlichkeitseigenschaften existieren, die den Jugendlichen dazu befähigen, trotz entsprechender Angebote der Umwelt, auf den Konsum von psychotropen Substanzen zu verzichten. Angesprochen ist hiermit das Konzept der psychischen Widerstandsfähigkeit bzw. der *Resilienz*. In zwei Untersuchungen wurde der Frage nachgegangen, ob sich tatsächlich *resiliente* Jugendlichen identifizieren lassen, die aufgrund ihrer Persönlichkeitseigenschaften widerstandfähig gegenüber der Versuchung sind, psychotrope Substanzen zu konsumieren. Der hier gewählte persönlichkeitspsychologische Klassifikationsansatz ist die personenorientierte Betrachtung in Form von Persönlichkeitstypen. Es werden zunächst die Konzepte der Resilienz und des Ansatzes der Persönlichkeitstypen erläutert. Daran schließt sich die Darstellung von empirischen Ergebnissen von zwei Studien an, die von den Autoren durchgeführt wurden.

7.1 Persönlichkeitspsychologische Konzepte: Resilienz und Typologie

Resilienz

Resilienz bezeichnet eine psychische Widerstandsfähigkeit, die es Individuen ermöglicht, sich trotz Auftreten von Stressoren und Belastungen psychisch gesund zu entwickeln. Solche Personen weisen sog, „protektive Faktoren" auf. Diese protektiven oder auch Schutzfaktoren lassen sich als günstige Einflüsse auf Seiten der Person und der Umwelt verstehen, die eine psychische Fehlentwicklung verhindern. Im Zentrum solcher Untersuchungen zur Resilienz (andere, ebenfalls gebräuchliche Begriffe hierfür sind *Invulnerabilität* bzw. *Unverwundbarkeit* oder *Widerstandsfähigkeit*) stehen dabei solche Kinder und Jugendliche, die verschiedenen Risikofaktoren und Belastungen ausgesetzt sind und sich dennoch – entgegen der Erwartung – psychisch gesund entwickeln. Gefragt wird dabei, was diese Personen auszeichnet. Als Meilenstein der Untersuchung von Risiko- und Schutzfaktoren gilt hierbei die Arbeit von Werner und Smith (1982).

Kasten 28: Untersuchung zur Resilienz von Werner und Smith (1982)

> In der Studie von Werner und Smith (1982) wurde die vollständige Geburtskohorte der im Jahre 1955 auf Insel Kauai des Hawaii Archipels geborenen Kinder längsschnittlich (N = 698) untersucht. Dabei wurden sehr umfängliche Daten über ihre physische, psychische, kognitive und soziale Entwicklung erhoben. Die Untersuchung erfolgte während der pränatalen Entwicklung, nach der Geburt, sowie im zweiten, zehnten und 18. Lebensjahr.
>
> Zunächst galt das Hauptinteresse von Werner und Smith (1982) der Identifikation von Risikofaktoren. Es ließ sich eine Reihe solcher Risikofaktoren identifizieren, so unter anderem perinataler Stress, materielle Not, Abwesenheit des Vaters, Scheidung oder psychiatrische Erkrankung eines Elternteils. Das kumulierte Auftreten dieser Merkmale korrespondierte mit Verhaltensauffälligkeiten im Alter von zehn und 18 Jahren. Solche Kinder, bei denen mindestens vier solcher Risikofaktoren in den ersten beiden Lebensjahren vorlagen, wurden als „Risikokinder" bezeichnet. Interessanterweise entwickelten sich allerdings ein Drittel dieser Kinder trotz der gravierenden Belastungen relativ gesund. Diese besonders widerstandsfähigen Kinder wurden als „invincibles" („Unbesiegbare") bezeichnet.
>
> Um mögliche protektive Faktoren zu identifizieren, wurde die Gruppe der „unbesiegbaren" Risikokinder mit solchen Jungen und Mädchen aus der Kohorte verglichen, die vergleichbar belastet waren, sich aber erwartungsgemäß auffällig entwickelten. Werner und Smith (1982) konnten so für verschiedene Alterstufen eine Anzahl von Merkmalen identifizieren, die signifikant zwischen beiden Gruppen differenzierten. Gegenüber der Gruppe der auffälligen Risikokinder unterschieden sich die „Unbesiegbaren" in den ersten beiden Lebensjahren unter anderem dahingehend, dass sie von ihren Müttern als aktive und sozial ansprechbare Kinder beschrieben wurden, ihre sprachlichen und sensomotorischen Fähigkeiten altersgemäß ausgebildet waren und sie eher emotionale Unterstützung erhielten. Im Alter von 18 Jahren zeichneten sich die Unbesiegbaren durch ein positiveres Selbstkonzept, eher internale Kontrollüberzeugungen und stärker leistungsorientierte Einstellungen aus. Ferner unterschieden sich die Jugendlichen beider Gruppen auch hinsichtlich ihres sozialen Stützsystems voneinander. So erhielt die Gruppe der Widerstandsfähigen häufiger Unterstützung von Gleichaltrigen, Eltern oder Lehrern und erlebte in ihrem Familienverbund auch eine stärkere emotionale Sicherheit.

Für den vorliegenden Zusammenhang interessierten vornehmlich die personalen Faktoren der Resilienz. Die Frage nach Persönlichkeitsmerkmalen der Widerstandfähigkeit scheint dabei im Kontext des Drogenkonsums im Jugendalter durchaus plausibel. So haben die bisherigen Ausführungen zweierlei gezeigt:

- Es existiert eine Reihe von Bedingungen, die sich im Jugendalter förderlich auf den Konsum psychotroper Substanzen auswirken können. Hierzu zählt der medial vermittelte Aufforderungscharakter des Konsums – direkt durch Werbemaßnahmen und indirekt durch die Präsentation eines hedonistischen Lebensstils durch konsumierende Akteure (siehe 4.1.2). Ebenfalls als konsumförderlich dürften die entwicklungsbedingte Orientierung des Jugendlichen an seiner Gleichaltrigengruppe sowie seine verstärkte Neigung zu stimulierenden, risikoreichen Erfahrungen zu betrachten sein (siehe 6.1.2).

- Trotz dieser Risikomerkmale auf Seiten der Umwelt sowie der Person des Jugendlichen, zeigen die epidemiologischen Daten, dass eine Vielzahl von Jugendlichen entweder keine psychotropen Substanzen konsumiert oder aber den Konsum nach anfänglichem Probierverhalten einstellt (siehe 2.2, 6.2.1).

Beide Aspekte zusammen betrachtet legen auch bezüglich des Konsums von Alkohol, Zigaretten du illegalen Drogen die Frage nach protektiven Persönlichkeitsmerkmalen nahe. Es lässt sich annehmen, dass solche Eigenschaften existieren müssen, die eine bestimmte Gruppe von Jugendlichen widerstandsfähig gegenüber den genanten konsumförderlichen Bedingungen macht.

Dimensionale und typologische Betrachtung der Persönlichkeit

Bisherige Arbeiten verfolgten bezüglich der Frage nach suchtprotektiven Persönlichkeitsmerkmalen bei Jugendlichen vornehmlich einen variablenorientierten Ansatz (z. B. Kersch 1998; Petermann et al., 1997). Dabei werden einzelne Eigenschaften isoliert hinsichtlich ihrer Protektivität betrachtet.

Diese Vorgehensweise wird in der Persönlichkeitspsychologie als *variablenorientierter* oder dimensionaler Ansatz bezeichnet. Er hat in der Psychologie eine lange Tradition. Zentral ist dabei die Frage nach Anzahl und Gestalt der grundlegenden Dimensionen der menschlichen Persönlichkeit. Prominente Vertreter dieser Richtung waren beispielsweise Cattell oder Eysenck. Das gegenwärtig allgemein akzeptierteste Beschreibungssystem der Persönlichkeit auf dieser Basis stellt das Fünf-Faktorenmodell dar, dessen Dimensionen als die „Big Five“ (Goldberg, 1981) der Persönlichkeit bezeichnet werden. Diese fünf Hauptfaktoren sind: „Neurotizismus“ (auch „emotionale Instabilität“), „Extraversion“, „Verträglichkeit“ (auch „Liebenswürdigkeit“), „Gewissenhaftigkeit“ und „Offenheit für Erfahrungen“ (auch: „Kultur“ oder „Intellekt“). Das Big-Five-Modell lässt sich vor allem auch auf Grund seiner Replizierbarkeit über Sprachgrenzen, Instrumentarien oder Beobachter hinweg als das in der faktoranalytischen Persönlichkeitsforschung weitgehend akzeptierteste Modell betrachten (vgl. zus. De Raad, 2000). In diesem Sinne können im vorliegenden Kontext die Big Five als „solid ground in the wetlands of personality“ (Costa & McCrae, 1995, p. 216) verstanden werden. Die fünf Faktoren gelten auf Grund des gegenwärtigen Forschungsstandes „als die optimale Antwort auf die Frage, wie man alltagspsychologisch beschriebene Persönlichkeitsunterschiede mit möglichst wenigen Dimensionen möglichst differenziert beschreiben kann“ (Asendorpf, 2004, S. 147). Variablenorientierte Ansätze, wie derjenige des Big-Five-Modells, stellen somit eine Klassifikation von Eigenschaften dar. Diese werden isoliert hinsichtlich ihrer Bedeutsamkeit betrachtet.

Die Ergebnisse variablenorientierter Forschung können aber in der praktischen Arbeit nur schwer verdeutlicht werden. Intuitiv klassifiziert man im Alltag nicht Eigenschaften, sondern Menschen *nach* ihren Eigenschaften. In einem solchen *personenorientierten* Ansatz werden Menschen, die in ihren Eigenschaften ähnlich sind, demselben Persönlichkeitstyp zugeordnet. Während, wie Robins, John und Caspi (1998) ausführen, alle entwickelten Naturwissenschaften elaborierte Klassifikationssysteme zur Einteilung ihrer Untersuchungsobjekte besitzen, konnte sich für die Psychologie bis jetzt jedoch noch keine Taxonomie zur Klassifikation von Individuen etablieren. Dabei blickt die Suche nach Typen in der Persönlichkeitspsychologie auf eine lange Tradition zurück. Typologien waren lange Zeit der verbreitetste Klassifikationsansatz in der Persönlichkeitspsychologie und wurden bereits in den 20er Jahren des vorigen Jahrhunderts entwickelt (z. B. Kretschmer, 1921; Jung, 1937). Diese personenorientierte Einteilung erfolgte damals nach phänomenologischen und heuristischen Strategien und beruhte auf sehr unterschiedlichen Grundlagen, etwa dem Körperbau bei Kretschmer (1921) oder der Umgangsform mit der Umwelt bei Jung (1937). Alle diese Ansätze entzogen sich allerdings weitgehend den Ansprüchen der methodischen Überprüfbarkeit, weshalb der Typengedanke in der Persönlichkeitspsychologie zunehmend an Bedeutung verlor. Demgegenüber etablierte sich die zuvor beschriebene variablenorientierte Klassifikation und damit der zuvor bereits beschriebene Versuch die gesamte Breite der menschlichen Persönlichkeit durch eine (zumeist faktoranalytisch ermittelte) geringe Anzahl unabhängiger Basisdimensionen zu beschreiben. Ein weiterer Vorteil in der typologischen Betrachtung besteht darin, dass die einzelnen Variablen nicht isoliert analysiert, sondern in ihrem „Zusammenspiel" betrachtet werden. Der variablenorientierte Ansatz vernachlässigt diesen wichtigen Aspekt der Persönlichkeit, nämlich die Konfiguration der Eigenschaften innerhalb einer Person.

Allerdings stellt eine Taxonomie von Dimensionen nicht zwangsläufig ein konkurrierendes System gegenüber einer Taxonomie zur Klassifikation von Individuen dar. Vielmehr lassen sich beide Zugangsweisen im Sinne der Prototypenbildung als komplementäre Systeme verstehen, wobei die empirisch fundierten Persönlichkeitsdimensionen als Variablenbasis für eine Personenklassifikation dienen. Dabei werden Profile, d. h. charakteristische Konfigurationen der Ausprägung einzelner Persönlichkeitsdimensionen gebildet und anschließend Individuen dem Profil zugeordnet, dem sie am ähnlichsten sind. Dabei muss ein solcher Persönlichkeitstyp freilich nicht real vorhanden sein, da er lediglich ein Persönlichkeitsideal repräsentiere, das eventuell nicht von einer einzigen Person exakt erfüllt werde. Entscheidend sei nur, dass „möglichst viele Personen diesem Ideal ähnlich sind" (Asendorpf, 2004, S. 152).

Gegenwärtig beobachten wir eine Renaissance des typologischen Ansatzes in der Persönlichkeitspsychologie. Dies liegt darin begründet, dass mit den Big Five so etwas wie ein Minimalkonsens bezüglich der grundlegenden

Persönlichkeitsdimensionen gefunden wurde, womit eine weitgehend akzeptierte Basis für eine Prototypenbildung bereitsteht. So wurde in letzter Zeit eine Anzahl von Arbeiten zu typologischen Persönlichkeitskonzeptionen, die auf den Big-Five-Dimensionen basieren, publiziert (vgl. zum Überblick Asendorpf, Caspi & Hofstee, 2002). Verschiedene Studien verweisen dabei auf eine Typologie, die – in Anlehnung an Block (1971) – zwischen einem „resilienten", „überkontrollierten" und „unterkontrollierten" Prototyp unterscheidet (vgl. zus. Roth, 2004).

Dabei zeichnet sich der resiliente Typus durch unterdurchschnittliche Neurotizismuswerte und durchschnittliche bzw. teilweise überdurchschnittliche Ausprägung in den anderen vier Dimensionen aus. Charakteristische Merkmale für das Profil der überkontrollierten Persönlichkeit sind hohe Neurotizismus- und niedrige Extraversionswerte, während für die Unterkontrollierten niedrige Ausprägungen in den Dimensionen Verträglichkeit und Gewissenhaftigkeit kennzeichnend sind. Eine solche Prototypenbildung beachtet damit einerseits den Kenntnisstand bezüglich grundlegender Persönlichkeitsdimensionen (Big Five), anderseits werden diese Dimensionen nicht isoliert, sondern in ihrer Konfiguration zueinander betrachtet.

7.2 Untersuchungsergebnisse zum protektiven Persönlichkeitstyp

In zwei Studien wurde der Frage nachgegangen, ob bei Jugendlichen ein „protektiver" Persönlichkeitstypus existiert. Nachfolgend werden ausgewählte Befunde beider in Leipzig entstandenen Studien berichtet.

7.2.1 Charakterisiert der protektive antezedente Persönlichkeitstyp den später nicht rauchenden Jugendlichen?

In Analogie zum resilienten Persönlichkeitstyp auf der Basis der Grundfaktoren der Persönlichkeit existiert auch in der Suchtprävention die Annahme eines suchtprotektiven Persönlichkeitstyps bei Jugendlichen. Er besteht in der hohen Ausprägung von Persönlichkeitsmerkmalen, die es einem Jugendlichen wirksam gestatten, Angst zu bewältigen, sich sozial-kompetent zu verhalten oder persönliche Ziele klar zu bestimmen. Diesem Anspruch genügt eine große Anzahl von Persönlichkeitseigenschaften, die zusammenfassend meist als Lebenskompetenzen oder suchtprotektive Merkmale bezeichnet werden (Altgeld & Kolip, 2004; Reese & Kröger, 2001). Als besonders bedeutsame Schutzvariablen, die diesen „protektiven" Persönlichkeitstyp eines Jugendlichen charakterisieren, gelten ein hohes Selbstwertgefühl, ausgeprägte soziale Kompetenzen, hohe Selbstwirksamkeitserwartungen und niedrige Ängstlichkeit. Empirische Belege für die prospektive Protektivität dieses hypothetischen Merkmalstyps wurden in der Literatur bisher nicht mitgeteilt. Dieser Aufgabenstellungen waren die Arbeiten von Petermann (2002) sowie von Petermann und Gansera (2004) verpflichtet. Auf der Basis einer Stichprobe nicht rauchender Jugendlicher, die im Rahmen von Längsschnittstudien über zwei Messpunkte durch Untersuchungen begleitet wurden, sollten Schutzfaktoren als Antezedenzien des Nichtrauchens personorientiert analysiert werden. Den Untersuchungen lag die Fragestellung zugrunde, ob der antezedente Persönlichkeitstyp eines hohen Selbstwertgefühls, ausgeprägter sozialer Kompetenzen, hoher Selbstwirksamkeitserwartungen und niedriger Ängstlichkeit den später nicht rauchenden Jugendlichen charakterisiert. Wenn sich diese Hypothese bestätigen ließe, dann müssten diejenigen Jugendlichen, die zum ersten Untersuchungszeitpunkt nicht rauchten und den schützenden Persönlichkeitstyp aufweisen, zum zweiten Untersuchungszeitpunkt überfällig seltener in den Tabakkonsum eingestiegen sein als die Angehörigen eines anderen Persönlichkeitstyps. Die Beantwortung dieser Fragestellung verlangte ein längsschnittliches Design mit mindesten zwei Messpunkten. Zum ersten Messpunkt wurde dabei der Persönlichkeitstyp empirisch ermittelt und zum zweiten Messpunkt erfolgte die Bestimmung der Protektivität.

Untersuchungsanlage und Stichprobe

Grundlage der empirischen Analysen von Petermann (2002) waren die Daten der Studie „Evaluation von Maßnahmen schulischer Suchtprävention", die vom Bundesministerium für Forschung und Technologie (BMBF) im Rahmen des Forschungsverbunds Public Health Sachsen finanziert wurde (Kirch und Margraf, 1995; Schmidt, Petermann und Roth, 2001). Es handelte sich dabei um eine Längsschnittuntersuchung im schulischen Feld, die im Jahre 1997 in Leipzig begann und nach drei Jahren abgeschlossen wurde. Die untersuchten Schülerinnen und Schüler gehörten zum Untersuchungsbeginn im Jahre 1997 der 6. bzw. 7. Klassenstufe an.

Infolge drop out und Akkretion (Wegzug, Klassenwechsel, Schuleschwänzen, Krankheit u.a.) konnten zu jedem der zwei Messpunkte rund 1500 Probanden untersucht werden. Dabei handelte es sich teilweise um unterschiedliche Schülerinnen und Schüler. In die nachfolgenden Berechnungen wurden deshalb nur die Jugendlichen einbezogen, von denen zu allen zwei Messpunkten vollständige Datensätze vorlagen und deren Angaben verlässlich waren. So wurden alle die Fragebogen eliminiert, die aufgrund acht definierter Kriterien (z. B. Antwortmuster, Fehlen von Konstanz bei Angaben zum Schultyp, Klassenstufe und Geschlecht) als ungültig bzw. nicht auswertbar klassifiziert wurden (Markert, 2002). Als Stichprobe mit „verlässlichen" Daten verblieben 779 Schülerinnen und Schüler. Um der Fragestellung zu entsprechen und das Gebrauchsverhalten mit großer Wahrscheinlichkeit auf Antezedenzbedingungen zurückführen zu können, wurden die 55 Raucher zum Messpunkt 1 aus der Stichprobe ausgeschlossen, so dass 724 Schülerinnen und Schüler in der Stichprobe verblieben.

In den folgenden knapp zwei Jahren bis zum Messpunkt 2 (Juni 1999) begannen 202 Jugendliche zu rauchen. Diese Teilstichprobe wurde als „Gebrauchsstatus Raucher“ bezeichnet. Das Kriterium für den Raucherstatus war der Konsum von mehr als einer Zigarette im Monat. Von den verbleibenden 522 Schülerinnen und Schülern der Untersuchungsstichprobe konstituieren 520 den Gebrauchsstatus Nichtraucher. Die Datenerhebung erfolgte durch einen Fragebogen, der von den Schülerinnen und Schülern im Rahmen einer Unterrichtsstunde anonym bearbeitet wurde. Der Fragebogen enthielt neben den Instrumenten zur Erfassung von Persönlichkeitsmerkmalen des protektiven Persönlichkeitstyps (Selbstwertgefühl, Wirksamkeitserwartungen, soziale Kompetenz und Nichtängstlichkeit) noch soziodemographische Variablen zur Charakterisierung der Stichprobe, Angaben zum Zigarettenkonsum sowie zu Merkmalen der wahrgenommenen Umwelt.

Typbestimmung und Ergebnisse

Die empirische Prüfung, ob der antezedente Persönlichkeitstyp eines hohen Selbstwertgefühls, ausgeprägter sozialer Kompetenzen, hoher Selbstwirksamkeitserwartungen und niedriger Ängstlichkeit den später nicht rauchenden Jugendlichen tatsächlich charakterisiert, erfolgte über die Bestimmung von Persönlichkeitsprototypen (Asendorpf, 2004). Ein Prototyp wird durch ein Profil beschrieben. Personen werden dann demjenigen Prototyp zugeordnet, dem sie am ähnlichsten sind. Zur Typenbestimmung wurde die Drei-Cluster-Lösung gewählt. (zweistufiges Vorgehen mit den Anfangspartitionen nach Ward (1963) und anschließender Umplazierung nach dem K-means Verfahren von Mac Queen (1967). Die Ergebnisse der Clusterung werden in der folgenden Abbildung mittels z-normierter Mittelwerte dargestellt.

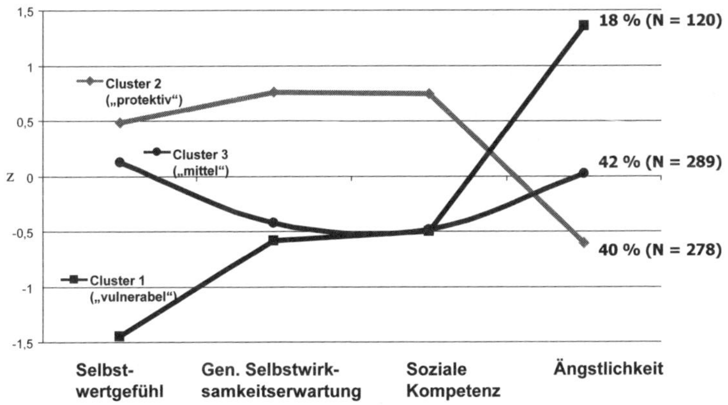

Abbildung 5: Clusterlösung zum ersten Messpunkt

Die Clusterlösung zum Messpunkt 1 zeigt eine relativ ausgeglichene Verteilung der Jugendlichen auf die Typen. Das besonders interessierende Cluster zwei, mit einer hohen Ausprägung der protektiven Merkmale Selbstwertgefühl, Selbstwirksamkeitserwartungen, Soziale Kompetenz sowie niedriger Ängstlichkeit, wurde als Cluster „protektiv" bezeichnet. Diesem Profil sind 40 % der Jugendlichen zuzuordnen. Es existiert ein zahlenmäßig ähnlich besetztes Cluster drei mit 42 % der Jugendlichen, das als Cluster „mittel" bezeichnet wurde, da die z-Werte der Variablen in der Nähe des Mittelwertes der Normierung liegen. Das Cluster eins umfasst 120 Jugendliche mit niedrigem Selbstwertgefühl und hoher Ängstlichkeit. Es wurde als Cluster „vulnerabel" bezeichnet.

Zur Beantwortung der Ausgangsfrage erfolgte eine Ergänzung dieser Deskription um die längsschnittliche Betrachtung. Dazu wurden die Daten des Messpunktes zwei genutzt, zu dem 202 Jugendliche inzwischen mit dem Rauchen begonnen hatten. Durch die Möglichkeit der personidentischen Betrachtung, die ein Längsschnittdesign bietet, konnten die nunmehr rauchenden Jugendlichen, ebenso wie die verbleibenden Nichtraucher, zum Messpunkt 2 den Clustern des Messpunktes 1 zugeordnet werden. Damit lässt sich die Frage beantworten, ob das antezedente „protektive" Cluster auch tatsächlich zur Stabilisierung des Nichtrauchens beiträgt: in ihm müssten sich höhere Prozentzahlen von Nichtrauchern finden. Entsprechend sollte das Cluster eins („vulnerabel") mit einer geringeren Anzahl von Nichtrauchern besetzt sein.

Die Ergebnisse belegen dies. Eine hohe Merkmalsausprägung in den protektiven Einzelvariablen und niedrige Werte in dem einbezogenen Vulnerabilitätsmerkmal der Ängstlichkeit kennzeichnen den Typ des später nicht rauchenden Jugendlichen. Antezedente Persönlichkeitsmerkmale eines hohen Selbstwertgefühls, niedriger Ängstlichkeit, hoher Sozialer Kompetenz und ausgeprägter generalisierter Selbstwirksamkeitserwartungen bilden ein Cluster mit 73 % der Zuordnung von späteren Nichtrauchern, während sich nur 27 % als Raucher bezeichnen. Anders stellen sich die Zuordnungszahlen beim vulnerablen Persönlichkeitstyp dar. Innerhalb von ca. zwei Jahren sind 40 % der Angehörigen des Clusters „vulnerabel" (Cluster eins) in die Nutzergruppe der Raucher eingestiegen, 13 % mehr als beim Vorliegen des antezedent protektiven Typs. Die Befunde verweisen aber auch auf einen anderen bedeutsamen Aspekt. Es bedarf offenbar nicht ausschließlich hoher Merkmalsausprägungen in den protektiven Variablen und niedriger Werte in dem einbezogenen Vulnerabilitätsfaktor, um einen höheren Prozentanteil des Nichtrauchens Jugendlicher vorherzusagen. Auch ein Persönlichkeitstyp mit durchschnittlicher Ausprägung des Selbstwertgefühls und der Ängstlichkeit, bei sogar unterdurchschnittlichen Werten in den Variablen Selbstwirksamkeitserwartungen und sozialer Kompetenz konstituiert einen Typ vergleichbarer Zuordnungshäufigkeiten späterer Nichtraucher (75 %). Als essentielle Variablen erweisen sich unter suchtprotektivem Aspekt vor allem das Selbstwertgefühl und die Ängstlichkeit. Das Selbstwertgefühl sollte hoch oder zumindest durchschnittlich sein und mit niedriger bzw. durchschnittlicher Ängstlichkeit einen Typ konstituieren.

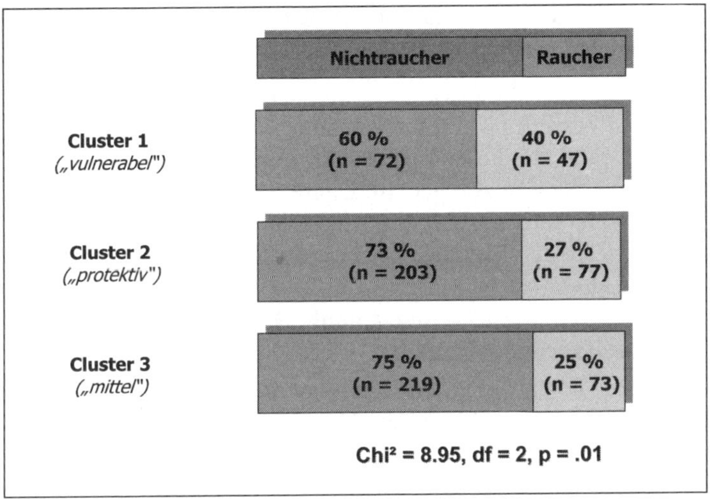

Abbildung 6: Clusterlösung zum Messpunkt 1 und Gebrauchsstatus zum Messpunkt 2

Zusammenfassung

Der personorientierte Zugang in Form von Persönlichkeitstypen erbringt den empirischen Beleg, dass die antezedenten Persönlichkeitsmerkmale eines hohen Selbstwertgefühls, niedriger Ängstlichkeit, hoher Sozialer Kompetenz und ausgeprägte generalisierte Selbstwirksamkeitserwartungen ein Cluster mit hohen Prozentzahlen der Zuordnung von späteren Nichtrauchern konstituieren. Diese Vorhersage erlaubt aber auch einen Persönlichkeitstyp mit durchschnittlicher Ausprägung des Selbstwertgefühls und der Ängstlichkeit bei sogar unterdurchschnittlichen Werten in den Variablen Selbstwirksamkeitserwartungen und soziale Kompetenz. Verbindet sich hingegen niedrige soziale Kompetenz und geringe Selbstwirksamkeitserwartungen mit extrem unterdurchschnittlichem Selbstwertgefühl und hoher Ängstlichkeit, so liegt ein antezedenter „vulnerabler" Persönlichkeitstyp mit einer hohen Zuordnungsquote späterer Raucher vor.

7.2.2 Protektivität von Big-five-basierten Prototypen

In einer weiteren Leipziger Studie wurde die Frage nach der Protektivität bestimmter Persönlichkeitsmerkmale dahingehend erweitert, dass die Typen auf Basis der Big-Five gebildet wurden. Hierzu wurde eine querschnittliche Betrachtung gewählt (Petermann & Roth, 2003; Roth, 2004). Im Vordergrund der Studie standen folgende Fragestellungen:

- Lässt sich bei Jugendlichen auf der Basis der Big Five ein protektiver Persönlichkeitstyp empirisch bestätigen, der mit Mindergebrauch psychotroper Substanzen kovariiert?
- Mindert dieser protektive Typus in der Tat den Einfluss entwicklungsbedingter Risikofaktoren des Substanzkonsums?

Bezüglich letzterer Fragestellung wurde das Merkmal „Sensation Seeking" als entwicklungsbedingter Risikofaktor gewählt. Wie bereits beschrieben, stellt eine hohe Ausprägung dieser Eigenschaft einen Risikofaktor für den Konsum psychotroper Substanzen dar. Im Sinne einer protektiven Supressorwirkung wird angenommen, dass eine Variablenkonfiguration existiert, die das Risikopotenzial des Merkmals Sensation Seeking im Jugendalter minimiert.

Stichprobe und Untersuchungsvorgehen

Die Rekrutierung der Jugendlichen erfolgte über sieben Mittelschulen und fünf Gymnasien aus Leipzig und Dresden. Von insgesamt 1.432 Schülerinnen und Schülern aus 63 Schulklassen der Jahrgangsstufen 9 und 10, die um Teilnahme an der Untersuchung gebeten wurden, nahmen 1.405 Jugendliche im Alter zwischen 13 und 19 Jahren teil (Verweigerungsquote: 1.9 %). Zur Optimierung der Verlässlichkeit der Daten, wurden anschließend solche Fragebögen ausgeschlossen, die aufgrund definierter Kriterien (fehlende Angaben zu Alter, Geschlecht, Schulform; mehr als zwei fehlende oder ungültige Antworten pro Fragebogenseite; Blockantworten) als nicht auswertbar klassifiziert wurden (N = 120; 8.5 %). Da, wie bei Untersuchungen im schulischen Klassenverband zu erwarten ist, die Altersverteilung an den Rändern nur sehr schwach besetzt ist, wurden zur Vermeidung eines inadäquat breiten Altersranges ausschließlich die Fragebögen der 14- bis 16-jährigen Schülerinnen und Schüler in die Untersuchung einbezogen (96.2 %). Die resultierende Stichprobe setzt sich somit aus insgesamt *1236 Schülerinnen und Schülern* zusammen.

Die Datenerhebung fand im Setting der Stichprobenrekrutierung statt: Die Schüler bearbeiteten den Fragebogen im Klassenverband während ihrer regulären Schulzeit in Anwesenheit eines Untersuchungsleiters. Die Zustimmung der Eltern und der Jugendlichen war zuvor eingeholt worden.

Persönlichkeitstypen auf Basis der Big Five

Die Differenzierung der Gesamtgruppe in charakteristische Subgruppen, die sich möglichst deutlich im ihrem Persönlichkeitsprofil unterscheiden, erfolgte clusteranalytisch in dem üblichen zweistufigen Vorgehen (Anfangspartition nach dem Verfahren von Ward [1963] und eine anschließende Umplatzierung nach dem k-Mean-Verfahren von MacQueen [1967]). Als Grundlage der Subgruppenbildung wurden die fünf Skalen des NEO-Fünffaktoren-Inventars (NEO-FFI; Borkenau & Ostendorf, 1993) herangezogen, welche die Persönlichkeitsdimensionen des Big-Five-Modells repräsentieren. Aufgrund verschiedener methodischer Analysen, die hier nicht wiedergegeben sind (vgl. hierzu im Detail: Roth, 2004) wurde einer Vier-Cluster-Lösung der Vorzug gegeben. Diese vier Prototypen sind anhand der clusterkonstituierenden Merkmale in Abb. 7 charakterisiert.

Als Bezeichnung für die Gruppen wurden die Etikettierungen herangezogen, die bereits von Barbaranelli (2002) für vierfache Prototypeinteilungen verwandt wurde. Der resiliente Typus entspricht exakt dem bislang in der Literatur beschriebenen und lässt sich durch eine niedrige Ausprägung in der Skala „Neurotizismus" und hohe Werte in anderen vier Skalen kennzeichnen. In gewisser Weise als „Antityp" zu diesem Profil lässt sich der als „Non-desirable" bezeichnete Typus beschreiben. Der unterkontrollierte Typus ist dem entsprechenden bei Barbaranelli (2002) sehr ähnlich. Dieser zeichnet sich primär durch eine niedrige Ausprägung in der Skala „Gewissenhaftigkeit" und eine hohe Ausprägung des Merkmals „Neurotizismus" aus. Demgegenüber spiegelt das Profil des hier als über-kontrolliert bezeichneten Typus nur schwach das entsprechende bei Barbaranelli (2002) wider. In dieser Gruppe scheinen lediglich eine niedrige Ausprägung der Skala „Offenheit" und vergleichsweise niedrige Neurotizismuswerte charakteristisch, während die anderen Dimensionen eher durchschnittlich ausgeprägt sind. Inwieweit hier die Bezeichnung „Overcontrolled" noch angemessen ist, vor allem im Hinblick auf die durchschnittlichen Werte in der Skala „Gewissenhaftigkeit", wird kritisch bei Roth (2004) diskutiert.

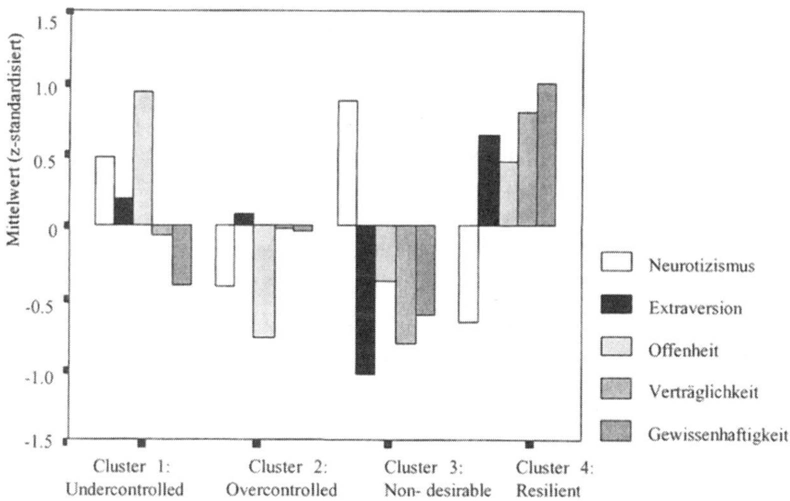

Abbildung 7: Mittelwerte in den clusterkonstituierenden Skalen des NEO-FFI bei den vier Persönlichkeitstypen

Zur weiteren Kennzeichnung der vier Persönlichkeitstypen wurden auch „Passiv"-Variablen, also nicht zur Klassifikation verwandte externe Variablen, einbezogen. Eine solche „Passiv"-Kennzeichnung wird von Moosbrugger und Frank (1996) als wichtiger Beleg für die Güte einer Clusterlösung im Sinne einer externen Validierung gefordert. Daneben dürfte die Beschreibung der Typen anhand weiterer Variablen aber auch zu deren interpretativem Verständnis beitragen. Dabei zeichnete sich erwartungsgemäß das Cluster der resilienten Jugendlichen durch die niedrigste Symptombelastung aus. Dies gilt primär für internalisierende, d. h. nach innen gerichtete Symptome. Hinsichtlich externalisierender, d. h. nach außen gerichteter Symptome aggressiver und delinquenter Art, findet sich keine überzufällige Differenz zur Gruppe der überkontrollierten Jugendlichen. Erwartungsgemäß zeichnen sich die Jugendlichen des als „Non-desirable" bezeichneten Persönlichkeitstypus durch die stärkste psychopathologische Symptombelastung aus. Bezüglich internalisierender Störungen weist diese Gruppe Unterschiede zu allen anderen Persönlichkeitstypen, bezüglich externalisierender Störungsformen lediglich zu den resilienten und überkontrollierten Typus auf. Bedeutsame Unterschiede finden sich auch hinsichtlich der Skalen „Selbstwertgefühl" und „wahrgenommene soziale Kompetenz". Eine exponierte Stellung nehmen auch hier die resilienten Jugendlichen ein, die sich gegenüber den Probanden der anderen Cluster durch das höchste Selbstwertgefühl und gleichzeitig die höchste wahrgenommene soziale Kompetenz auszeichnen. Die als „Non-desirable" klassifizierte Gruppe zeichnet sich hingegen in beiden Skalen durch die niedrigsten Werte aus.

Persönlichkeitstypen und Cannabiskonsum

Der Anteil von Marihuanakonsumenten unterschied sich recht deutlich in den vier Persönlichkeitsgruppen, was gleichermaßen für männliche wie weibliche Jugendliche zutrifft. Erwartungsgemäß zeichnen sich die resilienten Jugendlichen durch einen vergleichsweise geringen Anteil von Cannabiskonsumenten aus, während bei den unterkontrollierten Jugendlichen Konsumenten von Cannabis überproportional häufig vertreten sind. Auch diese Unterschiede zeigten sich übrigens für beide Geschlechtsgruppen. Es mag überraschen, dass bei dem als „Non-desirable" bezeichneten Persönlichkeitstyp Cannabiskonsumenten nicht überproportional vertreten sind. Letztlich steht dieser Befund jedoch in Einklang mit einer entwicklungspsychologischen, nichtdefizitorientierten Sichtweise des (zumindest gelegentlichen) Cannabiskonsums bei Jugendlichen (vgl. 6.2).

Der Zusammenhang zwischen Sensation Seeking und Cannabiskonsum in unterschiedlichen Persönlichkeitsgruppen

Der Zusammenhang zwischen dem Konsum von Cannabis und dem Merkmal Sensation Seeking, wie er aus der Literatur bekannt ist (vgl. 6.1), zeigte ich auch bei den Jugendlichen unserer Stichprobe. Demnach wiesen konsumierende Jugendliche deutlich höhere Sensation Seeking-Werte als nichtkonsumierende Jugendliche auf. Dies überrascht somit nicht. Von größerem Interesse war der differenzielle Effekt im Sinne der zweiten Fragestellung:

Gilt der Zusammenhang zwischen Sensation Seeking und Drogenkonsum für alle Persönlichkeitsgruppen oder existiert mit dem resilienten Typus ein Persönlichkeitsprofil, welches das Risikopotenzial des Merkmals Sensation Seeking kompensiert? Zur Analyse des postulierten differenziellen Effektes des Merkmals Sensation Seeking auf den Drogenkonsum wurde ein variablen- und personenorientierter Zugang gewählt.

Im Sinne der variablenorientierten Betrachtung wurde zunächst geprüft, ob der für die Gesamtgruppe festgestellte Unterschied zwischen Konsumenten und Nicht-Konsumenten in der mittleren Ausprägung des Merkmals Sensation Seeking gleichförmig bei allem Subgruppen auftritt. Dabei wurde entsprechend dem postulierten Interaktionseffekt erwartet, dass ein solcher Unterschied zwischen den Konsumgruppen nicht für alle Persönlichkeitstypen gilt. Abbildung 8 gibt die mittlere Sensation Seeking-Ausprägung zwischen Konsumenten und Nicht-Konsumenten von Cannabis bei den vier Persönlichkeitsclustern wieder. Die bekannten Unterschiede zwischen Konsumenten und Nicht-Konsumenten hinsichtlich der Sensation Seeking-Disposition gelten demnach nicht generell. Es ließen sich ausschließlich für die Persönlichkeitsgruppen „Undercontrolled“, „Overcontrolled“ und „Nondesirable“ diesbezüglich signifikante Unterschiede nachweisen. Demgegenüber erwies sich in der Gruppe der resilienten Jugendlichen die Ausprägung des Sensation Seeking-Merkmals für Konsumenten und Nicht-Konsumenten als fast identisch. Dieses Befundmuster bliebt im Übrigen auch dann stabil, wenn das Geschlecht der Jugendlichen kontrolliert wurde.

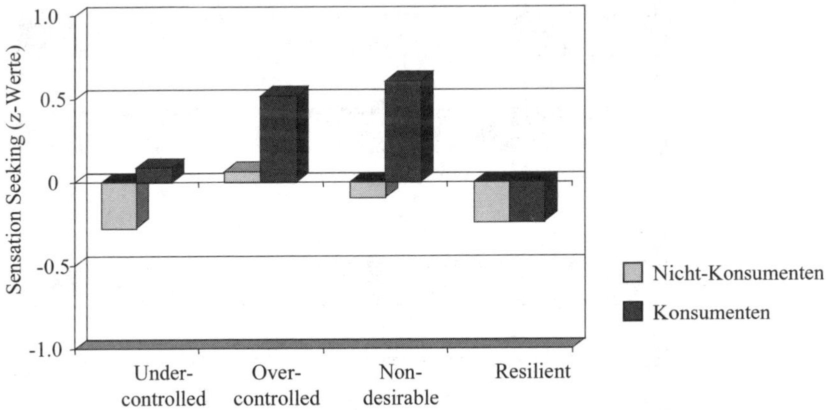

Abbildung 8: Mittlere Ausprägung des Merkmals Sensation Seeking bei Konsumenten und Nicht-Konsumenten von Cannabis, differenziert nach dem Persönlichkeitstyp

Die personenorientierte Analyse des Sensation Seeking-Merkmals zeigt ein ähnliches Befundmuster: In Abbildung 9 ist der Anteil von Konsumenten und Nicht-Konsumenten von Cannabis bei High und Low Sensation Seekern differenziert für die vier Persönlichkeitsgruppen wiedergegeben. Das ca. zweifach häufigere Auftreten von Cannabiskonsumenten bei High gegenüber Low Sensation Seekern, wie es bei der Gesamtgruppe ermittelt wurde (18 % ggb. 11 %), findet sich nicht bei allen vier Persönlichkeitstypen wieder. Während bei den Gruppen der als „Overcontrolled" und „Non-desirable" klassifizierten Jugendlichen ein solches Verhältnis feststellen lässt, zeigen sich beim unterkontrollierten und resilienten Persönlichkeitstypus keine überzufälligen Verteilungsunterschiede. Das Verhältnis lag hier bei ca. 1:1.4 resp. 1.33:1.

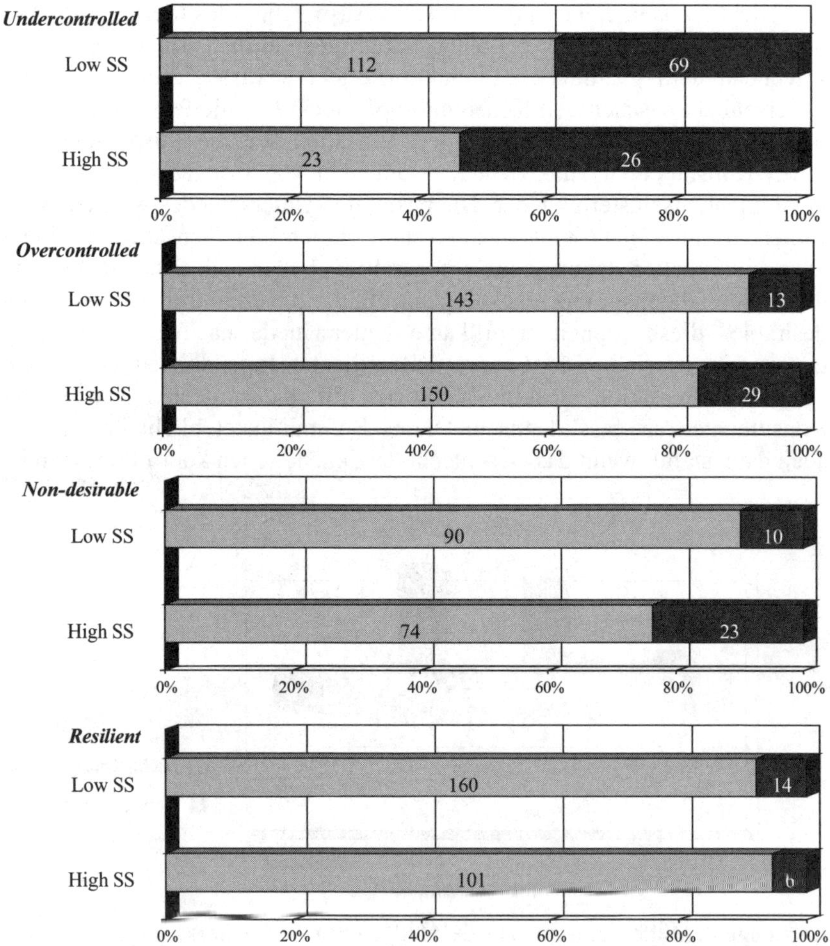

Abbildung 9: Verteilung von Jugendlichen mit hohen (High Sensation Seeking) und niedrigen Sensation-Seeking-Werten (Low Sensation Seeking) bei Konsumenten und Nicht-Konsumenten von Cannabis, differenziert nach dem Persönlichkeitstyp

Zusammenfassung

Die vorliegenden Ergebnisse zeigen primär die Bedeutsamkeit des resilienten Persönlichkeitstyps, da für diesen der Zusammenhang zwischen Sensation Seeking und Drogenkonsum anscheinend keine Gültigkeit aufweist. Das Merkmal Sensation Seeking, dass bei diesen Jugendlichen – bei Kontrolle der Geschlechtsvariablen – ebenso hoch ausgeprägt ist wie bei den anderen Jugendlichen scheint sich hier in anderer Art und Weise zu manifestieren. Demnach wurde hier ein Persönlichkeitsprofil identifiziert, dass Jugendliche – auch bei der entwicklungsbedingt erhöhten Suche nach Spannung und Aufregung – vor dem Konsum psychotroper Substanzen schützt. Die gleichen Befunde, wie sie hier für den Cannabiskonsum dargestellt wurden, ließen sich übrigens auch für den Tabak- und Alkoholkonsum nachweisen (Petermann & Roth, 2003).

8. Resümee

Die vorangegangenen Ausführungen haben präventive Bemühungen zur Verhinderung der Substanzkonsums aus verschiedenen genuin psychologischen Perspektiven hinterfragt. Der Leser mag sich nun die Frage stellen, ob überhaupt Prävention im Jugendalter wirksam und sinnvoll sein kann. Unsere Antwort sei hier klar genannt: So, wie gegenwärtig Prävention durchgeführt wird, nicht!

Die aus interventionstheoretischer sowie entwicklungs- und persönlichkeitspsychologischer Perspektive dargelegten Überlegungen konstituieren nämlich eine Reihe von unabdingbaren Voraussetzungen für die Effektivität präventiver Maßnahmen. Ohne deren Berücksichtigung können entsprechende Bemühungen nicht wirksam sein – auch dann nicht, wenn Verantwortliche dieser Maßnahmen sich dies noch so sehr wünschen und noch so sehr darauf vertrauen (siehe hierzu Paulus, 2005).

Wie könnten aber Präventionsmaßnahmen aussehen, die psychologische Erkenntnisse stärker integrieren? Dazu ist keine abschließende Antwort möglich; auch kann kein endgütiges Programm dazu vorgelegt werden. Vielmehr sollen an dieser Stelle einige der wichtigsten Aspekte der vorangegangenen Ausführungen zusammengefasst und mögliche Konsequenzen für die Praxis skizziert werden. Dabei wird, der Gliederung dieses Buches folgend, zunächst die interventionstheoretische und anschließend die entwicklungs- und persönlichkeitspsychologische Sicht eingenommen.

Aus *psychologisch-interventionstheoretischer Sicht* sind zunächst die besonderen Merkmale zu betonen, die eine psychologische Veränderungsmaßnahme von anderen, beispielsweise von medizinischen, unterscheiden. Viele Leser werden sich an die Worte „Schluckimpfung ist süß – Kinderlähmung ist grausam“, eine frühere sehr wirksame Medienkampagne zur Vorbeugung von Kinderlähmung erinnern. Bei derartigen Maßnahmen der Krankheitsvorbeugung legen Mediziner für bestimmte Zielgruppen eine Maßnahme fest. Dabei geben bekannte, empirisch-ermittelte Effektivitätsbelege dieser gesundheitspolitischen Maßnahmen die Sicherheit, dass die Vorbeugungsaktivität auch ein positives Ergebnis aufweisen wird. Das Erleben und Verhalten der Kinder (z. B. der Glaube an die Wirksamkeit oder die erlebte Bedrohung durch die Erkrankung) sind für den Erfolg unbedeutend. Es ist das Pharmakon, die zur Vorbeugung applizierte Subtanz, die das wirksame Mittel für den Erfolg der Präventionsmaßnahme darstellt.

Eine vollständig andere Situation liegt vor, wenn Prävention sich psychologischer Mittel bedient. Diese haben ihren Ansatzpunkt im Erleben und Verhalten, nicht wie die Pharmaka im metabolischen System des Körpers. Daraus ergibt sich als Konsequenz, dass eine psychologische Vorbeugung das Erleben und Verhalten der Empfänger in expliziter Weise berücksichtigen muss. Es ist überzeugend belegt, dass eine Vorbeugung mit psychologischen Mittel dann besonders erfolgreich ist, wenn das zu verhindernde Ereignis mit einer massiven individuellen Bedrohung korrespondiert (beispielsweise bei der AIDS-Prävention). Diese Bedrohungskognitionen aktivieren im Erleben des Individuums zwei wesentliche Wirkfaktoren einer erfolgreichen Intervention: die Hoffnung auf den Erfolg der Einflussnahme und die darauf fußende Aktivierung von Ressourcen, um die Bedrohung auszuschalten oder zu minimieren.

Auf diese beiden wichtigen Wirkfaktoren muss bei der Prävention des Missbrauchs psychotroper Substanzen bei Jugendlichen verzichtet werden. Der mögliche Gesundheitsschaden durch die Nutzung psychotroper Substanzen wird von den Jugendlichen als solcher nicht wahrgenommen. Suchtprävention bei dieser Altersgruppe kann somit nicht auf die erwiesenermaßen „erfolgreichen“ Bedrohungskognitionen bauen. Daher muss Suchtprävention von einem differenzierteren Ansatz als dem der Handlungsanregung durch Bedrohungen ausgehen. Als einen solchen Ansatz für vorbeugende Aktivitäten haben wir das Motivationsmodell menschlicher Grundbedürfnisse vorgeschlagen. Dieses postuliert vier Grundbedürfnisse: das Bedürfnis nach Orientierung und Kontrolle, das nach Wohlbefinden, das Bindungsbedürfnis und das Bedürfnis nach Aufrechterhaltung des Selbstwertgefühls. Suchtpräventive Maßnahmen sind in dem Grade wirksam, indem sie diese Bedürfnisse befriedigen.

So können präventive Maßnahmen dem Jugendlichen Aktivitäten im ökologischen Setting oder im zwischenmenschlichen Bereich ermöglichen, was sein Kontrollbedürfnis befriedigen würde. Dem Bedürfnis nach Bindung kann durch den Aufbau einer vertrauensvollen Beziehung zu einer Lehrkraft oder zu Gleichaltrigen entsprochen werden. In vertrauensvollen Beziehungen fühlt sich der Jugendliche wohl. Das Erleben des Wohlbefindens garantiert dann die Wirksamkeit eines wesentlichen Prinzips der psychologischen Interventionstheorie. Es besteht darin, dass sich persönliche und soziale Ressourcen nur dann aktualisieren und entwickeln lassen, wenn das Bedürfnis nach Bindung und Wohlergehen erfüllt ist. Nur dann treten die Inhalte der präventiven Einflussnahme in Wechselwirkung mit den spezifischen Ressourcen des Jugendlichen. Gelingt es einem suchtpräventiv Tätigen an diesen Grundbedürfnissen des Jugendlichen anzuschließen, dann können bedeutsame Identifikationsvorgänge mit seiner Person, mit dem was er sagt und tut ausgelöst werden. Der Bindungsperson zuliebe übernimmt vielleicht ein Jugendlicher deren tradierte, wünschenswerte Wertvorstellungen. Diese können im Wissens- und Fertigkeitserwerb, in der Aufnahme förderlicher sozialer Beziehungen, in realistischen Zielvorstellungen bezüglich des einzuschlagenden Berufsweges und vielem anderen bestehen. Suchtpräventive Erfolge bestehen letztlich darin, dass Jugendliche zur Reflexion darüber angeregt werden, ob der Gebrauch psychotroper Substanzen ihnen zur Befriedigung ihrer Bedürfnisse eher förderlich oder hinderlich ist und der Erkenntnis, dass sich wesentliche Bedürfnisse auch ohne den Gebrauch psychotroper Substanzen befriedigen lassen.

Neben der interventionstheoretischen Perspektive, muss weiterhin eine *entwicklungs- und persönlichkeitspsychologische Sichtweise* beachtet werden: Wenn wir von der allgemein notwendigen Zielsetzung einer Befriedigung von Grundbedürfnissen der Jugendlichen sprechen, so darf nicht übersehen werden, dass wir es mit unterschiedlichen Formen des Drogenkonsums im Jugendalter zu tun haben. Bisherigen Präventionsprogrammen liegt jedoch meist die implizite Annahme zugrunde, dass der Drogengebrauch ein einheitliches Phänomen darstellt. Dies ist nicht so. Die bisherigen Ausführungen haben darauf verwiesen, dass der Konsum illegaler Drogen einmal als ein auf die Adoleszenz begrenztes Verhaltenssyndrom aufzufassen ist. Daneben kann der Substanzgebrauch im Jugendalter jedoch auch Indikator für maladaptive Entwicklungsverläufe sein: einmal als Adoleszenzmerkmal im Kontext einer lebenslang andauernden Antisozialität zum anderen als Markierung des Entwicklungsbeginns von Missbrauchs- und Abhängigkeitsstörungen. Diese unterschiedlichen Formen des Konsums bedürfen aber auch unterschiedlicher Interventionsansätze! Somit kann es keine einheitliche Form zur Vorbeugung des Drogenkonsums im Jugendalter geben. Alle Maßnahmen der Suchtprävention müssen explizit die spezielle Subgruppe der Jugendlichen spezifizieren, an die sie sich richten und entsprechend differenziert vorgehen:

Bei der maladaptiven Form des Drogenkonsums, die sich im Rahmen eines lebenslangen Problemverhaltens manifestiert, liegt eine Interaktion ontogenetisch früher neuropsychologischer Schädigungen mit negativen sozialen Umständen vor. Präventive Maßnahmen dürften für diese Verlaufsformen kaum geeignete Interventionskonzepte darstellen. Vorbeugung setzt ja aus interventionstheoretischer Sicht vor dem Auftreten der Störung an. Diese besteht aber bereits lebenslang, so dass *vorbeugende* Maßnahmen „zu spät" kommen. Aufgrund ihres pathologischen Charakters scheinen bei der maladaptiven Form einer lebenslang andauernden Antisozialität genuin klinisch-therapeutische Verfahren, die der Komplexität der Genesebedingungen Rechnung tragen können, angemessener als Vorbeugungskonzepte.

Für die übergroße Zahl der Jugendlichen ist aber die Substanznutzung in Form eines adaptiven, passageren Entwicklungsphänomens charakteristisch. Programme zur Vorbeugung des Substanzmissbrauch zielen besonders auf diese Gruppe von Jugendlichen. Zu fordern ist dabei aber, dass die spezifischen Determinanten dieser Verlaufsform beachtet werden. Drogenkonsum als adaptives Verhalten ist im Kontext einer gesunden Adoleszenzentwicklung manifestiert. Die von den meisten Präventionsprogrammen vertretene Sichtweise, wonach defizitäre Ausprägungen von Persönlichkeitsmerkmalen ursächlich für den Substanzkonsum sind, lassen sich als ein Mythos der Präventionsforschung bezeichnen. Es sei an dieser Stelle klar herausgestellt: Jugendlichen, die im Kontext der entwicklungsbedingten Verlaufsform illegale Drogen konsumieren, mangelt es nicht an Lebenskompetenzen, kommunikativen Fähigkeiten, sie weisen auch keine Persönlichkeitsdefizite auf. Im Gegenteil: Wir müssen sogar annehmen, dass es sich um sozial besonders kompetente und bezüglich ihrer Persönlichkeit stabile junge Menschen handelt. Bei dieser umfangreichen Gruppe von Jugendlichen sind weniger fehlende Lebenskompetenzen, als vielmehr bestimmte Entwicklungscharakteristiken für den Drogenkonsum verantwortlich. Zu nennen sind hier der adoleszenztypisch erhöhte Wunsch nach Aufregung und Spannung (Sensation Seeking) oder die Notwendigkeit, sich von den Eltern zu lösen und sich der Gruppe der Gleichaltrigen zuzuwenden. Betrachten wir den Konsum psychotroper Substanzen als einen adaptiven Versuch der Jugendlichen diesen Entwicklungscharakteristiken und -anforderungen zu begegnen, so müssen primärpräventive Maßnahmen dies berücksichtigen und alternative Verhaltensweisen zur Verfügung stellen, die die gleichen Ziele verfolgen. Dass diese nicht in der „Erhöhung des Selbstwertgefühls" oder in dem „Erwerb kommunikativer Fähigkeiten" liegen können, versteht sich von selbst. Alternative Handlungsmöglichkeiten für den Jugendlichen zu finden, die seinem Wunsch nach Sinnesstimulation ebenso nachkommen wie der Teilhabe an der Peergruppe, dürfte vor diesem Hintergrund die entscheidende Präventionsaufgabe darstellen.

Literatur

Adler, A. (1992): *Praxis und Theorie der Individualpsychologie.* Frankfurt am Main: Fischer Taschenbuch-Verlag.

Amelang, M. & Bartussek, D. (1996): *Differentielle Psychologie und Persönlichkeitsforschung.* Stuttgart: Kohlhammer.

Arnett, J. (1992a): Reckless behavior in adolescence: A developmental perspective. *Developmental Review, 12*, 339–373.

Arnett, J. (1992b): Socialization and adolescent reckless behavior: A reply to Jessor. *Developmental Review, 12*, 391–409.

Arnett, J. (2000): Optimistic bias in adolescent and adult smokers and nonsmokers. *Addictive Behaviors, 25*, 625–632.

Ärzte-Zeitung online – http:/www.aerztezeitung.de (2005a): Immer mehr totale Rauchverbote an Schulen. 9. Mai.

Ärzte-Zeitung online – http:/www.aerztezeitung.de (2005b): Kabinett für Rauchverbot in Bayerns Schulen. 9. Mai.

Altgeld, T. & Kolip, P. (2004): Konzepte und Strategien der Gesundheitsförderung. In: K. Hurrelmann, T. Klotz & J. Haisch (Hrsg.), *Lehrbuch der Prävention und Gesundheitsförderung*, S. 41–54, Bern: Hans Huber.

Asendorpf, J. B. (2004): *Psychologie der Persönlichkeit.* Berlin: Springer.

Asendorpf, J.B. & von Aken, M.A.G. (1993): Deutsche Versionen der Selbstkonzeptskalen von Harter. *Zeitschrift für Entwicklungspsychologie und Pädagogische Psychologie,* 25, 64–86.

Asendorpf, J.B., Caspi, A. & Hofstee, W.K.B. (2002): The puzzle of personality types. *Special Issue of the European Journal of Personality, 16.*

Ball, I.L., Farnnill, D. & Wangeman, J.F. (1984): Sex and age differences in sensation seeking: Some national comparisons. *British Journal of Psychology, 75*, 257–265.

Baltes, P.B. (1990): Entwicklungspsychologie der Lebensspanne: Theoretische Leitsätze. *Psychologische Rundschau, 41,* 1–24.

Bandura, A. (1986): *Social foundations of thought and action.* Englewood Cliffs: Prentice Hall.

Barbaranelli, C. (2002): Evaluating cluster analysis solutions: An application to the Italian NEO personality inventory. *European Journal of Personality, 16*, 43–55.

Barnea, Z., Teichman, M. & Rahav, G. (1992): Personality, cognitive, and interpersonal factors in adolescent substance use: A longitudinal test of an integrative model. *Journal of Youth and Adolescence, 21*, 187–201.

Barth, J. & Bengel, J. (1998): *Prävention durch Angst? Stand der Furchtappellforschung, Forschung und Praxis der Gesundheitsförderung, Band 4.* Köln: Bundeszentrale für die gesundheitliche Aufklärung (BZgA).

Baumann, U. & Reinecker-Hecht, C. (1998): Methodik der Klinisch-psychologischen Interventionsforschung, In: Baumann & Perrez. *Klinische Psychologie, Bd 2, Intervention*, S. 346–365, Bern: Verlag Hans Huber.

Beauducel, A. & Brocke, B. (2003): Sensation Seeking Scale – Form V: Merkmale des Verfahrens und Bemerkungen zur deutschsprachigen Adaptation. In: M. Roth & P. Hammelstein (Hrsg.): *Sensation Seeking – Konzeption, Diagnostik und Anwendung* (S. 77–99). Göttingen: Hogrefe.

Beauducel, A. & Roth, M. (2003): Methoden zur Erfassung von Sensation Seeking – Versuch einer Systematik. In: M. Roth & P. Hammelstein (Hrsg.), *Sensation Seeking – Konzeption, Diagnostik und Anwendung* (S. 122–137). Göttingen: Hogrefe.

Bienert, J. (2005): *Strukturelle Suchtprävention, Wirkung von Normen und Regeln – Empirische Untersuchungsergebnisse einer Befragung an Leipziger Gymnasien*. Unveröff. Diplomarbeit, Univ. Leipzig.

Block, J. (1971): *Lives through time*. Berkeley: Bancroft Books.

Borkenau, P. & Ostendorf, F. (1993): *NEO-Fünf-Faktoren Inventar nach Costa und McCrae. Handanweisung*. Göttingen: Hogrefe.

Botvin, G. J. (1998): Preventing adolescent drug abuse through life skills training: Theory, methods and effectiveness. In: J. Crane (Ed.), *Social programs that really work* (pp. 225–257). New York: Russell Sage Foundation.

Brandtstädter, J. & von Eye, A. (1984): *Psychologische Prävention*. Bern: Verlag Hans Huber.

Brandstädter, J. (1984): Prävention als psychologische Aufgabe. In: J. Brandtstädter & A. von Eye (1984). *Psychologische Prävention*. S. 15–36. Bern: Verlag Hans Huber.

Brandstädter, J. (1984): Kern– und Leitbegriffe psychologischer Prävention. In: J. Brandtstädter & A. v. Eye (1984): *Psychologische Prävention*. S. 81–118. Bern: Verlag Hans Huber.

Bruvold, W. H. (1993): A meta–analysis of adolescent smoking prevention programs. *American Journal of Public Health*, 83, 872–880.

Bundesministerium für Gesundheit (2002): *Vereinbarung zwischen dem Bundesministerium für Gesundheit und dem Verband der Zigarettenindustrie, Hintergrundinformation für Fachzeitschriften der Suchtkrankenhilfe*, S. 1–6, 5. Dezember 2002, Berlin: Geschäftsstelle der Drogenbeauftragten, Mohrenstraße 62, 10117 Berlin.

Bundeszentrale für die gesundheitliche Aufklärung (2003): *Auf dem Weg zu einer rauchfreien Schule – ein Leitfaden für Pädagogen zum Umgang mit dem Rauchen*. Köln: Bundeszentrale für die gesundheitliche Aufklärung (BzgA).

Bundeszentrale für die gesundheitliche Aufklärung (2005): *Die Drogenaffinität Jugendlicher in der Bundesrepublik Deutschland 2005. Eine Wiederholungsbefragung der Bundeszentrale für die gesundheitliche Aufklärung*. Köln: Bundeszentrale für die gesundheitliche Aufklärung (BZgA).

Caspi, A. & Moffitt, T.E. (1995): The continuity of maladaptive behavior: From description to understanding in the study of antisocial behavior. In: D. Cicchetti & D.J. Cohen (Eds.), *Developmental Psychopathology* (Vol. 2: Risk, disorder, and adapation, pp. 472–511). New York: Wiley.

Cattell, R.B. (1967): *The scientific analysis of personality*. Harmondsworth: Penguin Books.

Comer, R.J. (2001): *Klinische Psychologie*. Hrsg. von G. Sartory & J. Metsch. Heidelberg: Spektrum Akademischer Verlag.

Conger, J.J. (1956): Alcoholism: Theory, problems and challenge. II: Reinforcement theory and and the dynamics of alcoholism. *Quarterly Journal of Studies on Alcohol, 17*, 296–305.

Commonwealth Department of Health an Aged Care, 2000. Australians National Tobacco Campain. *Evaluation report. vol. 1+2,* Canberra: NTC.
Costa, P.T. & McCrae, R.R. (1995): Solid ground in the wetlands of personality: A reply to block. *Psychological Bulletin, 117*, 216–220.
Costello, E.J., Erkanli, A., Federman, E. & Angold, A. (1999): Development of psychiatric comorbidity with substance abuse in adolescents: Effects of timing and sex. *Journal of Clinical Child Psychology, 28*, 298–311.
De Raad, B. (2000): *The big five personality factors: The psycholexical approach to personality*. Seattle: Hogrefe & Huber Publishers.
Dilling, H., Mombour, W., Schmidt, M.H. unter Mitarbeit von E. Schulte–Markwort (Hrsg.) (2005): *Internationale Klassifikation psychischer Störungen.* ICD-10 Kapitel V (F) Klinisch-diagnostische Leitlinien. Bern: Hans Huber.
Drogen– und Suchtkommission beim Bundesministerium für Gesundheit (2002): *Stellungnahme der Sucht– und Drogenkommission zur Verbesserung der Suchtprävention*, Kapitel IV, Administrative Steuerungsstrukturen der Prävention, S. 21–28. Berlin: Bundesministerium für Gesundheit.
D'Silva, M.U., Grant Harrington, N., Palmgreen, P., Donohew, L. & Pugzles Lorch, E. (2001): Drug use prevention for the high sensation seeker: The role of alternative activities. *Substance Use and Misuse, 36*, 373–385.
Dusenbury, L. & Botvin, G.J. (1990): Competence enhancement and the prevention of adolescent problem behavior. In: K. Hurrelmann & F. Lösel (Eds.), *Health hazards in adolescence* (pp. 459–477). Berlin: de Gruyter.
Elkind, D. (1967): Egocentrism in adolescence. *Child Development, 38*, 1025–1034.
Elkind, D. & Bowen, R. (1979): Imaginary audience behavior in children and adolescents. *Developmental Psychology, 15*, 38–44.
Essau, C. A., Karpinski, N. A., Petermann, F. & Conradt, J. (1998): *Störungen durch Substanzkonsum bei Jugendlichen. Kindheit und Entwicklung, 7*, 199–207.
Evans, R.I. (1976): Smoking in children: Developing a social strategy of deterrance. *Preventive Medicine, 5,* 122–127.
Evans, R.I. (1988): Prevention of smoking in adolescence: Conceptualization and intervention stretegies of a prototypical reserach program. In: S. Maes & C.D. Spielberger & P.B. Defares & I.G. Sarason (Eds.): *Topics in health psychology* (pp. 107–125). Chichester: Wiley.
Evans, R.I., Raines, B.E. & Hanselka, L. (1984): Developing data-based communications in social psychological research: Adolescent smoking prevention. *Journal of Applied Social Psychology, 14,* 289–295.
Eysenck, H.J. & Eysenck, S.B.G. (1969): *Personality structure and measurement.* London: Routledge & Kegan Paul.
Fiedler, P. (2000): *Integrative Psychotherapie bei Persönlichkeitsstörungen.* Göttingen: Hogrefe.
Filipp, S.-H. (1979): Entwurf eines heuristischen Bezugsrahmens für die Selbstkonzeptforschung: Menschliche Informationsverarbeitung und naive Handlungstheorie. In: S.-H. Filipp (Hrsg): *Selbstkonzeptforschung,* S. 129–152.

Filipp, S.-H. & Gräßer, H. (1984): Psychologische Prävention im Umfeld kritischer Lebensereignisse. In: J. Brandtstädter & A. v. Eye (1984): *Psychologische Prävention.* S. 155–196. Bern: Verlag Hans Huber.

Filipp, S.–H. (1990): Ein allgemeines Modell für die Analyse kritischer Lebensereignisse. S. 3–52. In: S.-H. Filipp (1990). (Hrsg): *Kritische Lebensereignisse.* München: Psychologie Verlags-Union.

Fischer, V. (2001): *Suchtprävention bei Jugendlichen.* Regensburg: Roderer Verlag.

Frank, J. (1961): *Persuasion and healing (2nd ed.).* Baltimore: The John Hopkins University Press.

Franzkowiak, P. & Sabo, P. (1999): Von der Drogenprävention zur Entwicklungsförderung und Risikobegleitung. *Prävention*, 22, S. 90–94.

Frey, D. & Jonas, E. (2002): Die Theorie der kognizierten Kontrolle. In: D. Frey & M. Irle (Hrsg.), *Theorien der Sozialpsychologie* (S. 13–50). Bern: Huber.

Gebsattel, E. von (1954): *Prolegomena einer medizinischen Anthropologie.* Berlin: Springer.

Gesetz über den Verkehr mit Betäubungsmitteln (BtMG) in der Fassung der Bekanntmachung vom 1. März 1994, zuletzt geändert durch Art. 2 G v. 26.6. 2002. In: Strafgesetzbuch (S. 197–220). München: C. H. Beck Verlag.

Goldberg, L.R. (1981): Language and individual differences: the search of universals in personality lexicons. In: L. Wheeler (Ed.): *Review of Personality and Social Psychology* (pp. 141–165). Beverly Hills: Sage.

Goossens, L., Beyers, W., Emmen, M. & van Aken, M.A.G. (2002): The imaginary audience and personal fable: Factor analyses and concurrent validity of the „New Look" measures. *Journal of Research on Adolescence, 12,* 193–215.

Grawe, K. (2000): *Psychologische Therapie.* Göttingen: Hogrefe.

Grawe, K. (2004): *Neuropsychotherapie.* Göttingen: Hogrefe.

Grawe, K. (2005): Allgemeine Psychotherapie. In: W. Senf & M. Broda (Hrsg.), *Praxis der Psychotherapie* (S. 120–133). Stuttgart: Georg Thieme Verlag.

Häfner, S., Franz, M., Lieberz, K. & Schepank, H. (2001): Psychosoziale Risiko- und Schutzfaktoren für psychische Störungen: Stand der Forschung: Teil 1 und 2. *Psychotherapeut*, 46, 343–347, 403–408.

Hanewinkel, R. & Wiborg, G. (2002): Programm der schulischen Suchtprävention: Evaluation als Instrument der Qualitätssicherung. In: G. Böttger, H. Petermann & H. Schröder. *Suchtprävention in Sachsen,* S. 53–61, Dresden: Poly–Druck.

Hanewinkel, R. und Isensee, B. (2003). Umsetzung, Akzeptanz und Auswirkungen der Tabaksteuererhöhung in Deutschland vom 1. Januar 2002. *Sucht 49* (3), 168–179.

Havighurst, R. J. (1973): History of developmental psychology. In: P.B. Baltes & K.W. Schaie (Eds.), *Life–span developmental psychology* (pp. 3–24). New York: Academic Press.

Heckhausen, H. (1987): Perspektiven einer Psychologie des Wollens. Wünschen – Wählen –Wollen. In: H. Heckhausen, P.M. Gollwitzer & F.E. Weinert (Hrsg.): *Jenseits des Rubikon: Der Wille in den Humanwissenschaften* (S. 3–9). Berlin: Springer.

Heckhausen, J. & Schulz, R. (1995): A life-span theory of control. *Psychological Review, 102*, 284–304.
Höfler, M., Lieb, R., Perkonigg, A., Schuster, P., Sonntag, H. & Wittchen, H. U. (1999): Covariates of cannabis use progression in a representative sample of adolescents: A prospektive examination of vulnerability and risk factors. *Addiction, 94*, 1679–1694.
Holm-Hadulla, R. M. (2005): Die therapeutische Beziehung. In: W. Senf & M. Broda (Hrsg.), *Praxis der Psychotherapie* (S. 97–102). Stuttgart: Georg Thieme Verlag.
Hurrelmann, K. (2002): Legale und illegale Drogen – Wie kann ihr Missbrauch verhindert werden? In: H. Petermann & M. Roth (Hrsg): *Sucht und Suchtprävention*, Berlin: Logos Verlag.
Hurrelmann, K. & Leppin, A. (2002): Verbreitung legaler und illegaler Drogen – Welche Konsequenzen ergeben sich für die Suchtprävention? In: G. Böttger, H. Petermann & H. Schröder (Hrsg): *Suchtprävention in Sachsen*. S. 37–42, Dresden: Polydruck Dresden GmbH.
Jahnke, H.C. & Blanchard–Fields, F. (1993): A test of two models of adolescent egocentrism. *Journal of Youth and Adolescence, 22*, 313–326.
Jessor, R. (1992): Risk behavior in adolecence: A psychosocial framework for understanding and action. *Developmental Review, 12*, 374–390.
Jessor, R. & Jessor, S.L. (1977): *Problem behavior and psychosocial development*. New York: Academic Press.
John, U., Rumpf, H.-J. & Hapke, U. (2000): *Bevölkerungsorientierte Suchtversorgung*, S. 71–82, Freiburg: Lambertus.
John, U., Hapke, U. Rumpf, H.-J., Meyer, C., Bischof, G., Hanke, M., Schumann, A., Riedel, J., Hannöver, W., Thyrian J.R., Bott, K., Michael, A. (2002): Prävention von Gesundheitsstörungen aufgrund von Tabakrauchen und Alkoholkonsum – der Beitrag zur Gesundheitsversorgung mit besonderer Berücksichtigung des Transtheoretischen Modells zur Verhaltensänderung, *Sucht 48* (4), S. 284–295.
Johnston, L.D., O'Malley, P.M. & Bachman, J.G. (2001): *Monitoring the Future National Results on Adolescent Drug Use: Overview of Key Findings 2000*. Bethesda, MD: National Institute on Drug Abuse.
Jung, C.G. (1937): *Psychologische Typen*. Zürich: Rascher.
Kaminski, G. (1970): *Verhaltenstheorie und Verhaltensmodifikation*. Stuttgart: Ernst Klett Verlag.
Kandel, D.B. (1978): *Longitudinal research on drug use*. New York: Wiley & Sons.
Kandel, D.B. (1998): Persistent themes and new perspectives on adolescent substance use: A livespan perspective. In: R. Jessor (Ed.): *New perspectives on adolescent risk behavior* (pp. 43–89). New York: Cambridge University Press.
Kandel, D. B. (2002): Examining the gateway hypothesis: stages and pathways of drug involvement. In: D.B. Kandel (Ed.): *Stages and pathways of drug involvement: Examining the gateway hypothesis* (pp. 3–15). New York: Cambridge University Press.
Kandel, D.B. & Chen, K. (2000): Types of marihuana users by longitudinal course. *Journal of Studies on Alcohol, 61*, 367–378.

Kandel, D.B., Johnson, J.G., Bird, H.R., Weissman, M.M., Goodman, S.H., Lahey, B.B., Regier, D.A. & Schwab-Stone, M.E. (1999): Psychiatric comorbidity among adolescents with substance use disorders: Findings from the MECA Study. *Journal of the American Academy of Child and Adolescent Psychiatry, 38*, 693–699.

Kandel, D.B. & Logan, J.A. (1984): Patterns of drug use from adolescence to young adulthood: I. Periods of risk for initation, continued use, and disconituation. *American Journal of Public Health, 74*, 660–666.

Kandel, D.B. & Yamaguchi, K. (2002): Stages of drug involvement in the U.S. population. In: D.B. Kandel (Ed.), *Stages and pathways of drug involvement: Examining the gateway hypothesis* (pp. 65–89). New York: Cambridge University Press.

Kanning, U.P. (2000): *Selbstwertmanagement*. Göttingen: Hogrefe.

Kersch, B. (1998): „Tabakdistanz"– ein Evaluationskriterium unterrichtlicher Suchtpräventionsmaßnahmen bei 13- bis 16jährigen Schülerinnen und Schülern. Ergebnisse einer Leipziger Längsschnittsstudie. Sucht, 44, 15–24.

Khantzian, E.J. (1997): The self-medication hypothesis od substance use disorders: A reconsideration and recent applications. *Haward Review of Psychiatry, 4*, 231–244.

Kirch, W. & Margraf, J. (Hrsg.) (1995): Forschungsverband Public Health Sachsen. Stuttgart: Fischer.

Kosarz, P. & Broda, M. (2004): Prävention und Rehabilitation. In: W. Hiller (Hrsg.): *Wissenschaftliche Grundlagen der Psychotherapie*, S. 229–239, München: CIP-Medien.

Kraus, L., Augustin, R. & Orth, B. (2005): Illegale Drogen. Einstiegsalter und Trends. Ergebnisse des epidemiologischen Suchtsurvey 2003. Sucht, 51, Sonderheft 1, 19–28.

Kretschmer, E. (1921): *Körperbau und Charakter*. Berlin: Springer.

Kröger, C., Heppekausen, K. & Ebenhoch, K. (2002): Kommunikationsstrategien zur Raucherentwöhnung. *Forschung und Praxis der Gesundheitsförderung, 18*, Köln: Bundeszentrale für die gesundheitliche Aufklärung (BzgA).

Künzel–Böhmer, J., Bühringer, G. & Janik-Konecny, T. (1993): Expertise zur Primärprävention des Substanzmissbrauchs, Bd. 20. *Schriftenreihe des Bundesministeriums für Gesundheit*. Baden-Baden: Nomos Verlagsgesellschaft.

Lapsley, D. K. (1993): Toward an integrated theory of adolescent ego development: The „new look" at adolescent egocentrism. *American Journal of Orthopsychiatry, 63*, 562–571.

Laucht, M. (2001): Antisoziales Verhalten im Jugendalter: Entstehungsbedingungen und Verlaufsform. *Zeitschrift für Kinder– und Jugendpsychiatrie und Psychotherapie, 29*, 297–311.

Laux, L. & Renner, K.-H. (2002): Self-Monitoring und Authentizität: Die verkannten Selbstdarsteller. *Zeitschrift für differentielle und diagnostische Psychologie*, 23, 129–148.

Lazarus, R. S., & Folkman, S. (1984): *Stress, Appraisal, and Coping*. New York: Springer.

Leppin, A. (2004): Konzepte und Strategien der Krankheitsprävention. In: K. Hurrelmann, T. Klotz & J. Haisch. *Lehrbuch der Prävention und Gesundheitsförderung*, S. 31–40, Bern: Hans Huber.

Lindenberger, U. (2002): Erwachsenenalter und Alter. In: R. Oerter & L. Montada (Hrsg.), *Entwicklungspsychologie* (S. 350–392). Weinheim: Beltz.
Lösel, F. & Bliesener, T. (1998): Zum Einfluss des Familienklimas und der Gleichaltrigengruppe auf den Zusammenhang zwischen Substanzgebrauch und antisozialem Verhalten von Jugendlichen. *Kindheit und Entwicklung, 7*, 208–220.
MacQueen, J. (1967): Some methods to classification and analysis of multivariate observations. In: L.M. Necam & J. Neyman (Eds.), *Proceedings of the Fifth Berkeley Symposium of Mathematical Statistics and Probability 1965/66* (Vol. 1, pp. 281–297). Berkeley: University of California Press.
Markert, C. (2002): Methodische Möglichkeiten zur Abschätzung der Verläßlichkeit in suchtpräventiven Längsschnittstudien. In: H. Petermann & M. Roth (Hrsg.), Sucht und Suchtprävention (S. 105–127). Berlin: Logos.
Markert, C. (2003): *Schule, Alkohol und Zigaretten – Erklärungsmodell und Befunde*. Berlin: Logos Verlag.
Markus, H.R. (1977): Self-schemata and processing information about the self. *Journal of Personality and Social Psychology*, 35, 63–78.
Martin, M. & Kliegel, R. (2005): *Psychologische Grundlagen der Gerontologie*. Stuttgart: Kohlhammer.
Martin, C., Logan, T.K., Leukefeld, C., Milich, R., Omar, H. & Clayton, R. (2001): Adolescent and young adult substance use: Association with sensation seeking, self esteem and retrospective report of early pubertal onset. A preliminary examination. *International Journal of Adolescent Medicine and Health, 13*, 211–219.
Martin, C.A., Kelly, T.H., Rayens, M.K., Brogli, B.R., Brenzel, A., Smih, W.J. & Omar, H.A. (2002): Sensation seeking, puberty, and nicotine, alcohol and marihuana use in adolescence. *Journal of the American Academy of Child and Adolescent Psychiatry, 41*, 1495–1502.
Merikangas, K.R., Mehta, R.L., Molnar, B.E., Walters, E.E., Swendsen, J.D., Auilar-Gaziola, S., Bijl, R., Borges, G., Caraveo–Anduaga, J.J., Dewit, D.J., Kolody, B., Vega, W., Wittchen, H.U. & Kessler, R. C. (1998): Comorbidity of substance use disorders with mood and anxiety disorders:Results of the international consortium in psychiatric epidemiology. *Addictive Behaviors, 23*, 893–908.
Merrill, J.C., Kleber, H.D., Shwartz, M., Liu, H. & Lewis, S.R. (1999): Cigarettes, alcohol, marihuana, other risk behaviors, and American youth. *Drug and Alcohol Dependence, 56*, 205–212.
Meyer, C. & John, U. (2005): Alkohol – Zahlen und Fakten zum Konsum. Deutsche Hauptstelle für Suchtfragen e.V. (DHS) (Hrsg.): *Jahrbuch Sucht 2005*, 7–28. Geesthacht: Neuland-Verlag.
Mitchell, C.M., Beals, J., Novins, D.K., Spicer, P. & AI–SUPERPFP–Team. (2003): Drug use among two American Indian populations: prevalence of lifetime use and DSM–IV substance use disorders. *Drug and Alcohol Dependence, 69*, 29–41.
Mittag, W. & Jerusalem, M. (1999): Determinanten des Rauchverhaltens bei Jugendlichen und Transfereffekte eines schulischen Gesundheitsprogramms. *Zeitschrift für Gesundheitspsychologie, 7*, 183–201.
Mittag, W. & Hager, W. (2000): Ein Rahmenkonzept zur Evaluation psychologischer Interventionsmaßnahmen. In: W. Hager, J.L. Patry & H. Brenzing

(Hrsg.), *Evaluation psychologischer Interventionsmaßnahmen: Standards und Kriterien. Ein Handbuch,* S. 102–128. Bern: Huber.

Mittag, W. (2003): Qualitätssicherung und Evaluation. In: M. Jerusalem & H. Weber. *Psychologische Gesundheitsförderung,* S. 121–138, Göttingen: Hogrefe.

Moffitt, T.E. (1993): Adolescence-limited and life-course persistent antisocial behavior: A devolopmental taxonomy. *Psychological Review, 100*, 674–701 (Kap. 19, 31, 34).

Moffitt, T.E., Caspi, A., Harrington, H. & Milne, B.J. (2002): Males on the life–course–persistent and adolescence–limited antisocial pathways: Follow up at 26 years. *Development and Psychopathology, 14*, 179–207.

Montada, L. (2002): Fragen, Konzepte, Perspektiven. In: R. Oerter & L. Montada (Hrsg.), *Entwicklungspsychologie* (S. 3–53.), Weinheim: Beltz.

Moosbrugger, H. & Frank, D. (1996): Clusteranalytische Verfahren zur typologischen Analyse. In: K. Pawlik (Hrsg.), *Enzyklopädie der Psychologie, Themenbereich C: Theorie und Forschung. Serie VIII: Differentielle Psychologie und Persönlichkeitsforschung* (Bd. 1: Grundlagen und Methoden der Differentiellen Psychologie, S. 731–774). Göttingen: Hogrefe.

Neisser, U. (1976): *Cognition and reality.* San Francisco: Freeman.

Newcomb, M.D. & Bentler, P.M. (1989): Substance use and abuse among children and teenagers. *American Psychologist, 44*, 242–248, (Kap. 34).

Nöcker, G. (1990): *Von der Drogen- zur Suchtprävention. Bestandsaufnahme, Kritik und Perspektiven.* Düsseldorf: Ministerium für Gesundheit und Arbeit (MAGS).

Oerter, R. (1982): *Moderne Entwicklungspsychologie.* Donauwörth: Auer.

Paulus, J. (2005): Lauter unerhörte Kampagnen. Aufklärungsaktionen gegen Drogen, AIDS oder Suizid verpuffen erschreckend oft, manche wirken sogar kontraproduktiv. Die Zeit, 39.

Perkonigg, A., Lieb, R., Höfler, M., Schuster, P., Sonntag, H. & Wittchen, H. U. (1999): Patterns of cannabis use, abuse and dependence over time: Incidence, progression and stability in a sample of 1228 adolescents. *Addiction, 94*, 1663–1678.

Perrez, M. & Baumann, U. (1998): Systematik der klinisch-psychologischen Intervention. In: M. Perrez & U. Baumann (Hrsg.): *Lehrbuch Klinische Psychologie – Psychotherapie* (S. 309–319). Bern: Verlag Hans Huber.

Pesce, R.C. & Harding, C.G. (1986): Imaginary audience behavior and its relationship to operational thought and social experiences. *Journal of Early Adolescence, 6,* 83–94.

Petermann, H. (1999): Das Soester Programm zur Sucht-Prävention: Konzept, Akzeptanz und Effektivität. In: P. Kolip (Hrsg.): *Programme gegen Sucht. Internationale Ansätze zur Suchtprävention im Jugendalter* (S. 199–214). Weinheim: Juventa.

Petermann, H. (2002): Antezedenzmerkmale des Nichtrauchens im Jugendalter. In: H. Petermann & M. Roth (Hrsg.): *Sucht und Suchtprävention* (S. 67–81). Berlin: Logos-Verlag.

Petermann, H. & Fischer, V. (2000): Wie effektiv ist schulische Suchtprävention? Ergebnisse der Leipziger Präventionsstudie. In: A. Leppin, K. Hurrelmann & H. Petermann (Hrsg.), *Jugendliche und Alltagsdrogen. Konsum und Perspektiven der Prävention* (S. 141–161). Neuwied; Berlin: Luchterhand.

Petermann, H. & Gansera, L. (2004): Typbestimmung durch Prototypen oder kritische Merkmale – der sog. suchtprotektive Persönlichkeitstyp. In: H. Plöttner (Hrsg.), Psychotherapeutische Versorgung und Versorgungsforschung (S. 119–130). Leipzig: Universitätsverlag GmbH.

Petermann, H., Müller, H., Kersch, B. & Röhr, M. (1997): Erwachsen werden ohne Drogen. Ergebnisse schulischer Drogenprävention. Weinheim: Juventa.

Petermann, H. & Schröder, H. (2002): Aktuelle theoretische Aspekte der Primärprävention des Substanzmissbrauchs bei Jugendlichen. In: G. Böttger, H. Petermann & H. Schröder, *Suchtprävention in Sachsen,* S. 10–20, Dresden: Poly-Druck Dresden GmbH.

Petermann, H. & Roth, M. (2003): Persönlichkeitstypen und Substanzkonsum bei Jugendlichen. Forschungsreferat auf der 7. Arbeitstagung der Fachgruppe DPPD [Abstract]. *Zeitschrift für Differentielle und Diagnostische Psychologie, 24,* 220.

Petermann, H. & Roth, M. (2005): Alter: Produktiver Umgang mit den Aufgaben einer Lebensphase. In: B. Renner & P. Hammelstein, *Gesundheitspsychologie. Ein Lehrbuch.* Berlin: Springer.

Pierce, J.P., Gilpin, E.A., Emery, S.L., White, M.M., Rosbrook, B., Berry, C. (1998): Has the California Tobacco control Program reduced smoking? *JAMA, 280 (10),* 893–899.

Pinquart, M. & Silbereisen, K. (2004): Prävention und Gesundheitsförderung im Jugendalter. In: K. Hurrelmann, T. Klotz & J. Haisch: *Lehrbuch der Prävention und Gesundheitsförderung*, S. 63–72, Bern: Hans Huber.

Priebe, B., Wichterich, H., Israel, G., Maybaum, J. (1993): *Sucht– und Drogenvorbeugung in der Schule. Materialien und Medien.* Hamm: Soester Verlagskontor.

Quensel, S. (2004): *Das Elend der Suchtprävention, Analyse – Kritik – Alternative.* Wiesbaden: VS Verlag für Sozialwissenschaften.

Reese, A. & Kröger, C. (2001): Prävention. In: F. Tretter & A. Müller: *Psychologische Therapie der Sucht*, S. 231–250.

Remschmidt, H., Schmidt, M.H. & Poustka (2001): *Multiaxiales Klassifikationssystem für psychische Störungen des Kindes- und Jugendalters nach ICD 10 der WHO.* Bern: Hand Huber.

Renner, B. & Schwarzer, R. (2003): Risikostereotype, Risikowahrnehmung und Risikoverhalten im Zusammenhang mit HIV. *Zeitschrift für Gesundheitspsychologie, 11,* 112–121.

Reschke, K. & Schröder, H. (2000): *Optimistisch den Stress meistern.* Tübingen: dgvt Verlag.

Robert-Koch-Institut (2004): Epidemiologisches Bulletin, *AIDS/HIV–Halbjahresbericht vom 19.10.2004* (http://www.rki.de).

Robins, R.W., John, O.P. & Caspi, A. (1998): The typological approach for studying personality. In: R.B. Cairns, L.R. Bergman & J. Kagan (Eds.): *Methods and models for studying the individual* (pp. 135–160). Beverly Hills: Sage.

Roth, M. (2004): *Sensation Seeking und Drogenkonsum im Jugendalter.* Unveröffentlichte Habilitationsschrift,

Roth, M. & Bartsch, B. (2004): Moffitts Theorie im Spiegel neuerer Befunde – Einige Bemerkungen zur „jugendgebundenen" Delinquenz. Praxis der Kinderpsychologie und Kinderpsychiatrie, 59, 722–737.

Roth, M. & Petermann, H. (2002a): *Evaluation des Jugendförderprogramms „Erwachsen werden" von Lions Quest an Leipziger Schulen.* Abschlußbericht an das Hilfswerk der Deutschen Lions e.V., Ressort Lions Quest, Universität Leipzig.

Roth, M. & Petermann, H. (2002b): Primärprävention des Substanzkonsums – Ergebnisse einer Studie zum Lions-Quest-Programm „Erwachsen werden". In: H. Petermann & M. Roth (Hrsg.), *Sucht und Suchtprävention* (S. 83–104). Berlin: Logos.

Roth, M. & Petermann, H. (2006): Tabak, Alkohol und illegale Drogen: Gebrauch und Prävention. In: B. Renner & P. Hammelstein (Hrsg.), *Gesundheitspsychologie. Ein Lehrbuch.* Berlin: Springer.

Roth, M., Rudert, E. & Petermann, H. (2003): Prävention bei Jugendlichen. In: M. Jerusalem & H. Weber. *Psychologische Gesundheitsförderung*, S. 399–418. Göttingen: Hogrefe.

Roth, M., Schumacher, J. & Brähler, E. (2005): Sensation Seeking in the community: Sex, age, and sociodemographic comparisons on a representative German sample. *Personality and Individual Differences, 39,* 1261–1271.

Saß, H., Wittchen, H.U., Zaudig, M. & Houben, I. (2003): *Diagnostisches und Statistisches Manual Psychischer Störungen – Textrevision – DSM-IV-TR.* Göttingen: Hogrefe.

Schmidt, B. (1998): *Suchtprävention bei konsumierenden Jugendlichen.* Weinheim: Juventa.

Schmidt, B. (2004): Suchtprävention in der Bundesrepublik Deutschland – Grundlagen und Konzeptionen. *Forschung und Praxis der Gesundheitsförderung, 24.* Köln: Bundeszentrale für die gesundheitliche Aufklärung (BZgA).

Schmidt, M.„ Petermann, H. & Roth, M. (2001): *Evaluation von Maßnahmen der schulischen Suchtprävention. Abschlußbericht zum Projekt G3 im Forschungsverband Public Health Sachsen, Projektbericht G.* Unveröffentlichter Abschlussbericht, Universität Leipzig.

Schreiber, L. H. (2003): Abhängigkeit oder Sucht. *Sucht 49 (2)* S. 126–128.

Schröder, H. (1981): *Persönlichkeitspsychologische Zugänge zur Psychopathologie.* Leipzig: Sektion Psychologie der Karl-Marx-Universität.

Schröder, H. (2004): Gesundheitserziehung und Gesundheitsförderung. In: B. Strauß, U. Berger, J. von Troschke & E. Brähler (Hrsg.): *Lehrbuch der medizinischen Psychologie und Medizinischen Soziologie*, S. 651–667. Göttingen: Hogrefe.

Schummel, J. G. (1983): *Spitzbart – Eine komi–tragische Geschichte für unser pädagogisches Jahrhundert*, Leipzig: Gustav Kiepenheuer Verlag.

Schwarzer (2004): *Psychologie des Gesundheitsverhaltens*, Göttingen: Hogrefe.

Schwenkmezger, P., Krönig, B., Forster, I., Jöhren, B. & Gläser, E. (1998): Personenspezifische und soziale Determinanten eines frühen Rauchbeginns bei Schülerinnen und Schülern der 6. Jahrgangsstufe. *Zeitschrift für Gesundheitspsychologie, 6,* 61–70.

Schwertl, W. (1998): Systemische Reflexionen zur Sucht – Das Frankfurter Modell der Suchttherapie. In: W. Schwertl, G. Emlein, M.L. Staubach & E. Zwingmann (Hrsg.): *Sucht in systemischer Perspektive. Theorie, Forschung, Praxis.* Göttingen: Vandenhoeck und Ruprecht.

Seiffge-Krenke, I. (1989): Gesundheitsbezogenes Verhalten und Krankheitsbewältigung. *Zeitschrift für Sozialisationsforschung, 4*, 247–263.
Seiffge-Krenke, I. (1998): *Adolescents' health. A developmental perspective*. Hillsdale: Lawrence Erlbaum Associates Publishers.
Seiffge-Krenke, I. (2000): Ein sehr spezieller Freund: Der imaginäre Gefährte. *Praxis der Kinderpsychologie und Kinderpsychiatrie, 49*, 689–702.
Seiffge-Krenke, I., Roth, M. & Kollmar, F. (1997): Eignen sich Väter und Mütter zur Einschätzung der Symptombelastung von Söhnen und Töchtern? Diskrepanzen zur Selbsteinschätzung von Jugendlichen im längsschnittlichen Verlauf. *Zeitschrift für Klinische Psychologie, 26*, 201–209.
Silbereisen, R.K. (1995): Entwicklungspsychologische Aspekte von Alkohol– und Drogengebrauch. In: R. Oerter & L. Montada (Hrsg.): *Entwicklungspsychologie* (S. 1056–1068). Weinheim: Psychologie Verlags Union.
Silbereisen, R.K. (1998a): Alkohol und Drogen im Jugendalter. *Kindheit und Entwicklung, 7*, 185–187.
Silbereisen, R.K. (1998b): Lessons we learned – problems still to be solved. In: R. Jessor (Ed.): *New perspectives on adolescent risk behavior* (pp. 518–543). New York: Cambridge University Press.
Silbereisen, R.K. & Reese, A. (2001): Substanzgebrauch Jugendlicher: Illegale Drogen und Alkohol. In: J. Raithel (Hrsg.): *Risikoverhaltensweisen Jugendlicher* (S. 131–153). Opladen: Leske + Budrich.
Staudinger, U.M. (2000): Viele Gründe sprechen dagegen, und trotzdem geht es vielen Menschen gut: Das Paradox des subjektiven Wohlbefindens. *Psychologische Rundschau, 51*, 185–197.
Steinbach, S. (2005): Evaluation des Lebenskompetenzprogramms „Erwachsen werden" – Möglichkeiten und Grenzen schulischer Suchtprävention, unveröff. Diss. Univ. Leipzig.
Stempel, K. (2005): Illegale Drogen/Rauschgift – Zahlen und Fakten. In: Deutsche Hauptstelle für Suchtfragen e.V. (DHS) (Hrsg.): *Jahrbuch Sucht 2005* (S. 69–82). Geesthacht: Neuland-Verlag.
Strack, F. & Deutsch, R. (2003): Reflective and impulsive determinants of social behaviour. Unveröffentlichtes Manuskript, Universität Würzburg.
Sturges, J. & Rogers, R.W. (1994): Preventive health psychology from a developmental perspective: An extension of protection motivation theory. Unpublished manuscript.
Sydow, K. von, Lieb, R., Pfister, H., Höfler, M., Sonntag, H. & Wittchen, H.U. (2001): The natural course of cannabis use, abuse and dependence over four years: a longitudinal community study of adolescents and young adults. *Drug and Alcohol Dependence, 64*, 347–361.
Sydow, K. von, Lieb, R., Pfister, H., Höfler, M. & Wittchen, H.U. (2002a): Use, abuse and dependence of ecstasy and related drugs in adolescents and young adults – a transient phenomenon? Results from a longitudinal community study. *Drug and Alcohol Dependence, 66*, 147–159.
Sydow, K. von, Lieb, R., Pfister, H., Höfler, M. & Wittchen, H.U. (2002b): What predicts incident use of cannabis and progression to abuse and dependence? A 4-year prospective examination of risk factors in a community sample of adolescents and young adults. *Drug and Alcohol Dependence, 68*, 49–64.

Thamm, M. & Lampert, T. (2005): Tabak – Zahlen und Fakten zum Konsum. Deutsche Hauptstelle für Suchtfragen e.V. (DHS) (Hrsg.), *Jahrbuch Sucht 2005*, 29–51. Geesthacht: Neuland-Verlag.

Tretter, F. & Müller, A. (2001): Grundaspekte der Sucht. In: F. Tretter, & A. Müller (Hrsg.): *Psychologische Therapie der Sucht* (S. 17–32). Göttingen: Hogrefe.

Tobler, N.S. & Stratton, H.H. (1997): Effectiveness of school based drug prevention programs: A meta-analysis of the research. *The Journal of Primary Prevention,* 18., 71–128.

Tobler, N.S., Roona, M.R., Ochshorn, P., Marshall, D.G., Streke, A.V.& Stachpole, K.A. (2000): School-based adolescent drug prevention programs: 1988 Meta-analysis. The Journal of Primary Prevention, 20., 275–336.

Tuchscheerer, J. (1999): Expertenbefragung zu Erfahrungen in der suchtpräventiven Arbeit – Ein Beitrag zur Analyse primärpräventiver Aktivitäten in der Stadt Leipzig. Unveröffentlichte Diplomarbeit, Universität Leipzig.

UNAIDS/WHO (2004): *http://www.unaids.org/html/pub/topics/epidemiology/ slides02/12–04/ epicoredec04slide005_en_ppt.htm.*

Vartanian, L.R. (2000): Revisiting the imaginary audience and personal fable constructs of adolescent egocentrism: A conceptual review. *Adolescence, 35*, 639–661.

Vartanian, L.R. (2001): Adolescents' reactions to hypothetical peer group conversations: Evidence for an imaginary audience? *Adolescence, 36*, 347–380.

Vartanian, L.R. & Powlishta, K.K. (2001): Demand characteristics and self–report measures of imaginary audience sensitivity: Implications for interpreting age differences in adolescent egocentrism. *Journal of Genetic Psychology, 162*, 187–200.

Vega, W.A., Aquilar-Gaxiola, S., Andrade, L., Bijl, R., Borges, G., Caraveo–Anduaga, J.J., DeWit, D.J., Heeringa, S.G., Kessler, R.C., Kolody, B., Merikangas, K.R., Molnar, B.E., Walters, E.E., Warner, L.A. & Wittchen, H.U. (2002): Prevalence and age of onset for drug use in seven international sites: results from the international consortium of psychiatric epidemiology. *Drug and Alcohol Dependence, 68*, 285–297.

Verordnung über das Verschreiben, die Abgabe und den Nachweis des Verbleibs von Betäubungsmitteln vom 20.1.1998, Stand vom 1. Dezember 2003. In: Strafgesetzbuch (S. 221–234). München: C. H. Beck Verlag.

Walden, K., Kutza, R., Kröger, C. & Kirmes, I. (1998): ALF – Allgemeine Lebenskompetenzen und Fertigkeiten. *Pogramm für Schülerinnen und Schüler der 5. Klasse mit Informationen zu Nikotin und Alkohol.* Hohengeren: Schneider-Verlag.

Ward, J.H. (1963): Hierarchical grouping to optimize an objective function. *Journal of the American Statistical Association, 58*, 236–244.

Warner, L.A., Canino, G. & Colón, H. M. (2001): Prevalence and correlates of substance use disorders among older adolescents in Puerto Rico and the United States: a cross–cultural comparison. *Drug and Alcohol Dependence, 63*, 229–243.

Weinstein, N.D. (1980): Unrealistic optimism about future life events. *Journal of Personality and Social Psychology,* 39, 806–820.

Werner, E.E. & Smith, R.S. (1982): Vulnerable but invincible. A longitudinal study of resilient children and youth. New York: McGraw.

Weinstein, N.D. (1989): Optimistic biases about personal risks. *Science, 246*, 1232–1233.

Williams, R.E., Ward, D.A. & Gray, L.N. (1985): The persistence of experimentally induced cognitive change: a neglected dimension in the assessment of drug prevention programs. *Journal of Drug Education*, 215, 33–42.

Wilms, H. & Wilms, E. (2000): Erwachsen werden. Wiesbaden: Lions Club International.

Wittchen, H.U., Höfler, M., Perkonigg, A., Sonntag, H. & Lieb, R. (1998): Wie stabil sind Drogenkonsum und das Auftreten klinisch-diagnostisch relevanter Missbrauchs- und Abhängigkeitsstadien bei Jugendlichen? Eine epidemiologische Studie am Beispiel von Cannabis. *Kindheit und Entwicklung, 7,* 188–189.

Wittchen, H.U., Perkonigg, A., Lachner, G. & Nelson, C.B. (1998): The early developmental stages of psychopathology study (EDSP) – objectives and design. *European Addiction Research, 4*, 18–27.

World Health Organisation (2004): Young people's health in context. *Health Policy for Children and Adolescents*, No. 4.

Wormer, E.J. & Bauer, J.A. (2004): *Medizin und Gesundheit – Neues großes Lexikon*, Köln: Helmut Lingen GmbH & Co. KG.

Yamaguchi, K. & Kandel, D.B. (1984a): Patterns of drug use from adolescence to young adulthood: III Predictors to progression. *American Journal of Public Health, 74*, 673–681.

Yamaguchi, K. & Kandel, D.B. (1984b): Patterns of drug use from adolescents to young adulthood: II Sequences of progression. *American Journal of Public Health, 74*, 668–672.

Young, S.E., Corley, R.P., Stallings, M.C., Rhee, S.H., Crowley, T.J. & Hewitt, J.K. (2002): Substance use, abuse and dependence in adolescents: prevalence, symptom profiles and correlates. *Drug and Alcohol Dependence, 68*, 309–322.

Zuckerman, M. (1969): Theoretical formulations. In: P.J. Zubeck (Ed.): *Sensory deprivation: Fifteen years of research* (pp. 407–432). New Yorck: Appleton.

Zuckerman, M. (1994): *Behavioral expressions and biosocial bases of sensation seeking*. New York: Cambridge University Press.